개정증보

아동문학

김현자 · 조미영 · 김기웅 · 노희연 · 서화니 · 조득현

창지사

머리말

아이들이 책을 읽고 있는 모습을 보면 참 보기 좋다. 책을 읽어서 많은 것을 알게 되어 좋은 것이 아니라, 책을 보고 있는 아이가 참 즐거워 보여 좋다. 그렇다. 아이들은 책 읽는 것을 좋아한다. 책 속의 그림을 좋아하고, 책 속에 담겨 있는 이야기를 좋아하고, 책을 함께 읽는 사람과 분위기를 좋아한다. 그래서 아이들이 생활하는 기관에서는 책을 가지고 놀이를 많이 한다. 책을 듣고 즐기기, 책을 읽고 주인공에게 편지 쓰기, 책을 읽고 극 놀이하기, 책 속의 주인공이 되어보기 등 교사들은 아이들과 함께할 수 있는 문학적 활동을 많이 활용한다. 그 이유는 아이들이 문학을 좋아하고 아이들의 발달에 문학은 큰 의미가 있기 때문이다.

아이들이 좋아하고 아이들의 발달에 의미가 있는 아동문학이라는 교과에 대한 지식과 정보를 잘 알고 있을 때 아이들을 위해 교육적으로 잘 활용할 수 있을 것이다. 이 책은 바로 이러한 취지에서 만들어졌다. 우선 아동문학의 의미를 정확히 파악하고 아동문학이 어떠한 역사적 흐름을 갖고 발전해 왔으며, 또 아동문학이 아이들의 발달과 어떠한 관련을 맺고 있는지 등을 이해하는 데 도움을 주고자 했다. 이와 더불어 다양한 아동문학의 장르, 아동문학과 표준보육과정, 아동문학의 실제 활용방법 등의 내용은 아동문학을 지도하는 교사들에게 꼭 필요한 내용이라고 본다. 이에 본 책의 저자들은 이러한 내용을 검토하고 각 장별로 아동문학 지도에 있어서 꼭 이해해야 할 부분을 서술하였다.

이 책은 전체적으로 2부로 나뉜다. 1부에서는 아동문학과 관련된 이론적인 부분들이며, 2부에서는 아동문학과 관련된 실제를 다루었다.

아동문학과 관련된 이론적인 부분에서는 첫 번째, 아동문학에 대한 정의를 문학이라는 더 큰 범주 속에서 이해할 수 있도록 개념을 정의하고 있다. 아동문학에 대한 개념을 정확히 이해할 때 아동문학에 대한 적절한 접근 또한 가능할 것으로 보인다. 두 번째, 아동문학의 역사를 살펴보았다. 아동문학의 흐름을 파악하며 앞으로의 아동문학에 대한 방향성을 이해하는 데 도움이 될 것이다. 세 번째, 아동문학과 아동발달 간의 관계에 대해 살펴봄으로써 아동문학이 아동발달에 어떠한 영향을 미칠 수 있는지 이해를 돕고자 했다. 네 번째, 아동문학의 장르를 살펴보았다. 아동문학의 범주에는 우리가 생각했던 것보다 더 폭넓은 장르가 있다. 이를 살펴보고 현장에서 다양한 장르의 아동문학작품을 접근할 수 있도록 이해를 도왔다. 다섯 번째, 아동문학을 표준보육과정 개정 누리과정과 더불어 살펴보았다.

여섯 번째, 유아교육기관에서 아동문학을 효율적으로 접근하도록 하기 위해 교수 · 학습 방법으로서 문학작품 소개활동과 문학적 사고활동의 방법을 살펴보았다. 일곱 번째, 아동문학을 유아들에게 전달하기 위해 동화구연과 제작해서 사용할 수 있는 매체동화를 살펴보았다.

2부에서는 아동문학을 창의적으로 접근할 수 있는 세 가지 방법을 제시하고 있으며, 주제별 통합적 접근을 기초로 하여 다양한 주제와 다양한 매체, 다양한 교수·학습 방법으로 접근한 실제 예를 제시함으로써 현장에서 활용 가능하도록 하였다. 본 내용은 1장 노희연, 2장 김기웅, 3장 조미영, 4장 노희연, 5장 김현자, 6장 서화니·김현자, 7장 김현자, 8장 조득현, 9장 김기웅·조득현 교수님들이 담당하셨다.

저자 모두는 아동문학에 대한 적절한 이해와 더불어 아이들의 발달에 적합한 아동문학의 접근이 좀 더 적극적으로 이루어지길 바라며, 또 두 번의 개정을 통해 5장을 재구성하였다. 예비교사와 현장의 교사들이 작게나마 본 교재를 통해 도움을 받았으면 하며, 또한 예비교사와 현장 교사들을 교육하시는 분들이 이 교재를 통해 많은 가르침을 줄 수 있었으면 한다. 이를 통해 아이들이 좋아하고 아이들에게 가치 있는 아동문학이 온전하고 또 바람직하게 접근될 수 있길 바란다.

이 책이 나오기까지 도와주신 이경희 선생님, 동아유치원 부장선생님, 자료 제공을 도와 준 두원공대 유아교육과와 아동복지과 학생들, 그 외에 많은 분들에게 감사의 말씀을 드리고자 한다. 더불어 좀 더 나은 책을 만들고자 애써주신 창지사 여러분께도 감사드린다.

2020년 2월

저자 일동

차례

제1부 아동문학의 이해 / 11

제1부

아동문학의 이해

01 아동문학의 개념 및 가치

아동문학을 이해하고 아동에게 적합한 문학교육을 하기 위해서는 아동문학에 대한 개념을 보다 정확히 이해할 필요가 있다. 물론 아동문학이라고 하면 아동이 즐겁게 읽는 그림책을 떠올리거나 할 수 있다. 아동은 늘 그림책을 가지고 놀며 책을 읽어주면 듣는 것을 좋아하기 때문이다. 그러나 아동문학의 범주는 좀 더 폭넓고 구체적이다. 이러한 내용을 잘 이해할 때 아동문학에 대한 접근이 잘 이루어질 것이다.

또한 아동문학은 훌륭한 가치를 가지고 있다. 무엇보다 즐거움이 있고 아동문학을 접하는 환경에서의 긍정적인 정서적 경험들이 있다. 이러한 가치들을 잘 이해하고 있을 때 문학을 통해 아동에게 제공할 수 있는 경험 또한 많아질 것이다. 본 장에서는 아동문학의 개념을 살펴보고 더불어 아동문학의 가치를 짚어보아 아동문학교육에 시사점을 주고자 한다.

1 아동문학의 개념

아동문학이라고 하면 무엇이 떠오르는가? '문학'이라고 하는 데 초점을 맞춘다면 성인들이 읽는 문학의 장르와 내용들을 떠올릴 것이다. 교과서에서 또 개인의 선호에 따라서 문학을 접할 기회는 많이 있다. 그러나 성인들이 접하는 문학에 초점을 맞추기에는 아동의 발달에, 아동의 흥미에 적합하지 않다는 생각을 할 수 있다. 그렇다면 '아동'에게 초점을 맞추어 생각해 보자. 아동이 좋아하는 그림과 내용들이 떠오를 것이다. 그림책을 보며 웃고 즐기는 아동을 떠올릴 수도 있을 것이다. 그런데 이러한 그림과 내용은 아동만 즐길 수 있는 것일까? 성인들도 아이들에게 책을 읽어주고 함께 읽으며 그 속에서 얻는 바가 있다. 이렇게 본다면 아동문학의 개념은 더욱 확장될 수 있을 것으로 보인다.

이처럼 아동문학은 다양한 시각으로 볼 수 있다(임원재, 2002; 이대균 외, 2005). 아동문학에 대해 종합적으로 정리하면, 우선 아동문학은 그 독자가 아동이라는 점이다. 두 번째, 아동문학은 아동기의 경험과 느낌, 그리고 문화를 그리워하고 좋아하는 성인 또한 즐길 수 있다는 것이다. 세 번째, 아동문학 속에는 아동의 세계가 그려져 있고 이러한 것들은 아동의 발달에 영향을 미친다는 것이다. 이러한 아동문학에 대한 정의를 하나씩 살펴본다면 아동문학의 개념이 좀 더 명확해질 것이다.

첫째, 아동문학의 독자는 아동이라는 점이다. 이러한 관점은 가장 보편적인 관점으로 아동을 위한 문학, 아동에게 적합한 문학, 아동에게 필요한 문학 등의 관점으로 볼 수 있다. 요즈음 대형서점이나 인터넷 서점에 보면 아동문학 코너를 쉽게 찾아볼 수 있다. 저마다 아동을 위한 책들을 소개하며 아동문학의 독자인 아동을 향한 적극적인 홍보를 하고 있다. 특히 아동기의 책 읽기에 대한 중요성이 점점 더 부각되면서 아동의 관심을 사로잡으려는 책들이 많아지고 있다. 아동이 좋아하는 디자인 책, 아동이 좋아하는 그림이 담겨져 있는 책, 아동이 좋아할 만한 내용이 담겨 있는 책 등은 바로 주요 독자인 아동을 겨냥한 것이다. 이에 책을 선택하는 데 많은 영향을 미치고 실제 책을 선택하는 부모들 또한 아동에게 적합하고 의미 있는 책을 고르기 위해 많은 노력을 한다. 이와 같은 현대적인 흐름을 보아도 알 수 있듯이 아동문학은 아동을 독자로 생각하는 관점이 강하다는 점을 볼 수 있다.

유아교육기관에서도 아동을 위한 좋은 책들을 선정하여 도서영역이나 기타 도서관과 같은 장소를 마련하여 아동이 책과 접할 수 있는 경험을 제공하기 위해 노력한다. 기관에서 영유아들이 책을 읽고 있는 모습을 보면 아동문학의 독자가 영유아라는 것을 실감할 수 있다. 성인과 달리 영유아들은 책을 놀잇감으로 생각하여 책과 즐겁게 놀이를 하며 책 속에 있는 이야기나 그림에 빠져 현실과 상상을 오가며 놀이를 하고 있는 것이다. 따라서 아동문학은 아동의 놀이 중 하나라고 볼 수 있으며 아동문학과 놀이를 하는 아동이야말로 아동문학의 주요 독자라는 것을 알 수 있다. 이러한 관점으로 아동문학을 정의한다면 아동을 위한 적절한 책을 선택하고 적절한 아동문학의 경험이 이루어질 수 있도록 아동의 발달 및 교육에 관한 충분한 이해를 필요로 한다.

둘째, 아동문학의 독자가 아동뿐만이 아니라 아동의 세계를 그리워하고 즐거워하는 성인들도 포함된다고 생각하는 관점이다. 실제 성인들도 동화를 읽어주며 그 세계에 매력을 느끼기도 하고 또 그리움이나 즐거움을 느끼기도 한다. 요즈음은 '어른들이 읽는 동화'와 같이 성인들이 그리워하는 동심의 세계를 그린 동화가 나올 정도이다. 또 아이들에게 책을 읽어주며 함께 즐거움을 느끼는 성인들도 많이 있다. 아이에게 책을 읽어주며 함께 웃고 함께 느끼는 부모가 있는가 하면 아이에게 책을 읽어주며 함께 느낀 것을 공유하는 선생님들도 있다. 이는 아동문학이 단지 아동뿐만 아니라 그것을 공유하고 싶어하는 성인들 모두가 함께 할 수 있는 대상이라는 것이다. 성인기에 느낄 수 없는 감정과 동심의 세계를 아동문학 영역에서 느끼고 즐거워할 수 있다면 아동문학은 분명 성인들에게도 좋은 경험을 줄 수 있는 영역이 될 수 있는 것이다.

마지막으로 아동문학은 아동의 세계가 담겨 있고 아동의 발달에 영향을 미친다는 것이다. 아동문학에는 아동의 실제 생활이 담겨 있다. 아이들은 책을 읽으며 자신과 비슷하게 생기고 말하며 행동하는 친구를 만난다. 이러한 대리 주인공들을 통해 아동은 자신을 보게 되고 자신을 회상하기도 한다. 유아교육기관에서 교사들은 아동에게 바람직한 행동을 이야기해 주기 위해 아동문학을 활용하기도 한다. 아동이 자신과 비슷하게 생활하고 말하며 행동하는 주인공을 통해 자신의 생활을 살피며 긍정적인 영향을 받을 수 있도록 하기 위해서이다. 실제로 아동은 생활동화를 통해 생활에 대한 지침을 받고 그 영향으로 행동에 대한 인식 능력이 증가함을 볼 수 있다.

또한 아동문학에는 아이들이 상상하는 세계가 있다. 아이들은 늘 상상한다. 상상과 현실을 오가며 현실의 것을 넘어 상상을 통해 많은 것을 이루어낸다. 아동문학 속에 담긴 상상의 세계는 아동이 좀 더 폭넓은 상상을 할 수 있도록 돕는다. 이러한 상상놀이를 통해 아동은 상상 능력, 창의성 등이 향상되며 새로운 생각을 시도해 보는 지속적인 경험을 하게 되는 것이다. 아동문학 속에는 아이들이 잘 몰랐던 다양한 지식과 정보들도 있다. 연령이 증가할수록 아동은 지적 호기심이 증가하고 자신의 관심분야가 생기고 이를 탐구하려는 태도가 향상된다. 이때 지식 정보책과 같은 아동문학은 아이들에게 많은 도움이 된다. 자신이 관심 있어 하는 영역의 책을 통해 찾아보고 알아보며 아동은 자신의 관심을 확장시키려는 태도와 더불어 자신이 알고 싶어하는 영역에 대한 지식과 정보를 향상시킬 수 있게 된다. 아동은 문학을 통해 탐구하는 태도와 주변 세상에 대한 이해 능력을 기르게 되는 셈이다.

이상에서와 같이 아동문학은 다양한 관점으로 정의될 수 있고, 이와 같은 관점을 참고로 하여 아동문학에 대해 좀 더 넓고 구체적인 이해가 필요하며, 이를 바탕으로 아동문학교육이 제대로 이루어질 수 있을 것이다.

2 아동문학의 구성 요소

아동문학이 좀 더 문학작품으로서 감성과 가치를 더하려면 문학적 요소를 포함하고 있어야 한다. 아동이 문학작품을 보며 주제, 구성, 글에서 아름다움을 느낀다면 이는 문학작품으로서 더욱 의미를 가지게 되는 것이다. 문학작품은 단순히 책을 의미하는 것이 아니라 책을 읽는 동안 아동의 다양한 경험을 모두 포함하는 것이다. 요즈음은 특히 책을 지식이나 정보, 내지는 논술 능력을 길러주기 위한 수단쯤으로 인식하는 성인들이 많은데, 문학이란 그 이전에 정서적 반응과 관련된 것이다. 아동문학을 통해 아동의 감성과 정서가 더욱 풍부해지기 위해서는 다음과 같은 문학적 구성 요소가 중요하다고 볼 수 있다.

1) 주제

주제란 문학작품 속의 주된 내용이자 이 작품을 통해 주고자 하는 메시지라 볼 수 있다. 작가는 문학작품을 통해 그 작품 속을 관통하는 주요한 생각을 담고자 한다. 독자는 이를 읽으며 이러한 주된 생각을 이해하게 되는데, 이것이 바로 주제이다. 아동문학작품 속에는 주로 아동의 꿈과 아동의 삶, 아동의 생각, 아동의 경험 등이 주된 주제로 등장하며, 때로는 아동에게 바람직한 삶의 전형을 보여주기도 한다. 또한 아동이 좋아하는 환상의 세계를 통해 현실과 환상을 넘나들 수 있는 주제가 등장하기도 한다. 그러므로 주제란 독자인 아동이 아동문학작품을 읽었을 때 주로 생각하고 느낄 수 있는 내용이라 할 수 있겠다.

그런데 이러한 주제는 읽는 독자마다 다를 수 있다. 작가의 주된 생각이란 것이 있을 수 있겠지만 이를 읽는 독자는 다른 시각에서 이 작품을 볼 수도 있기 때문이다. 그래서 현대의 창작동화들은 열린 주제를 많이 선보이고 있다. 예전의 전래동화의 경우 너무나 명확한 주제 때문에 작품을 읽고 난 후 느끼고 인식하는 바가 비슷했다고 한다면 요즈음은 읽는 독자에 따라 다양한 시각을 가질 수 있도록 배려하고 있다.

이처럼 주제란 아동이 문학작품을 읽고 난 후 느끼고 생각하고 중요하게 받아들일 수 있는 작품의 주된 내용이라 볼 수 있겠다.

2) 플롯

플롯이란 작품의 구성이라 볼 수 있겠다. 작품이 어떻게 시작해서 어떻게 전개되며 어떻게 마무리가 되는지 작품의 흐름과 관련된 구성적인 측면이라 볼 수 있겠다. 예를 들면, 전래동화의 경우 인물과 배경에 대한 간단한 소개와 더불어 시작하고 전개 및 절정에서는 등장인물들이 갈등과 고난을 겪으며 결국 결말에 행복한 삶을 누리게 된다는 식의 구성을 가진다. 이러한 흐름 또한 플롯으로 볼 수 있겠다. 환상동화의 경우는 현실에서 시작해 환상으로 갔다가 다시 현실로 돌아오는 식의 구성을 대부분 가지고 있다. 이렇게 본다면 플롯은 작품 전체의 흐름이며 그 흐름의 특성을 의미한다. 이야기가 전개될 때 시간 공간, 내용의 흐름, 변화 등과 관련된 구성으로 플롯을 이해하면 되겠다. 플롯을 잘 이해하게 되면 작품 전체의 구성을 이해하고 분석하는 데 도움이 된다.

3) 등장인물

등장인물은 문학작품 속에 등장하는 다양한 인물들을 의미한다. 아동문학작품 속에는 다양한 인물들이 등장한다. 성격도 상황도 다르며, 그 상황에 대처하는 방법도 다른 인물들이 등장한다. 때로는 아동과 비슷한 인물이 나오기도 하고, 때로는 환상 속의 인물이 나타나기도 한다. 사람만 등장하는 것은 아니라, 아동이 좋아하는 동물과 식물이 의인화되어 나타나기도 하고 가끔은 사물이 의인화되어 나타나기도 한다. 아동문학작품에서 등장인물은 독자를 대변하는 역할을 하면서 작품에 몰입할 수 있도록 하는 데 많은 영향을 미친다. 아동은 이러한 등장인물을 동일시하기고 하고, 타인으로서 부러워하기도 하고, 걱정하기도 한다. 아동이 바라보는 등장인물은 작품을 끌고 나가는 중심축이 되어주며 아동이 좀 더 실감나게 느끼고 생각할 수 있도록 자극하는 대상이기도 하다.

4) 배경

아동문학작품 속의 등장인물들이 존재하는 시간과 공간을 의미한다. 시간적으로는 옛날이 배경이 될 수도 있고, 현대가 배경이 될 수도 있다. 공간적으로는 자신의 집, 방과 같은 현실적 공간이 배경이 될 수도 있고 가끔은 환상의 세계가 공간적 배경이 될 수도 있다. 그래서 배경은 읽는 독자가 그 배경 속으로 들어와 자신을 위치시킬 수 있도록 돕는다. 특히 아동은 등장인물이 존재하는 시간과 공간에 함께 하며 작품의 플롯을 따라 움직이는 셈인데, 즉 아동은 작품의 배경 속에서 작품을 이해하게 되는 것이다.

3 아동문학의 가치

아동문학은 아동에게 또 아동문학을 함께 하려는 성인들에게도 의미 있는 것이다. 특히 아동의 생활과 상상, 기대, 희망, 주변 세상이 담겨 있는 아동문학은 아동에게 긍정적인 영향을 주기에 충분하다.

채종옥 등(2006)이 제시한 아동문학의 여러 가지 가치를 토대로 아동문학이 아동에게 미치는 긍정적인 영향을 살펴보도록 하겠다.

첫째, 아동문학을 통해 아동은 즐거움을 많이 느낄 수 있다. 아동은 문학작품 속에서 자신과 비슷한 주인공들의 즐거운 세상을 만날 수 있고 현실에서는 이룰 수 없는 많은 것들을 상상을 통해 이루어낼 수 있기도 한다. 또 실제 자신이 문학작품 속의 환경에 있고 자신이 문학작품 속의 주인공인 것처럼 느끼며 즐거움을 얻는다. 자신이 알고 싶어하는 대상이나 상황에 대해 알게 되기도 하며, 문학작품 속의 재미있는 말과 생각으로 인해 즐거워하기도 하는데, 이러한 모든 것들은 아동이 즐겁게 문학을 즐길 수 있는 이유이다. 문학을 접하며 즐거운 정서를 많이 경험할 수 있게 되는 것이다.

환상의 세계인 괴물 나라를 다룬 『괴물들이 사는 나라』를 예로 들어보자. 주인공이 괴물 나라로 가는 여정과 괴물 나라에 도착해서 함께 노는 장면을 보며 실제 자신도 괴물 나라에 온 것처럼 흥분하고 즐거워한다. 이 책을 읽는 아이들의 마음엔 이미 괴물 나라에 온 듯한 기대감과 만족감, 즐거움 등이 있는 것이다. 아이들과 문학작품을 읽으면 매 장면마다 아이들의 표정이 변해가는 것을 볼 수 있는데, 이는 작품 속 주인공들과 그 정서를 공유하기 때문이다.

[그림 1-1] 괴물들이 사는 나라
글 · 그림 : 모리스 샌닥
옮 긴 이 : 강무홍
출 판 사 : 시공주니어(2002년)

『작은집 이야기』에서는 자신이 작은집이 되어 있는 듯 작품을 즐기게 된다. 예쁜 언덕에 자리한 작은집은 해와 달이 함께 하고 나무와 꽃들이 함께 하는 자연 속의 집이다. 그런데 작은집 주변이 도시화되면서 작은집은 더 이상 해와 달도 잘 볼 수 없는 나무와 꽃도 볼 수 없는 복잡한 도시 한 가운데

서게 된다.

그런데 작은집 주인이 다시 예쁜 언덕에 작은집을 옮겨 주면서 자연 속에 자리한 예쁜 집이 된다는 이야기 속에서 아동은 벌써 작은집이 되어 주변의 풍경을 바라보고, 다시금 자연 속으로 돌아오는 과정을 신중하게 그리고 또 즐겁게 인식하게 된다. 이러한 즐거운 경험들은 아동의 긍정적인 정서 발달에 영향을 미칠 수 있다.

[그림 1-2] 작은집 이야기
글 · 그림 : 버지니아 리 버튼
옮 긴 이 : 홍연미
출 판 사 : 시공주니어(2010년)

둘째, 아동문학은 아동에게 자신이 경험해 보지 못한 것에 대한 간접 경험을 제공한다. 아동은 자신이 경험해 보지 못한 것들이 많이 있고 그러한 것들에 대한 궁금증 또한 많이 있다. 아동문학은 아동의 이러한 현실적 경험을 넘어서 아동이 경험해 보지 못한 상황이나 세상을 경험해 볼 수 있도록 간접 경험을 제공하는 것이다.

[그림 1-3] 부엉이와 보름달
글 : 제인 욜런
그 림 : 존 쇤네르
옮 긴 이 : 박향주
출 판 사 : 시공주니어(2000년)

『부엉이와 보름달』 작품을 예로 들어보자. 아버지와 부엉이를 보기 위해 숲으로 가는 과정과 부엉이를 불러들이기 위해 아버지와 아이가 하는 행동들을 유심히 바라보며 실제 부엉이를 보는 듯한 만족감을 느끼는 것이다. 동물을 좋아하는 아동은 이러한 이야기 속에서 자신이 직접 보지 못한 동물을 실제 만나는 듯한 간접 경험을 하게 되는 것이다.

『화물열차』라는 작품 속에서는 자신이 좋아하는 화물열차를 실제로 타보는 듯한 경험을 해 볼 수도 있다. 기차를 좋아하는 아동이 실제 자신이 타보지 못한 화물열차에 대한 그림과 이야기를 들으며 화물열차를 실제로 보고 타보는 듯한 경험을 하게 되는 것이다.

[그림 1-4] 화물열차
글 · 그림 : 도널드 크루즈
옮 긴 이 : 박철주
출 판 사 : 시공주니어(1997년)

이처럼 아동은 문학 속에서 자신의 경험보다 더 폭넓은 경험을 할 수 있게 되는 것이다.

셋째, 아동문학을 통해 아동은 다른 사람의 입장에서 생각하고 느껴보는 타인조망 능력을 기를 수 있다. 문학작품 속에는 다양한 주인공들이 있다. 이들이 처한 환경과 상황은 다양한데, 각각의 상황과 환경에서 주인공이 말하고 행동하는 것을 보며 주인공의 입장이 되어보는 경험을 하게 된다. 아이들은 책을 읽는 순간 이미 그 책의 주인공이 되어 책과 현실을 넘나들기 때문에 책 속의 주인공이 처한 상황과 환경에 자신을 놓아보는 경험을 할 수 있게 된다. 자신이 처해 보지 못한 상황과 환경에서 주인공이 어떻게 느끼고 행동하는 지를 간접적으로 경험하면서 다양한 상황과 환경에서의 대처 능력과 사람들의 입장을 이해하는 능력이 향상될 수 있는 것이다. 전래동화나 생활동화에 나타나는 주인공들은 여러 가지 우여곡절을 겪으며 결국 문제를 해결해 나가는 모습을 보여준다. 아이들은 이러한 입장이 되어 다른 사람의 입장을 이해할 수 있는 경험을 쌓게 되는 것이다.

『엄마의 의자』라는 작품을 예로 들어보자. 주인공의 집이 불에 타고, 이를 극복하는 과정과 어렵게 노력해서 얻은 동전으로 예쁜 안락의자를 사서 쉬는 장면을 보며 주인공이 겪는 어려움을 생각해 보고 이해하는 좋은 경험을 할 수 있게 된다.

[그림 1-5] 엄마의 의자

글 · 그림 : 베라 윌리엄스
옮 긴 이 : 최순희
출 판 사 : 시공주니어(1999년)

넷째, 아동은 아동문학을 통해 좋은 어휘와 문장을 접하게 되고 이로 인해 언어적 능력이 향상될 수 있다. 아동문학작품 속에는 다양한 어휘와 문장이 담겨 있다. 이야기와 관련된 다양한 어휘와 문장은 작가가 엄선한 것들이다. 언어가 발달하고 있는 영유아기에 좋은 책을 접함으로써 바른말과 글을 배우게 되고 실천하는 데 자극이 될 수 있는 것이다. 아동은 모방을 잘한다는 측면에서 이렇게 좋은 글을 읽게 되면 좋은 글과 말을 쓸 수 있는 능력을 기를 수 있게 되는 셈이다. 요즈음은 우리말이 점점 변형되고, 나쁜 말이 난무하고 있다. 이러한 환경에 노출된 영유아들이 배울 수 있는 말 또한 부정적일 수밖에 없는데, 바른말과 바른 글이 담긴 문학작품을 접함으로써 바른 언어생활의 경험을 하게 되는 셈이다.

다섯째, 아동문학을 통해 아름다움을 느끼는 심미감이 발달될 수 있다. 문학작품 속에는 예쁜 글과 문장이 담겨 있고, 예쁜 그림이 담겨 있다. 아동은 문학작품을 읽으며 다양한 문체를 경험하게 되고 글의 아름다움을 느낄 수 있으며, 예쁜 그림을 보며 감상할 수 있는 기회를 갖게 된다. 이렇듯 글과 그림의 아름다움을 느끼며 아동은 자신의 생각과 느낌을 표현하고자 할 때 창의적으로 아름답게 표현할 수 있는 능력을 향상시킬 수 있을 것이다. 특히 글을 읽지 못하는 영유아는 그림을 통해 책의 매력에 빠지게 되는데, 이때 좋은 그림이 담긴 책들을 보게 되면 아름다운 대상과 장면을 감상하게 되고 자신이 표현하고자 할 때 이러한 경험들이 도움이 될 수 있다.

[그림 1-6] **무지개 물고기**

글 · 그림 : 마르쿠스 피스터
출 판 사 : 시공주니어(1994년)

『무지개 물고기』 작품 속에 나오는 은빛 비늘을 가진 물고기 그림과 아름다운 바닷속 풍경들은 아동이 참 좋아하는 그림 중의 하나이다. 그림을 보며 아름답다고 느끼는 경험이 많을수록 아동의 심미감은 더욱 발달될 수 있다는 점에서 좋은 그림의 책은 아이들에게 필요한 작품이다.

여섯째, 아동은 아동문학을 통해 주변 세상에 대한 지식과 정보를 얻게 된다. 문학작품 속에는 아동이 궁금해 하는 대상과 환경들이 담겨 있다. 자신이 알지 못했던 대상과 상황을 간접적으로 경험하며 아동은 새로운 지식과 정보를 알게 되는 셈이다. 또 아동은 자신이 궁금해 하는 대상에 대한 탐구를 위해 책을 이용하기도 한다. 지식 정보책의 경우 영유아의 지적 호기심을 풀어줄 수 있는 대상으로 활용되기도 한다. 호기심이 많은 아동은 책을 읽으며 자신의 궁금증을 해결해 가는 한편 새로운 궁금증이 생기기도 한다. 이러한 경험들은 아동의 탐구심을 향상시키고 지적인 호기심을 충족시켜주는 지식과 정보를 제공하게 되는 것이다.

일곱째, 아동문학은 아동의 다문화와 반편견적 사고에도 도움을 준다. 현대 아동문학작품 속에는 일반적인 아동의 모습과 다르고 다른 환경에서 지내는 주인공의 모습을 그려내는 경우가 많다. 장애를 입었다거나 얼굴색이 다르고 언어가 다른 친구가 등장하며 엄마·아빠가 없거나 아주 가난한 주인공들도 있다. 아동들은 문학작품 속에서 이와 같은 이야기를 읽으면서 자신과 다르게 사는 사람들에 대한 편견이나 오해 대신 열린 마음을 가질 수 있는 계기를 마련할 수 있게 되는 것이다. 요즈음의 아동문학책은 그림과 글에서 편견을 줄만한 내용을 없애고 열린 마음을 가질 수 있는 내용과 그림을 제공하려고 노력한다. 이는 영유아기부터 세상의 다양함에 편견과 오해 대신 열린 시각을 가질 수 있도록 하기 위해서이다. 아동문학을 만들어내는 많은 사람들은 이러한 점에 대해 많은 인식을 해야 할 것이다.

여덟째, 아동은 아동문학을 통해 바른 생활에 대한 인식을 할 수 있다. 아동문학 속에는 나쁜 행동을 하는 인물도 등장하고 좋은 행동을 하는 인물도 등장한다. 좋은 행동을 하든 나쁜 행동을 하든 이야기 전개를 통해 이들의 행동에 대한 결과를 보게 된다. 아동문학작품 속에서는 주로 나쁜 행동이 바른 행동으로 귀결되는 경우가 많다. 아동은 이러한 이야기를 통해 자신의 행동을 살피게 되고 그러한 상황에 접했을 때 어떻게 행동해야 할 것인지에 관한 인식을 할 수 있게 된다. 다른 사람에 대한 배려, 질서와 규칙의 준수, 기본생활 습관의 형성 등에 관한 다양한 행동들에 대해 판단기준과 가치관이 서서히 자라게 되면 이에 대한 통찰력이 향상되는 것이다.

아홉째, 아동은 아동문학을 통해 상상력을 마음껏 발휘할 수 있게 된다. 아동은 문학작품을 접할 때 현실과 동떨어져 생각하지 않는다. 마치 자신이 그 책 속의 주인공이 된 것처럼 책 속에 빠져든다. 자신이 괴물도 되어보고 엄마도 되어보며 고릴라도 되어보고 상상의 나래를 마음껏 펼칠 수 있게 된다. 이러한 경험은 자신의 생각과 느낌을 확장시켜줄 수 있으며 틀에 박힌 생각과 느낌이 아닌 좀 더 창의적인 사고를 할 수 있도록 돕는다. 아동문학은 다양한 상상적 이야기가 있고 아동이 상상의 영역을 넓혀나갈 수 있도록 지원할 수 있는 매개체로서 좋은 수단이 될 수 있다.

02 아동문학의 역사

근대 아동문학이 생기기 이전에는 유아나 아동의 개념이 성립되지 않았기 때문에 아동기를 위한 아동문학이 존재하지 않았다. 다만, 원시 시대부터 내려오는 구전설화나 민담, 신화, 전설 등이 전승되어 왔으며 서구에서는 18세기 이후에, 우리나라는 19세기 초부터 아동문학이 시작되었다. 이러한 아동문학의 역사에 대한 교육은 문화에 대한 보존과 창조의 역할을 할 수 있다. 본 장에서는 유아들에게 아동문학의 역사를 흥미있게 이해시키는 지도 방법을 모색하고자 우리나라와 다른 나라 아동문학의 역사와 그 차이점을 알아보고 다양한 작품들을 살펴보고자 한다.

1 한국 아동문학의 역사

우리나라 아동문학의 역사는 학자에 따라서 그 분류가 조금씩 다른데, 이상현(1987)은 설화문학 시대에서부터 근대 아동문학까지 분류하고, 석용원(1982)은 갑오경장을 기점으로 분류하기도 한다. 이재철(1983)은 아동문학사를 크게 아동문화운동 시대와 아동문학운동 시대로 나누고 있는데, 본 장에서는 이재철(1983)의 아동문학사의 시대 구분을 바탕으로 한국의 아동문학을 살펴보고자 한다.

한국의 아동문학사

1. 아동문화운동 시대(1908~1945)
   (1) 태동 · 초창기(1908~1923)
   (2) 발흥 · 성장기(1923~1940)
   (3) 암흑 · 수난기(1940~1945)

2. 아동문학운동 시대(1945~1988)
   (1) 광복 · 혼미기(1945~1950)
   (2) 통속 · 팽창기(1950~1960)
   (3) 정리 · 형성기(1960~1976)
   (4) 전환 · 발전기(1976~1988)

1) 아동문화운동 시대(1908~1945)

아동문학운동은 1908년 최남선과 이광수의 2인 문단시대부터 광복 이전을 말하며 어린이들에게 민족의식을 심어주는 일종의 사회문화운동의 중심이 된 시기이다. 그렇기 때문에 아동문학은 문학으로서의 자각보다는 계몽운동의 성격이 강했다.

(1) 태동 · 초창기(1908 ~ 1923)

최남선과 이광수의 근대적 아동문화운동은 현대 아동문학운동에 중요한 기반을 제공하였다. 특히 최남선의 『소년』은 우리나라 최초의 근대적 종합잡지이자 아동문학 잡지의 효시로 국내외의 역사, 과학, 전기, 사조 등을 소개하며 그 내용과 정신에 있어 아동문학 잡지의 시초라 할 수 있다. 『소년』에는 대부분 아동을 위한 소설이 실렸는데, 『거인국 표류기』, 『이솝 이야기』, 『로빈슨 무인절도 표류기』, 『어른과 아이』와 같은 번안물이었는데, 오늘날 현대시의 선구인 신체시 『해에게서 소년에게』가 발표되면서 문학사에 의미 있는 잡지로 기억되고 있다.

태동기의 아동문학을 김현희, 박상희(2008)는 다음과 같이 정리하였다.

첫째, 1910년을 전후하여 나타난 신문화운동의 모태인 신문과 잡지가 개화와 계몽을 표방하는 교육지 혹은 종합교양지였으므로 아동문화운동의 배경이 될 수 있었다.

둘째, 『독립신문』, 『소년』을 처음으로 하여 잇달아 나온 『붉은 저고리』, 『아이들 보이』, 『새별』 같은 잡지는 순수한 아동잡지였다.

셋째, 『소년』은 소년적 대우를 받고 소년적 의식을 가졌다.

넷째, 과도기적 상황으로 내용면에서는 신구사상을 병행하였으며, 형식면에서도 한문 숙어 중심의 표현이 남아 있었다.

다섯째, 개화가사와 창가가 여전히 고가사의 옛 말투를 답습했으나, 신체시(정형동시)와 변조창가(동요)를 발생시켜 동시 · 동요의 온상이 되었다.

여섯째, 한국 아동문학은 최남선의 태동기에서 방정환의 발흥기(勃興期)로 성장할 수 있었다. 따라서 『소년』지부터 방정환의 출현까지 약 20년간은 우리 아동문학사로서는 아동문화운동의 태동기이자 아동문학운동의 발아기라고 할 수 있다.

(2) 발흥 · 성장기(1923~1940)

소파 방정환의 『어린이』(1923~1934, 통권 122호)지를 출간하면서 한국의 아동문학은 동요 황금시대와 아동잡지의 다양화를 이루게 되었는데, 이것은 3 · 1 운동 이후의 정치 · 문화적 영향을 받아 우리 민족의 감정과 정체성을 반영하였다. 방정환은 1922년 5월 1일 어린이날의 제정을 주장하였고, 그 해 최초로 세계명작동화집 『사랑의 선물』(1922)을 발간하여 암울했던 시대에 놓여있던 우리나라 어린이들의 감성에 새로운 빛을 비추어 주고자 하였다. 1923년 그는 우리나라 최초의 아동문예지인 『어린이』지를 창간하였으며, 이를 계기로 근대 아동문학 형성의 전기를 마련하는 원동력이 되었고, 어린이라는 호칭이 보편화되었다.

1920년대는 『신소년』(1923~1934), 『새벗』, 『아이생활』, 『별나라』 등이 출간되어 동요와 함께 아동잡지의 전성기를 이루었다. 특히 이들 잡지의 집필자들이 아동문학가가 아닌 언론인, 독립투사, 종교인, 사회 · 문화운동가였다는 점이 주목할 만하데, 이는 이 시대의 아동문학운동이 독립운동적이며 민족적 문화운동이었음을 시사해 주고 있다(이춘희 · 장미정, 2010).

이 시기의 주요 작품으로는 1930년 마해송이 최초의 순수 창작동화 『바위나리

[그림 2-1] **바위나리와 아기별**

글 : 마해송
그　림 : 정유정
출 판 사 : 길벗어린이(1998년)

와 아기별』(1923, 『새별』지 발표)과 두 번째 창작동화집인 『해송동화집』(1934)을 발간하면서 전래동화를 개작하는 틀을 벗어나지 못하고 있었던 문단에 신선한 충격을 주었다.

한국아동문학가협회를 창립하고 초대회장을 지낸 이원수(1911~1981)는 『어린이』지에 그의 동요 「고향의 봄」을 실으면서 작가활동을 시작하였다. 그의 동시집으로 『종달새』, 『빨간 열매』가 있으며, 수필 및 동화집으로 『해와 같이 달과 같이』, 『오원의 노래』, 『한국동화집』, 『애들아 내 얘기를』, 『꼬마옥이』 등이 있다.

(3) 암흑 · 수난기(1940~1945)

1937년 일본이 중일전쟁을 일으키면서 일본의 한국에 대한 압박이 심해졌다. 일본은 창씨개명을 강요하고, 우리말과 글을 사용하지 못하게 하였다. 1940년 『조선일보』와 『동아일보』를 폐간하고, 뒤이어 『소년 조선일보』를 폐간시켰다. 이것을 기점으로 아동문학은 암흑시대를 맞이하게 되었고, 『아이생활』만이 선교사들의 도움으로 그 명맥을 유지하다 1944년 결국 폐간되었다. 그러나 1944년에 임인수, 이종성, 이윤선 등 몇몇 작가들에 의해 『초가집』, 『파랑새』, 『초원』 등이 발간되며 비공식적으로 문학의 활동이 이어졌다. 이 시기의 주요 작가로는 동시의 박화목, 임인수, 권태응 등이 있으며 동화의 경우 김요섭, 이원수 등이 있다.

아동문화운동 시대(1908~1945)는 일본 아동문학의 영향을 많이 받을 수밖에 없는 상황이었다. 하지만 이 시기를 본격적으로 문학의 발전을 도모하는 과도기적 단계인 중요한 시기라고 볼 수 있다.

2) 아동문학운동 시대(광복 이후)

1945년 해방을 맞이하면서 우리말과 글을 찾게 되어 아동문학은 문화운동의 관점에서 벗어나 새로운 문학으로서 아동문학운동이 전개되었다. 아동문화운동 시대가 우리말과 글을 주장하는 민족주의적 · 사회적 문화운동이라고 한다면 아동문학운동 시대는 본격적인 문학으로서의 발전을 위한 아동해방운동이라 볼 수 있다. 또한, 이 시기의 가장 두드러진 특징은 동요, 동시 시대에서 동화 중심의 산문창작 활동이 두드러지게 많아졌다는 점이다.

(1) 광복 · 혼미기(1945~1950)

1945년 광복 이후 우리나라는 정치 · 사회 · 경제적으로 큰 혼란을 겪게 되는데, 아동문학 역시 혼란한 시기를 맞게 되었지만 광복 후 잃어버린 모국어와 문화를 되찾았다는 기쁨과 함께 출판물의 양은 급증하게 되었다.

대표적인 출판물은 다음과 같다.

- 잡 지 : 『아동』(1946), 『소학생』(1946~1950), 『소년』(1948~1950), 『어린이』(1948~1949), 『어린이 나라』(1949~1950), 『새동무』(1945), 『별나라』(1945), 『신소년』(1946)
- 동시집 : 윤석중의 『초생달』(1946), 『굴렁쇠』(1948), 박영조의 『동시집』(1946), 이원수의 『종달새』(1948), 윤복진의 『별초롱 꽃초롱』(1949)
- 동 화 : 마해송의 『토끼와 원숭이』(1946), 이주홍의 『못난 돼지』(1946), 임인수의 『봄이 오는 날』(1949), 노양근의 『열 세 동무』(1946)

이 시기는 산문문학이 그 틀을 완성했다 볼 수 있으며 동화의 경우 마해송과 이원수에 의해 최초의 장편동화, 사실동화, 환상동화의 유형이 나타나면서 장르의 다양화를 이루고 동화의 수준을 향상시켰다.

(2) 통속 · 팽창기(1950~1960)

이 시기는 6 · 25 전쟁으로 인한 정치 · 사회적 무질서와 경제적 파탄이 팽배하였으며, 이는 아동문학계에 많은 악영향을 미치게 되었다. 또한 전쟁을 치르면서 유입되는 외래풍조와 함께 전통적이고 정신적인 유산의 상실을 가져왔고 상업적이고 통속적인 내용이 속출하면서 아동문학계를 오염시켰다. 또한 출판사들의 붕괴와 잡지 간행부수의 감소로 출판사들의 사정은 악화되었다.

하지만 통속과 대중화 경향에도 불구하고 아동문학가들의 활동은 계속되었고, 동화에서 강소천의 『꽃신』(1953), 『꿈을 찍는 사진관』(1954), 마해송의 『떡배 단배』(1953), 이원수의 『숲 속 나라』(1953), 김요섭의 『깊은 밤 별들이 올리는 종』(1957) 등이 순수 아동문학의 맥을 이어주었다(김세희, 2000).

이 시기의 문학사적 특징을 살펴보면 전체 문학사 중 1950년대의 문학만이 유일하게 발전적 측면보다 저해적 측면이 강했다 볼 수 있으며 또한, 한 시대의 독립적 의미보다는 본격 문학운동의 교량적 성격이 강하여 과도기적 역할을 했다고 볼 수 있다(이춘희 외, 2010).

(3) 정리 · 형성기(1960~1976)

1950년대 말기부터 뚜렷한 변모를 보이기 시작한 현대적 문단은 4 · 19 혁명의 정신적 기초를 토대로 본격 문학으로서의 자각과 반성을 일으켜 문단을 형성하게 되었다. 이러한 문단의 형성 배경을 살펴보면 다음 네 가지로 볼 수 있다.

첫째, 신인의 등장과 문단 풍토의 개선 : 아동문학가를 발굴하기 위한 등단제도가 신춘문예와 추천제로 정비되고 역량 있는 신인들이 문단 풍토 개선의 주역이 되었다(노운서 외, 2010).

둘째, 동인 중심의 문학단체 결성 : 1971년 2월 한국아동문학가협회를 창립하고 같은 해 5월 한국아동문학회가 창립되었으며 동시문학의 모태가 되는 동시인 동인회가 1966년 창립되어 주목을 받았다(이춘희 외, 2010).

셋째, 출판물에 의한 정리 작업 : 문학선집, 개인전집, 외국명작전집 등 출판물 정리 작업이 이루어지면서 문학사의 자료 정리를 통한 반성과 자각의 장이 제공되었다(노운서 외, 2010).

넷째, **문학상 제정과 발표무대의 확장** : 각종 문학상의 제정으로 해당 작품에 대한 문학적 검증이 이루어지면서 작품 위주의 위계질서가 확립되었고 신인들의 대거 등단으로 아동문학이 활성화되기 시작하였다(노운서 외, 2010).

이 시기의 가장 큰 성과는 폐쇄적이었던 시어를 개방하고 이미지 중심의 시어 결합, 동심세계의 확장 등을 통해 과거와는 다른 동시다운 동시의 기교개발을 시도하였다는 것이다. 주로 동시인 〈동인회〉(1966)를 중심으로 이루어졌는데, 1970년대에 접어들면서 점차 동시가 아동을 위한 시라는 인식과 함께 그 입지를 넓혀갔다.

이 시기는 아동문학 평론과 당면한 문제에 대한 논쟁을 통하여 아동문학 사상 새로운 전기를 마련하였다. 본격 평론으로 자리를 잡지는 못했으나, 김요섭, 이재철, 박경용, 이원수 등에 의해 그 틀이 형성되어 아동문학의 이론적 기초를 마련하였다.

(4) 전환 · 발전기(1976~1988)

1970년대 중반 이후에 불어온 아동문학의 훈풍은 문학 본질은 물론 문단에도 영향을 미쳐 기존과는 다른 풍토가 아동문학 전반에 걸쳐 낙관으로 조성되고 있었다.

아동문단에 〈아동문학가협회〉, 〈한국아동문학학회〉, 〈한국현대아동문학가협회〉가 창립되었다. 또한, 1976년에는 〈아동문학평론〉과 〈아동문예〉가 창간되면서 신인들이 대거 등장하였으며, 동화, 동시, 아동소설 등 작품성 있는 작가들의 우수한 작품들이 발표되었다.

이 시기에는 출판사들이 국내 전문 아동문학가들의 창작집을 발간하기 시작하여, 창작동화와 아동소설의 전집을 기획하고 제작하였다는 점이 특징이다. 그 예로 『창비 아동문고』(창작과 비평사), 『웅진아동문고』(웅진출판), 『소년 · 소녀 한국 창작동화』, 『이원수 아동문학전집』(전 30권, 1984), 『새싹의 벗 윤석중 전집』 등이 있다(박선희 외, 2006).

잡지로는 문예잡지 『새싹문학』(1977), 『어린이문예』(1979)가 있었지만, 만화잡지 『보물섬』이 창간되면서 독자를 잃기 시작하였다. 신문으로는 주간지였던 『소년조선일보』(1966), 『소년한국일보』(1960), 『소년동아』(1964)가 일간지로 바뀌었다.

이 시기에는 각 대학의 유아교육과와 아동학과, 사범대학 등에 아동문학 과목이 개설되어 아동문학의 학문적 체계가 이루어지기 시작하였으며 아동문학이 학문적 영역에 확실히 자리매김하였다.

(5) 확장 · 발전기(1988~현재)

1988년 이후 아동문학은 전쟁, 분단, 가난에 관련된 주제를 벗어난 다양한 주제와 소재의 동화, 동시들이 출간되었고 문학의 양적 · 질적인 성장이 이루어졌다. 이를 좀 더 자세히 살펴보면 다음과 같다.

첫째, 그림책의 양적인 성장과 어린이를 위한 다양한 소재의 동화 · 동시들이 많이 발표되었으며 한국적인 정서를 드러내주는 전래동화나 동요가 현대작가에 의해서 만들어졌다. 대표적인 작품으로는 류재수의 『백두산 이야기』(1988), 정승각의 『까막나라에서 온 삽사리』(1994), 전통문화 그림책인 『솔거나라 시리즈』(1995) 등이 있다.

둘째, 외국의 유명한 고전이라 할 수 있는 책이나 상을 수상한 좋은 책들이 번역되어 왕성하게 출판되었다. 외국의 작품 속에는 외국의 문화라는 이색적인 측면이 아이들의 호기심을 충족시켜줄 수 있고 인류 보편적인 희로애락 등이 들어있어 아이들이 세계를 바라보는 이해의 폭을 넓힐 수가 있다는 점에서 가치가 있다(노운서 외, 2010).

셋째, 좋은 책 선정과 책의 질에 대한 관심이 높아지면서 책에 대한 평론활동이 활성화되고 있다. 어린이 도서에 대한 신간 소개, 동화 비평 등 다양한 아동문학 관련 정보를 제공하는 각종 인터넷 사이트도 생겨나고 작가와 평론가들이 개인 홈페이지를 제작하여 독자와의 거리를 좁히려는 노력도 많아졌다(이성은, 2003).

[그림 2-2] 백두산 이야기

글 · 그림 : 류재수
출 판 사 : 보림(2009년)

[그림 2-3] 구름빵

글 · 그림 : 백희나 · 빛그림 · 김향수
출 판 사 : 한솔수북(2004년)

[그림 2-4] 나의 사직동

저 자 : 한성옥 · 김서정
출 판 사 : 보림(2003년)

한국의 아동문학상

- 방정환 아동문학상 : 아동문학가인 소파(小波) 방정환(1899~1931)을 기리기 위해 아동문학 평론사에서 1991년에 제정한 문학상이다.
- 한국 어린이 도서상 : 1980년 대한출판문화협회가 제정하여 어린이 도서에 주는 상이다. 매년 삽화, 저작, 기획 · 편집 부문의 우수한 작품들에 수여되고 있으며 부분별로 시상작을 정하기 때문에 동화와 그림책 등 어린이를 위한 도서 전반에 주는 상이다.
- 황금 도깨비상 : 출판사 비룡소에서 1992년 어린이 문학계 최초로 설립한 어린이 문학상이다. 그림책과 동화책 등을 공모하여 그 해에 가장 뛰어난 아동문학작품에 수여되는 상이다. 매해 그림책 부문과 장편동화 부분으로 시상하고 있다.
- 소천 아동문학상 : 1930년부터 30년간 우리나라의 아동문학을 위해 남긴 업적과 강소천(姜小泉)이 한국의 아동문학에 남긴 업적을 기리기 위해 1965년 배영사에서 제정한 아동문학상이다. 제6회 시상 뒤에 강소천 아동문학상 운영위원회가 발족되어 시상하고 있으며 시상식은 매년 5월 5일 어린이날에 행해지다가 1972년부터 강소천의 기일(忌日)인 5월 6일로 바뀌었다.

이 외에도 한국 안데르센 그림자상과 한정동 아동문학상, 새싹 문학상 등 여러 가지 문학상들이 있다.

2 외국 아동문학의 역사

1) 19세기 이전의 아동문학

19세기 이전에는 아동을 위한 아동문학이 성립되어 있지 않아 아동을 위해 창작된 작품은 발간되지 않았을 뿐 아니라, 아동을 작은 어른이라고 생각했기 때문에 어른과 같이 노동을 하고 법에 처벌을 받는 등 아동에 대한 개념이 전무한 시기라 볼 수 있다. 주로 성인을 중심으로 한 문학이었으나, 그 중에서 아동들이 그들의 욕구와 재미를 충족시켜주는 작품을 선택하여 읽는 즐거움을 얻는 시기였다.

산업혁명이 일어나기 전까지 아동을 위한 책은 주로 학습용이었는데, 이러한 책들은 부유한 상류층과 귀족의 자녀를 위해 쓰였다. 성직에 있던 교육자들이 썼던 이 학습용 책은 라틴어로 쓰였으며 교훈주의 전통을 이루어 수세기 동안 아동도서 영역을 지배해 왔고 아직까지도 그 영향을 미치고 있다.

오늘날의 그림책은 체코슬로바키아의 모라비아 주교이며 교육자인 코메니우스(John Amos Comenius, 1592~1671)가 최초의 그림책 『세계도회』(1658)를 만들면서부터 시작되었다. 이 책은 그림과 내용의 연관성으로 대변되는 질적 수준에서 근대적 의미의 그림책으로 기점을 이루고 있다(김세희 2000). 이 책은 약 150가지의 주제가 수록되어 있으며, 당시 글로만 쓰였던 아동용 교재와 달리 그림으로 실제적인 현상의 관찰과 과학적 해석으로 지식을 전달해 주었다는 점에서 그 의미가 크다. 『세계도회』는 어린이들에게 배움의 기쁨을 알려준 책으로 18세기에는 성서 다음으로 베스트셀러가 되었고 1658년 영국에서 번역한 것을 시작으로 거의 모든 유럽으로 번역되어 1698년부터 1801년까지 유럽 전역에 간행 보급되었다. 현재 우리가 접하고 있는 백과사전의 모태가 바로 『세계도회』라고 볼 수 있다.

[그림 2-5] **세계 최초의 그림교과서**

저 자 : 요하네스 아모스 코메니우스
옮 긴 이 : 남혜승
출 판 사 : 씨앗을 뿌리는 사람들(1999년)

종교적이고 교훈적인 내용을 좋아하지 않던 아이들은 어른들을 위해 쓰인 책으로 눈을 돌리기 시작했는데, 존 버니언(John Bunyan)의 『천로역정』(The Pilgrim' s Progress, 1678), 다니엘 디포(Daniel Defoe)의 『로빈슨 크루소』(Robinson Crusoe, 1719), 조나단 스위프트(Jonathan Swift)의 『걸리버 여행기』(Gulliver' s Travels, 1726) 등이 있다. 그 중 『천로역정』은 어린이를 의식하지 않고 종교적인 색채가 남아 있는 책이었지만, 주인공이 겪는 공상과 모험 이야기는 아이들의 흥미를 자극하기에 충분했다.

다니엘 디포의 『로빈슨 크루소』 또한 어린이들을 위해 쓰인 책은 아니었으나 주인공이 무인도에서 생존을 위해 벌이는 모험과 사투는 아동들에게 즐거움과 기쁨을 선사였고 『천로역정』과 더불어 아동문학의 기반에 큰 변화를 가져왔다.

18세기 산업혁명 이후 유럽의 번영은 중산층 계급을 만들어냈고, 이러한 사회적 변화는 가격이 싸고 작은 『챕북』을 탄생시켰다. 『챕북』은 오늘날의 그림책과 비슷한데, 이야기가 짧고 단순한 내용의 이야기이며 그림이 많고 책 크기가 작아서 어른부터 아이까지 즐겨 읽은 최초의 대중서적이라고 볼 수 있다(김세희, 2000). 이러한 『챕북』은 출판업자였던 영국의 존 뉴베리(John Newbery)에 의해 아동을 중심으로 한 『챕북』으로 출판되었다.

프랑스의 라퐁텐(Jean de La Fonraine, 1621~1695)은 『이솝우화』나 『여우 이야기』와 같은 이야기들을 운문으로 재 각색하여 『우화시』(Les Fables, 1668)를 지었는데, 교훈과 즐거움 그리고 표현력과 언어의 정확성에 의하여 문학사상 확고한 위치를 차지하였으며 아이들의 좋은 읽을거리가 되었다.

프랑스의 페로(Perrault)는 아동에게 성서의 교리나 알파벳 또는 예의범절을 알려주기 위한 인쇄물들을 제외하고, 아동을 위해 처음으로 책을 쓴 사람이었다. 그는 구전되어오던 옛날 이야기를 새롭게 구성하여 『페로동화집』(1697)을 냈다. 그 책 안에 실린 내용으로는 『잠자는 숲 속의 미녀』, 『빨간 모자』, 『장화신은 고양이』, 『신데렐라』, 『나의 거위 엄마』, 『푸른 수염』 등이 포함되어 어린이에게 큰 사랑을 받았다. 이 작품들은 페로가 자신의 아이들을 위해 쓴 것이었으며 어린이를 직접적인 독자로 인식하였다는 점에서 세계 최초의 아동문학작가로 인정받고 있고, 동시에 '현대문학의 아버지' 라고 불린다.

18세기에 들어서 보몽부인(Beaumont, madame de, 1711~1780)은 아동문학 개척자 중의 한 사람으로서 70권에 이르는 작품의 주요 부분을 아들을 위해 썼으며, 그녀의 대표작으로는 『미녀와 야수』(La bella et la Beta)가 있다.

독일의 그림형제(Jacob Grimm, 1785~1863; Wilhelm Grimm, 1786~1859)는 국어학자로 독일의 민화를 수집하여 『어린이와 가정을 위한 동화집』을 출판하였는데, 야곱이 독일의 여러 지방을 돌며 수집한 민간설화를 동생인 빌헬름이 재구성하여 펴낸 것이었다. 동화집 안에는 『백설 공주』, 『헨젤과 그레텔』, 『브레멘의 음악대』, 『늑대와 일곱 마리의 아기 염소』등이 수록되어 있다. 그림형제의 동화집은 독일가정을 비롯한 전 세계의 가정에서 사랑받으며 아동문학의 고전이 되었다.

2) 19세기의 아동문학

19세기는 낭만주의 문학의 전개로 아동문학의 관점을 크게 변화시켰다. 낭만주의는 감성을 중요시하고, 개인의 주관과 자아를 중시했으며, 민속문학에 대해서 탐구하였다. 또한 문학의 소재를 일상적 경험에서 찾았고, 상상력과 영감을 예술의 원동력으로 보았다(공인숙 외, 2009).

이러한 낭만주의 사상을 바탕으로 창작문학의 기틀을 만든 것이 우리가 잘 알고 있는 안데르센(Hans C. Andersen, 1805~1875)이다. 덴마크 출신인 그는 근데 아동문학의 창시자이며 새로운 창작문학의 창시자로 아동문학의 거장으로 불린다. 이러한 관점에서 안데르센과 그림형제는 아동문학 사상의 기틀을 잡은 두 기둥이라 할 수 있다.

안데르센은 1835년부터 『어린이를 위한 동화집』을 시작으로 매년 크리스마스에 맞추어 동화를 출간하여 1870년까지 총 150여 편의 동화를 출판하였다. 시인으로 더 유명했던 그는 시, 동화, 희곡, 기행문, 전기, 에세이 등 많은 문학작품을 남겼다. 그의 수많은 작품들 중 현재까지도 우리게 많은 사랑을 받고 있는 작품 몇을 소개하자면, 『눈의 여왕』, 『성냥팔이 소녀』, 『미운오리 새끼』, 『백조왕자』, 『인어공주』, 『날으는 가방』, 『벌거벗은 임금님』 등이 있다.

안데르센 동화의 특징을 살펴보면 첫째, 자유로운 상상력에 입각한 완벽한 창작이다. 둘째, 긍정적인 시각을 통한 희망의 메시지를 담고 있으며 단순한 권선징악이 아닌 다양한 세상의 문제들을 실질적이고 솔직한 시각으로 표현하였다. 셋째, 간결한 언어와 함축된 문장을 사용하였다. 넷째, 생명이 없는 것에 생명을 불어넣었다. 이름이 없는 물건에도 이름을 부여하여 어린이들이 세상의 모든 것과 어울릴 수 있는 상상력을 제공한다. 다섯째, 작품 자체의 뛰어난 상상력으로 독자의 상상력을 키워준다. 여섯째, 작품 속에 기독교 신앙이 깔렸다.

1865년 『이상한 나라의 앨리스』(Alice' s Adventure in Wonderland, 1865)가 나오면서 본격적인 환상동화의 서막을 올리면서 아동문학사의 획기적인 정점을 기록하였다. 이 작품은 옥스퍼드 대학의 교수이자 목사였던 캐럴(Lewis Carroll, 1832~1893)이 학장의 딸들에게 들려주었던 이야기를 직접 쓰고 그려서 쓴 작품이다.

19세기의 이탈리아는 아동문학의 황금기라고 볼 수 있다. 1881년에 창간된 『유아신문』을 통해 콜로디(Carlo Collodi, 1826~1890)의 『피노키오의 모험』(Le Adventure di Pinocchio)이 연재 되었는데, 세계 아동문학 사상의 금자탑으로 불리는 이 작품은 환상성과 생동감, 신선함과 예술성을 통하여 어린이들에게 새로운 즐거움을 주었다.

또한 이 시기에는 사실적인 작품들도 많이 출판되었는데, 영국문학의 거장 키플링(Rudyard Kipling, 1865~1936)의 『정글북』(Jungle book, 1894)과 배너먼(Helen Bannerman)의 『꼬마 검둥이 삼보』(The story of little black Sambo, 1899)가 출간되었다.

『꼬마 검둥이 삼보』는 배너먼 부인이 남편의 근무지인 인도에서 여름 전염병을 피하여 북부 고원지대로 가는 이틀 동안에 딸을 위하여 창작한 것이다. 이 작품은 단순하고 운율이 있는 문장, 점진적인 반복을 통해 긴장감의 고조와 끝부분의 만족감을 얻어내고 있어 어린이들이 즐겁게 반복해서 읽게 되는 효과를 얻게 되었다. 하지만 1950년대 이후 유럽과 미국의 인종문제가 논쟁거리로 떠오르면서 흑인 꼬마 삼보의 모습을 너무 희화해서 그렸다는 이유로 절판되었다.

영국문학의 영향을 가장 크게 받은 나라인 미국은 1820년대 이후 유럽과는 다른 미국만의 독자적인 아동문학이 시작되었다고 볼 수 있다. 그 예로 19세기 미시시피강 유역의 소년들의 꿈과 모험을 세계 어린이들과 함께 공유할 수 있도록 해준 마크 트웨인(Mark Twain, 1835~1910)의 작품 『톰 소여의 모험』(The Adventures of Tom Sawyer, 1876)과 『허클베리 핀의 모험』(The Adventure of Huckleberry Finn, 1884) 등을 들 수 있다. 이 작품들 안에서 주인공이 펼쳐나가는 자립정신과 개척정신은 미국개척 시대에 걸맞은 시대상을 반영하였고 유럽문학과는 다른 독자적인 모습을 보여주었다.

또한 올컷(Lousia M. Alcott, 1832~1888)의 『작은 아씨들』(Little Women, 1868~1869)과 버넷(F. H. Burnett, 1849~1924)의 『소공자』(The little Lord Fauntleroy, 1886) 등 당시로서는 생소한 가정적인 도서들이 출판되면서 아이들에게 꿈과 희망을 선사하였다.

[그림 2-6] 하멜른의 피리 부는 사나이

글 : 로버트 브라우닝
그 림 : 케이트 그린어웨이
옮 긴 이 : 김기택
출 판 사 : 시공주니어(2002년)

[그림 2-7] 존 길핀의 야단법석 대소동

글 : 윌리엄 쿠퍼
그 림 : 랜돌프 칼데콧
옮 긴 이 : 이주혜
출 판 사 : 도담도담(2009년)

3) 20세기의 아동문학

20세기는 '아동의 세기'라고 불릴 만큼 아동과 관련된 모든 분야에서 아동에 대한 이해와 존중이 확장되고 그에 따른 연구와 투자가 활발해졌으며 그림책이 아동문학의 중요한 위치를 차지할 정도로 큰 발전이 이루어졌다. 다시 말해 아동들도 아동문학의 독자로서 인정을 받아 아동에 대한 이해와 존중이 확장되었고 아동도서에 대한 제도적 지원이 확대되었다. 또한 아동문학의 창작과 보급이 활성화되었으며 질 높은 아동문학 창작을 촉진하였다.

아동문학은 이제 교훈적인 요소보다는 아동들에게 즐거움을 주는 환상 요소를 중요시 여기게 되었고 특히 괄목할 만한 것은 그동안 동화나 소설의 삽화로 아동문학작품의 부수적인 기능으로 활용되었던 그림책이 아동문학의 중요한 위치를 차지할 정도로 두드러진 발전이 있었다.

20세기 중반을 기점으로 미국의 아동문학은 영국을 넘어 빠르게 성장하며 세계 아동문학사의 중심을 차지하게 됐다. 1919년 멜처(Frederic G. Melcher, 1879~1963)가 '아동도서 주간'을 장려한 후 아동도서관의 설치와 운영이 활성화되었다. 1922년에는 뉴베리상, 1938년에는 칼데콧상이 제정되는 등 아동문학 발달에 자극제가 되었다. 미국의 아동문학을 간략히 설명하면 다음과 같다.

첫째, 그림책을 비롯한 아동도서의 출판이 급성장하였다.

둘째, 아동문학의 주제가 다문화, 인종차별, 성차별, 환경오염, 이혼 등 다양해졌다.

셋째, 유치원과 어린이집, 초등학교의 교육과정에 아동도서를 많이 사용하고 있다.

넷째, 기존 동화 그림의 양식이나 틀에서 벗어나 입체도서(pop-up book)나 장난감도서(Toy-book) 등과 같이 다양한 유형의 책들이 보급되었다.

20세기의 아동문학을 크게 세 가지로 구분할 수 있는데, 환상동화와 그림책 그리고 사실동화이다. 동화의 종류는 4장에서 소개되었으며, 본 장에서는 간략하게 살펴보고자 한다.

(1) 환상동화

영국의 베리(James M. Barrie, 1860~1937)는 『피터팬』 시리즈(1904, 1906, 1911)로 아이들의 공상과 모험을 자극하며 기쁨과 즐거움을 주고 있다. 어른이

[그림 2-8] 피터팬

글 : 제임스 매튜 베리
그　　림 : 서소울
출 판 사 : 김영사
발행년도 : 2006

되지 않은 『피터팬』의 공상과 환상의 세계는 전 세계 어린이들에게 큰 사랑을 받으며 항상 동심 속에서 살고 싶은 어른들의 환상을 자극하여 어른들에게도 큰 사랑을 받고 있다.

또한, 밀른(A. S. Milne, 1882~1956)이 아들 로빈을 위해 창작한 작품 『아기곰 푸우』(Winnie-the-Pooh, 1926)는 충동적이고 실수를 잘 저지르는 아기곰 푸우와 주인공 소년 로빈이 숲 속 친구들과 함께 생활하며 벌어지는 이야기들로 구성되어 있는데, 이 안에는 재미와 풍자가 섞여 있으며 아이들에게 친구들과의 사랑과 우정을 경험하게 해 주는 즐거운 작품이다.

이외에도 트래이버스(Pamela Travers, 1899~1996)의 『바람을 타고 온 메리 포핀즈』(1934), 『돌아온 메리 포핀즈』(1935), 『사립문을 여는 메리 포핀즈』(1943), 『공원 속의 메리 포핀즈』(1953) 등 총 4편의 시리즈가 있다.

(2) 그림책

20세기 초 포터(Beatrix Potter, 1866~1943)는 『피터 래빗 이야기』(The Tale of Peter Rabbit, 1903)를 발표하였다. 그녀는 뛰어난 작가이자 그림책 화가였다. 그녀와 그녀의 책은 크레인과, 칼데콧 그리고 그린어웨이의 뒤를 이어 영국 아동문학의 자랑으로 남아 있다.

미국 완다 가그(Wanda Gag, 1893~1946)의 『백만 마리 고양이』(1928)는 정직한 화풍이 머릿속의 이미지를 그대로 옮겨놓은 듯한 느낌을 주며, 보는 이들로 하여금 교훈적인 메시지를 포함하고 있어 그림책의 고전이라 할 수 있다.

영국의 유명한 그림 작가 존 버닝햄(John Burningham, 1936~)은 『깃털 없는 기러기, 보르카』(Broka; The Adventue of a Goose with No Fearhers, 1963)와 『검피 아저씨의 뱃놀이』(Mr. Gumpy' s Outing, 1973)로 케이트 그린어웨이 메달을 두 번이나 수상하였다.

1930년대 이후 미국은 세계 그림책의 중심을 차지하였는데, 그 대표적인 인물이 바로 모리스 샌닥(Maurice Sandak, 1928~)이다. 그는 그림책 역사상 현존하는 이 시대 최고의 창조자라 칭송 받는다. 그의 대표작으로는 『괴물들이 사는 나라』(Where the Wild Things Are, 1963), 『깊은 밤 부엌에서』(In the Night Kitchen, 1970), 『저 너머 밖에는』(Outside Over There, 1981) 등이 있다. 그는 어린이를 관찰하는 것에 머물지 않고 자신 안에 있는 동심을 발견하는 작가라는 평을 듣는다.

[그림 2-9] **검피 아저씨의 뱃놀이**

글 · 그림 : 존 버닝햄
옮 긴 이 : 이주령
출 판 사 : 시공주니어(1996년)

[그림 2-10] **동물원**

글 · 그림 : 앤서니 브라운
옮 긴 이 : 장미란
출 판 사 : 논장(2002년)

(3) 사실동화

특히 제1차, 2차 세계 대전 때의 아동문학에서는 노골적으로 현실을 그린 사실동화를 찾아보기 힘든데, 그런 작품을 어린이에게 읽혀서는 안 된다는 생각이 널리 퍼져 있었던 것이다(김현희 외, 2008). 그러나 복잡하고 급변하는 시대를 살아야 하는 아동들에게 생활의 지침이 되는 책이 필요하게 되었다. 즉, 빈번한 이혼과 재혼 문제, 조손가정 문제, 다문화가정 문제, 환경 문제, 인종차별, 성차별 등과 같이 아동이 겪는 심리적 불안감과 갈등을 해소하고 정서적 안정을 찾을 수 있는 다양한 주제들을 다룬 사실문학작품의 출판이 급성장하였다(노운서 외, 2010).

외국의 아동문학상

• 국제 한스 크리스천 안데르센상(Hans Christian Andersen Awards)

아동문학계의 작은 노벨상이라고도 불리며, 이 상은 덴마크의 아동문학가인 안데르센(Hans Christian Andersen, 1805~1875)을 기념하기 위해 국제아동도서협회(International Board on Books for Young People)에서 주최하여 1956년부터 2년에 한 번씩 시상하는 세계에서 가장 권위 있는 어린이 도서상이다. 수상작으로는 모리스 샌닥이 1970년 『괴물들이 사는 나라』, 『깊은 밤 부엌에서』로, 작가 토미 웅거러는 1998년 『크릭터』로, 앤서니 브라운은 2004년 『돼지책』과 『터널』로 수상하였다.

• 뉴베리상(The Newbery Medal)

뉴베리상은 독서에 대한 어린이들의 관심을 높이고, 아동문학가들의 창작욕을 북돋우기 위해 제정된 미국의 아동문학상이다. 18세기 영국의 출판가로 어린이들을 위한 책을 만들어 어린이들에게 꿈과 희망을 선사한 뉴베리(John Newbery)를 기념하기 위해 제정된 상이다. 뉴베리상은 그림을 보고 평가하는 칼데콧상과는 달리 문학적인 내용을 심사하기 때문에 유아나 저학년을 위한 도서보다는 초등 고학년을 위한 도서가 많다. 문학성이 주요한 선정조건이므로 주제의 비중이 많고 구성, 문장력이 상당한 수준의 작품들이 대부분이다.

수상작으로는 2002년에는 한국계 미국인 린다 수 박(Linda Sue Park)이 한국의 역사를 소재로 한 어린이 소설 『사금파리 한 조각』(A Single Shard)이 있으며, 윌리엄 스타이그의 『치과의사 드소토 선생님』(Doctor DeSoto) 등이 있다.

• 칼데콧상(The Caldecott Medal)

칼데콧상은 영국의 3대 그림책 화가 중의 한 명인 란돌프 칼데콧(Randolph Caldecott)을 기념하기 위해 만들어진 상이다. 그림책 분야의 노벨상이라고도 불리는 이 상은 미국 도서관협회에서 1937년에 프레드릭 G.멜처가 제안해, 이듬해인 1938년부터 수여했다.

칼데콧상 수상작으로는 베스 크롬스의 『한밤에 우리 집은』, 모리스 샌닥의 『괴물들이 사는 나라』, 에즈라 잭키츠의 『눈 오는 날』, 버지니아 리 버튼의 『작은집 이야기』 등이 있고, 칼데콧 명예상으로는 모리스 샌닥의 『깊은 밤 부엌에서』 등이 있다.

• 케이트 그린어웨이상(The Kate Greenaway Medal)

케이트 그린어웨이는 칼데콧과 더불어 영국의 3대 그림책 화가 중 한 명이다. 그의 이름을 기념하기 위하여 1956년 영국 도서관협회에서 케이트 그린어웨이상을 제정하였고, 해마다 전년도 영국에서 출간된 어린이 그림책 중에서 가장 뛰어난 삽화가에게 수여되는 권위 있는 상이다.

수상작으로는 존 버닝햄의 『검피 아저씨의 뱃놀이』, 『깃털 없는 기러기 보르카』, 앤서니 브라운의 『고릴라』, 헬렌 옥슨 버리의 『곰사냥을 떠나자』 등이 있다.

03 아동발달과 아동문학

문학적 경험은 유아들에게 자신 및 타인과의 관계에 대해 이해하고 다양한 삶을 경험할 수 있도록 도와준다. 본 장에서는 유아들에게 다양한 문학 경험을 제공하기 위해서 유아들의 연령별 발달 특성과 아동문학과의 관계를 알아보고 문학적 경험이 인지, 언어, 정서, 사회, 도덕, 창의성 발달 영역과 어떠한 관련성이 있는지 살펴보고자 한다.

또한 유아들은 문학작품을 통해 기본적 욕구가 충족될 때 유아의 발달이 촉진될 수 있으며, 이러한 욕구들에 의해 동기가 유발되고 건전한 성장을 하게 된다. 따라서 Maslow의 이론과 Erikson의 이론에 대해 살펴보고 유아들의 발달 및 욕구에 적합한 문학작품을 살펴보고자 한다.

1 아동발달 특성과 아동문학

1) 연령별 특성에 따른 아동문학

유아에게 적합한 문학작품을 선정하기 위해서는 유아들의 발달 단계 특성을 이해하고 있어야 한다. 최근 출판되고 있는 그림책 및 아동문학작품은 일반적인 기준에 의해 유아의 독서 이해수준을 고려하여 독자의 연령을 기재해 놓고 있다.

그러나 유아들의 요구와 특징은 연령과 발달 단계에 따라 다르기 때문에 유아의 개인차가 있음을 이해하고 교사와 부모는 각 유아에게 의미 있고 적절한 책을 제공해야 한다. 영아기부터 초기 아동기까지의 발달적 특성과 관련된 그림책을 고문숙(2007), 심성경(2008) 등이 제시한 내용을 바탕으로 재구성하여 살펴보면 다음과 같다.

(1) 영아기(출생~1세)

영아기는 보고, 맛보고, 냄새 맡고, 만지는 것 등의 모든 감각을 사용하여 주변 세계를 탐색하고 개념을 형성한다. 이 시기의 영아들은 책을 눈으로 보고, 만져 보면서 책의 물리적 특성을 탐색하기 시작한다. 그러므로 헝겊 책, 촉감을 느낄 수 있는 책, 비닐 책, 소리 나는 책 등과 같은 다양한 형태의 책과 둥근 모양의 책, 크고 작은 책 등을 제공해 주어 오감을 통한 감각적인 경험을 즐길 수 있도록 해 주어야 한다. 영아기의 발달적 특성에 맞는 문학작품을 선정하기 위한 책의 특성 및 적합한 그림책의 예를 살펴보면 〈표 3-1〉과 같다.

표 3-1 영아기(출생~1세)의 발달적 특성 및 그림책

구분	발달적 특성	책의 특성	그림책의 예
신체 발달	• 1개월 된 영아들은 반복적인 노래와 음악의 리듬을 따라 발과 다리를 움직일 수 있다. • 손가락으로 물건을 잡을 수 있으며 손에 쥔 물건은 모두 입으로 가져가며, 책을 깨물거나 빤다. • 고개를 가누고, 기어 다니며, 걷기 시작하면서 주변 세계에 대한 적극적인 탐색을 시작한다. • 7개월 정도가 되면 엄지와 검지로 물건을 잡을 수 있다.	• 다양한 감각을 경험할 수 있는 책을 제공한다. • 책, 부드러운 비닐 책(4~6개월) 등 세탁이 용이한 책을 제공한다. • 누워서 볼 수 있는 모빌 형태의 책, 옆에 세워놓을 수 있는 병풍으로 된 책을 제공한다. • 크기가 작고 두꺼운 합지로 된 제본 책을 제공한다.	• 수 세기(헝겊 책/제작) • 감각 쑥쑥(박은경 · 성시형/시공주니어) • 세밀화로 그린 보리 아기 그림책(이태수/보리) • 그림(삼성출판사) • 탈 것(삼성출판사) • Ladybird book(Kieman, A.)
인지 발달	• 7~9개월 정도가 되면 대상 영속성이 발달한다. -책의 내용에 관심을 가지기 시작한다.	• 친숙한 물건, 그림, 활동 등이 있는 그림책을 제공한다.	

구분	발달적 특성	책의 특성	그림책의 예
인지 발달	• 형태를 지각하는 능력이 발달하며 각도, 선, 대조에 초점을 두다가 다양하고 복잡한 패턴을 지각하게 된다. 이 시기에는 대조적인 패턴을 좋아한다. –흰색과 검정색 디자인에 관심을 보인다.	• 큰 그림이나 패턴이 있는 합지 제본 책(0~3개월)을 제공한다. • 배경과 대조되는 단순하고 밝은 색깔의 책을 제공한다.	
언어 발달	• 쿠잉과 옹알이를 하면서 기초적인 언어가 시작되는 시기이므로 음성언어 놀이에 흥미를 갖는다. • 한단어 말을 할 수 있으며 명명하기를 시작한다.(9~12개월) –책에 있는 사물의 이름을 반복한다. • 운율, 리듬, 노래를 즐긴다.	• 운율, 리듬, 노래가 들어간 책을 제공한다. • 의성어가 들어 있는 소리를 탐색하면서 놀이가 가능한 책을 제공한다. • 전래동요와 동요테이프 등을 반복해서 들려준다. • 명명하기 책을 제공해 준다.	• 도리도리 짝짜꿍(김세희 · 유애로/보림) • 자장자장 엄마 품에(임동권 글, 류재수 그림/한림) • 이원수 시에 붙인 노래들과 CD(백창우, 굴렁쇠 아이들 노래/보림)
사회 · 정서 발달	• 인간관계에 있어서 성인, 주 양육자인 부모로부터 애착과 기본적인 신뢰감을 형성해 나가기 시작한다. • 낯가림, 격리불안 등의 행동을 보이는 시기이다.	• 신뢰감을 형성할 수 있는 책을 제공한다. • 안정된 정서적 교감을 형성해 나가는 데 도움이 되는 책을 제공한다.	• 잘 자요, 달님(마거릿 와이즈 브라운 글, 클레멘트 허드 그림, 이영선 옮김/시공주니어) • 모두 잠이 들어요(마거릿 와이즈 브라운 글, 진 살럭 그림, 나희덕 옮김/비룡소)

(2) 걸음마기(1~3세)

걸음마기는 청각, 시각, 촉각 등의 감각기관과 운동기관의 협응을 통해 정신적 표상 능력의 발달과 사고가 이루어지는 시기로 감각적인 놀이 요소를 가지고 있는 책을 제공해 주어야 한다.

이 시기 영아들은 책 내용에 대한 연상을 하며 책에 나오는 등장인물들의 성격이나 상황들에 대해 감정을 이입한다. 따라서 일상생활에서 친근하게 접하는 사물, 인물들을 소재로 한 그림만을 보고도 내용과 이야기를 추측할 수 있는 글보다 그림이 많은 책을 선정해 주는 것이 좋다. 걸음마기(1~3세)의 발달적 특성에 맞는 문학작품을 선정하기 위한 책의 특성 및 적합한 그림책의 예를 살펴보면 〈표 3-2〉와 같다.

표 3-2 걸음마기(1~3세)의 발달적 특성 및 그림책

구분	발달적 특성	책의 특성	그림책의 예
신체 및 운동 발달	• 보고, 듣고, 만지는 등 오감을 통해 다감각적이고 직접적인 경험을 즐긴다. • 자신의 몸을 자유롭게 움직이며 신체활동이 활발해진다. • 다양한 운동기술을 습득하게 된다. • 눈과 손의 협응력이 생기기 시작하게 되어 책을 낱장으로 넘길 수 있다.	• 촉각, 청각, 시각 등 직접 참여하고 경험할 수 있는 책을 제공한다. • 견고하고 두꺼운 합지 제본 책을 제공한다. • 신체표현이나 동작을 따라 할 수 있는 책을 제공한다.	• 재잘재잘 꼬마책(신혜은 글, 강덕선 그림/웅진) • 나무와 다람쥐(어깨동무) • 엉금엉금 꼬마책(신지윤 · 신혜은 글, 김복태 그림/웅진)
인지 발달	• 사물의 이름을 습득한다. –사물을 명명하고 지적하여 말한다. • 그림책의 그림을 보는 시간이 길어진다. • 그림책의 이야기 전개가 길면 지루해 한다. • 질문을 통해 개념과 정보를 습득하게 되고 단순한 질문을 이해할 수 있다.	• 친숙한 사물의 그림이 있는 책(명명하기 책)을 제공한다. • 그림만 보고도 내용을 알 수 있는 글보다 그림이 많은 책을 제공한다. • 짧은 이야기 전개로 구성된 책을 제공한다.	• 한 살배기 세 살배기 아기 그림책(보물섬 글, 이진아 그림/돌베개 어린이) • 알록달록 아기 그림책(멜라니 월시 글, 빼뜨르 호라체크 그림/시공주니어) • 뭐야뭐야(신혜은 외 글, 한병호 외 그림/사계절)
언어 발달	• 한단어, 두단어 말을 시작한다. • 18개월 이후가 되면 두세 단어를 사용하여 말하며 2세가 되면 급격히 언어 발달이 이루어진다. • 19~30개월이면 익숙한 책의 반복되는 단어를 외우기도 한다. • 12~18개월이 되면 사물의 이름을 말할 수 있으며 흉내 내기 등의 의성어 사용을 즐긴다. • 반복적인 운율이나 리듬이 있는 책을 즐긴다.	• 의성어나 의태어가 나오는 책을 제공한다. • 예측이 가능한 쉬운 내용 구성으로 된 책을 제공한다. • 단어, 구, 문장의 반복적 요소가 있는 책을 제공한다. • 설명문이나 간접화법보다 직접화법이 주로 사용된 책을 제공한다. • 운율이나 리듬이 들어간 책을 제공한다.	• 누가 내 머리에 똥 쌌어?(베르너 홀츠바르트 글, 울프 에를 브루흐 그림/사계절) • 둘이서 둘이서(김복태 글 · 그림/보림) • 사과가 쿵!(다다 히로시 글 · 그림/보림) • 언어 쑥쑥 그림책(채인선 글, 임경희 외 그림/시공주니어)

구분	발달적 특성	책의 특성	그림책의 예
사회 · 정서 발달	• 기본적인 생활습관이 형성되기 시작하는 시기이다. • 자아개념이 생기기 시작한다. • 자기 스스로 하려는 행동을 보인다.	• 주변의 친근하고 일상적인 이야기가 담긴 책을 제공한다. • 스스로 할 수 있다는 내용이 담긴 책을 제공한다.	• 똥이 풍덩(아로나 프랑켈 글 · 그림, 김세희 옮김/비룡소) • 난 할 수 있어(헬렌옥슨버리 글 · 그림/비룡소)

(3) 유아기(3~5세)

유아기는 주변 세계에 대한 호기심이 높아지면서 '왜' 라는 질문이 증가하며, 언어와 상징을 사용하여 사고하기 시작한다. 또한 언어로 표현하고 상상할 수 있게 되면서 상상놀이 및 가상놀이(make-believe play)를 즐기게 된다. 이 시기 유아들은 정확하게 책에 인쇄된 글자에 관심을 가지기 시작하여 그림을 참조하지 않고도 인쇄된 글자를 알아가게 된다. 5세경이 되면 인쇄된 글자를 읽기 시작하고 다양한 주제를 소재로 한 책을 볼 수 있게 된다. 따라서 이 시기의 유아들은 점차적으로 인쇄된 글자에 대해 알게 되면서 말과 문자의 상호 관련성에 대해 이해할 수 있게 된다. 또한 3세경에는 자신과 같은 성을 알고 남아 · 여아를 각각 분류할 줄 알며 성에 대한 호기심을 갖게 된다(Thompson, 1975). 그러므로 유아기는 다양한 소재를 다룬 문학적 경험이 필요한 시기이다. 유아기(3~5세)의 발달적 특성에 맞는 문학작품을 선정하기 위한 책의 특성 및 적합한 그림책의 예를 살펴보면 <표 3-3>과 같다.

표 3-3 유아기(3~5세) 발달적 특성과 그림책

구분	발달적 특성	책의 특성	그림책의 예
신체 및 운동 발달	• 주변 세계에 대한 호기심이 증가하여 매우 활동적이다. • 상상놀이, 모험놀이를 즐긴다. • 대근육 활동과 소근육 활동이 영아기나 걸음마기보다 정확해진다. • 동작이나 신체표현 능력이 다양해지고 세련된다.	• 모험적인 내용을 다루고 있는 책을 제공한다. • 다양한 주제를 소재로 하면서 놀이를 제공해 줄 수 있는 책을 제공한다.	• 아기 세모의 세 번째 생일(필립 세들레츠스키 글 · 그림/파랑새 어린이) • 으악 도깨비다(손정원 글, 유애로 그림/느림보) • 검피 아저씨의 뱃놀이(존 버닝햄 글 · 그림, 이주령 옮김/시공주니어)

구분	발달적 특성	책의 특성	그림책의 예
인지 발달	• 물활론적 사고와 자기중심적 사고를 한다. • 상상력이 발달한다. • 호기심이 많고 질문을 많이 한다. • 가상놀이를 즐기며 상상의 세계를 현실 세계로 여긴다. • 여럿이 놀이에 참여하는 역할놀이, 사회극 놀이를 많이 한다. • 초보적 수 세기를 하며 글자에 관심이 많다. • 특정 자극에 대한 선택적 주의집중을 할 수 있다. • 상징적 표상의 사용이 시작된다.	• 정보 전달과 개념 습득을 도울 수 있는 책을 제공한다. • 호기심과 알고 싶은 욕구를 해결해 줄 수 있는 책을 제공한다. • 환상적인 이야기를 책의 구성 요소로 다루고 있는 책을 제공한다. • 초보적 수 세기와 글자의 이해를 도울 수 있는 책을 제공한다.	• 10까지 셀 수 있는 아기 염소(알프 프로이센 글, 히야시 아키코 그림/한림) • 장바구니(존 버닝햄 글 · 그림/보림) • 함께 세어보아요(안노 미쯔마사 그림, 신태식 옮김/마루벌) • 아가야 안녕?(제니 오버랜드 글, 줄리 비바스 그림/사계절)
언어 발달	• 언어 발달로 어휘 수가 늘어나고 주변의 글자에 관심을 갖는다. • 책 읽기를 좋아하며, 선호하는 책이 생긴다. • 이야기하기와 언어놀이를 즐긴다. • 단어, 구, 문장, 문법이 발달한다. • 소리와 글자 간의 일대일 대응을 할 수 있다. • 책을 읽는 방법, 읽는 방향, 책의 겉장에 있는 제목을 하나씩 짚으며 읽기를 시도한다. • 글 없는 책을 보고 이야기를 꾸며 말한다.	• 단순하고 구조화된 책을 제공한다. • 이야기를 만들어볼 수 있도록 글 없는 그림책을 제공한다. • 단어, 구, 문장이 반복되는 책을 제공한다. • 책의 내용이 예측 가능한 것을 제공한다. • 재미있는 단어로 구성되어 있는 책을 제공한다.	• 코끼리 형님의 나들이(니카노 히로다카 글 · 그림/이귀윤 추천/한림) • 난 토마토 절대 안 먹어(로첸 차일드 글 · 그림/국민서관) • 맛있게 드세요! 토끼씨(콜로드 부종 글 · 그림/파랑새 어린이) • 삐약이는 흉내쟁이(사토 와키코 글, 후다마타 에이고로 그림/사계절)
사회 · 정서 발달	• 자아개념이 발달한다. • 유머를 즐긴다. • 주도성이 발달한다. • 성 개념을 습득하기 시작한다. • 도덕성이 발달한다 –타율적 도덕성이 발달하며 결과에 초점을 두고 명확한 도덕적 판단을 한다. • 또래와 어울려 노는 것을 즐긴다. • 가족의 구성원, 중요한 사람의 영향을 받는다.	• 긍정적인 자아개념을 형성할 수 있는 책을 제공한다. –가치, 자존감을 다루고 있는 책을 제공한다. • 동일시하기 쉬운 인물이 등장하는 책을 제공한다. • 친구관계를 다룬 책을 제공한다.	• 휘파람을 불어요(에즈라 잭 키츠 글 · 그림/시공주니어) • 카이는 사라를 사라는 팀을 좋아해(에디트 슈라이버 · 빅케 글, 카롤라 홀란드 그림/문공사) • 해와 달이 된 오누이(이규희 글, 심미아 그림/보림)

구분	발달적 특성	책의 특성	그림책의 예
사회·정서 발달		• 가족이나 타인과의 관계를 다룬 책을 제공한다. (부모, 교사, 조부모, 친구 등) • 권선징악을 주제로 선과 악을 분명하게 다루고 있는 책을 제공한다.	• 까치와 호랑이와 토끼(김중철 글, 권문희 그림/웅진) • 멋진 뼈다귀(윌리암 스타이그 글·그림, 조은수 옮김/비룡소)

(4) 초기 아동기(5~8세)

초기 아동기는 자신의 의사를 글로 표현할 수 있는 독립적인 읽기가 가능한 시기이다. 사회적인 관계를 형성해 가는 이 시기에는 이타적인 행동이 증가하면서 아동 자신의 감정과 정서를 알게 되고 더불어 타인의 정서를 이해하기 시작하게 된다(Bar-Tai, Raiviv, & Leiser, 1980). 따라서 이 시기에는 친구, 학교, 사회 등의 주변 세계에 대한 관심이 증가되어 사회적인 관계를 형성해 가는 과정에서 또래와 교사의 영향을 직·간접적으로 받게 된다. 또한 지적 호기심이 많아지면서 지식 정보책을 활용하여 폭넓고 다양한 지적 욕구를 추구하려는 경향을 보인다. 이러한 경향으로 시간의 흐름과 역사에 대해 관심을 갖게 되어 간단한 전기, 위인전 등의 이야기도 읽게 된다. 초기 아동기(5~8세)의 발달적 특성에 맞는 문학작품을 선정하기 위한 책의 특성 및 적합한 그림책의 예를 살펴보면 〈표 3-4〉와 같다.

표 3-4 초기 아동기(5~8세)의 발달적 특성과 그림책

구분	발달적 특성	책의 특성	그림책의 예
신체 및 운동 발달	• 신체 및 운동 능력이 발달하여 매우 활동적이다. • 성차와 외모에 대한 호기심을 가진다.	• 신체적 놀이가 다양하게 포함되어 있는 책을 제공한다. • 성에 대한 호기심을 해결해 줄 수 있는 책을 제공한다.	• 이상한 곳에 털이 났어요(배빗 콜 지음/여명미디어) • 파랑이와 노랑이(레오 리오니 글·그림/물구나무) • 나는 여자, 내 동생은 남자(정지영·정혜영 글·그림/비룡소)

구분	발달적 특성	책의 특성	그림책의 예
인지 발달	• 실제와 환상을 구별할 수 있다. • 지적 호기심이 많아지고 다양해진다. • 타인에 대한 이해가 발달한다.	• 경험을 확장시키고 다양한 지식을 습득할 수 있는 책을 제공한다. • 다양한 주제를 다루고 있는 책을 제공한다.	• 네가 무당벌레니?(주디 앨런 글, 튜더 험프리스 그림/다섯수레) • 퉁명스러운 무당벌레(에릭 칼 글 · 그림/몬테소리 CM)
언어 발달	• 독립적인 읽기가 가능하다. • 언어가 점차적으로 확장되며 어휘수가 증가한다. • 성인이 사용하는 언어기술을 습득하고 익혀나간다.	• 다양한 장르의 책을 골고루 제공해 준다. • 단순한 구성의 내용이 담긴 책뿐 아니라 다양한 구성의 내용이 담긴 책을 제공한다. • 혼자서 읽을 수 있는 책을 제공한다.	• 팥죽할멈과 호랑이(조대인 글, 최숙희 그림/보림) • 깊은 밤 부엌에서(모리스 샌닥 글 · 그림/시공주니어)
사회 · 정서 발달	• 자아정체감이 발달한다. • 타인의 관점을 이해한다. • 또래관계가 더욱 중요해진다. • 정서가 쉽게 변한다. • 정상적인 두려움을 나타낸다. • 학교, 사회에 대한 관심이 증가된다.	• 자아의 중요성을 다루고 있는 책을 제공한다. • 타인의 관점에 대해 이해할 수 있는 책을 제공한다. • 정서적 안정과 위안을 주는 책을 제공한다. • 동료, 선생님, 지역 사회의 인물을 다루고 있는 책을 제공한다.	• 새앙쥐와 태엽쥐(레오 리오니 글 · 그림/마루벌) • 프레드릭(레로 리오니 글 · 그림/시공주니어) • 어둠을 무서워하는 꼬마 박쥐(게르다 바게너 글, 에밀리오 우르베루아가 그림/비룡소) • 우리 선생님이 최고야(케빈 행크스 글 · 그림/비룡소)

2) 아동발달 이론과 아동문학

아동문학작품은 직 · 간접으로 아동의 전인적 성장 발달에 영향을 미친다. 아동의 발달 영역, 즉 인지, 언어, 정서, 사회, 도덕, 창의성 발달의 영역과 문학 경험과의 관계를 구체적으로 살펴보면 다음과 같다.

(1) 인지 발달과 문학 경험

아동의 다양한 문학적 경험은 인지 발달 측면에서 볼 때 중요한 의미를 갖는다. Piaget의 인지 발달 이론에 의하면, 영아기는 감각운동기에 해당되며, 이 시기 영아들은 보고, 듣고, 맛보고, 냄새 맡고, 만지는 등의 모든 감각을 사용하여 주변 사물을 탐색하면서 세상을 배워 나간다. 감각운동적인 상징들은 점차 언어적인 것으로 발전하게 된다.

감각운동기를 거쳐 전조작기 단계에서 유아의 사고 발달과정은 매우 급속히 발전하지만 비논리적이고 비체계적인 특징을 보인다. 이 시기의 유아들은 인간이 자연현상을 창조했다고 믿는 인공론적인 사고를 하며 생명이 없는 대상에게 생명과 감정이 있다고 생각하는 물활론적인 사고를 지니고 있다. 또한 모든 것은 존재하기 때문에 꿈도 실제 일어난 일이라고 생각하는 꿈의 실제론과 같은 사고의 특징을 지니고 있다. 특히 이 시기 유아들은 자기중심적 사고를 갖고 있어서 유아들은 다른 사람의 관점을 이해하지 못하고 모든 사람이 자신의 생각과 동일한 생각을 한다고 가정한다. 유아들은 하늘에 떠있는 달이 자신을 따라온다고 생각하는 경향이 있기 때문에 같은 현상을 보고도 성인과 다른 생각을 한다. 이처럼 인공론, 물활론, 실제론은 유아의 자기중심적 사고의 한 부분에서 파생된 것으로 유아기 사고의 특징을 보여주는 것이다. 그러므로 교사, 부모가 유아들에게 다양한 문학적 경험을 할 수 있는 환경을 제공하는 것은 자기중심적 단계에서 탈중심화의 과정을 거치게 하고 타인과의 관계에서 긍정적인 사회적 관계를 형성하게 하는 보다 성숙된 발달 단계로의 전이를 도울 수 있게 하는 것이다.

이외에도 유아들은 직관적 사고를 하기 때문에 시각적인 것에 영향을 많이 받는다. 이러한 점을 고려하여 흥미로운 표지나 매력적인 그림이 있는 책을 선정하는 것이 좋다. 뿐만 아니라 유아들은 매우 창의적인 특징을 지니고 있기 때문에 다양한 주제의 문학작품을 경험할 수 있는 기회를 제공해 주어야 한다.

(2) 언어 발달과 문학 경험

아동문학작품 속에는 작가의 풍부한 감성과 합리적인 이성의 언어적 표현이 담겨 있기 때문에 유아들은 다양한 문학작품의 경험을 통해 음성언어와 문자언어의 총체적 언어 발달을 이루게 된다. 이를 구체적으로 살펴보면 다음과 같다.

이는 강문희, 이혜상(2008)이 제시한 내용을 바탕으로 재구성하였다.

① 어휘력이 발달한다.

한단어 말을 시작하는 수준에 있는 영아는 그 수준에서 그림책에 등장하는 '엄마, '아빠', '붕붕' 등의 어휘를 배울 수 있다. 두단어 말 수준에 있는 영아는 그림책을 보며 '까까 먹어', '엄마 놀아' 등의 그 수준에 맞는 어휘를 배울 수 있다. 유아들은 점차적으로 언어 발달을 이루게 되며 구어체보다는 문어체를 접하게 되면서 보다 체계적이고 구조적인 문장구사 능력을 갖게 된다. 더욱이 유아들은 문학작품을 통해 그 이야기 속에 나오는 의성어나 의태어를 포함한 반복되는 어휘를 익히게 될 뿐 아니라 새로운 어휘를 배우고 익히며 다양하고 풍부한 어휘력이 발달하게 된다.

② 듣기 · 읽기 능력이 발달한다.

유아들에게 문학작품을 경험하게 하는 것에는 책을 읽어주고 듣는 과정이 포함되며 이러한 과정은 이야기를 집중해서 듣게 되면서 자연스럽게 듣기 능력이 생기게 된다. 듣기 능력은 언어 발달을 이루는 기초가 되고 의사소통의 중요한 요소가 된다. 또한 유아들은 그림책을 통해 음성언어와 문자언어의 관계를 이해하게 되고 문자를 알게 되면서 자연스럽게 읽기가 발달하게 된다. 유아들은 다양한 이야기가 담긴 그림책을 자주 접함으로써 이야기의 내용을 이해하게 되고 점차적으로 듣기, 읽기, 말하기, 쓰기 등의 언어 발달을 이루게 된다.

③ 아름다운 언어표현 능력을 촉진시킨다.

유아들은 또래와 상호작용할 때 자신이 읽은 책의 내용이 이야기의 소재가 된다. 유아들은 문학작품 속에 제시된 다양한 언어적 표현을 모방하며 말하기를 시도하게 된다. 유아들은 문학적 경험을 통해 그림책에 나타나는 아름다운 언어의 표현을 배울 수 있는 기회를 갖게 되고 유아가 자신의 감정과 감동의 느낌을 미적인 언어를 사용하여 표현할 수 있는 능력을 갖게 된다. 이처럼 유아들은 문학작품을 통해 일상생활에서 경험할 수 없는 아름다운 이야기를 읽거나 들으면서 자기 자신의 생각을 보다 미적인 문장을 사용하여 표현할 수 있는 능력을 촉진시키게 되며 더 나아가 다양한 언어적 표현을 사용하여 창의적인 언어표현을 할 수 있게 된다.

④ 유아의 글쓰기를 돕는다.

유아기는 글에 관심을 보이는 시기이며 유아들이 선호하는 그림책의 이야기는 대부분이 매우 유능한 작가에 의해 쓰인 것으로 유아들의 글쓰기 모델이 된다(Cullinan, 1989). 훌륭한 문학작품은 유아의 글쓰기에 모범이 되는 것으로 좋은 이야기를 듣고 읽으며 자주 접하는 것은 언어에 대한 민감성과 어휘를 발달시킬 뿐만 아니라 글쓰기의 기초가 되는 것이다.

유아들은 글쓰기를 할 때 자신의 사고를 글로 표현하는 과정에서 자신들이 알고 있는 이야기를 정확하게 표현하게 된다. 다양한 문학작품을 읽거나 들었던 경험이 많은 유아들은 글쓰기가 자연스럽게 이루어지게 된다. 글쓰기 경험을 자주 하는 유아는 자신의 생각을 글로 표현하고자 할 때 다른 작가의 글 속에 있는 언어적 표현이나 글 쓰는 기술과 방법을 모방하면서 글쓰기를 배워나간다. 그러므로 문학작품을 많이 경험한 유아는 그렇지 않은 유아보다 글을 더 잘 쓸 수 있게 된다(Calder, 1984).

⑤ 이야기 전개를 예측하는 능력이 발달한다.

유아들은 다양한 문학 경험을 통해 이야기가 어떻게 전개되고 구성은 어떠한지 이해할 수 있게 되며 앞으로 어떻게 이야기가 전개될 것인지를 예측할 수 있게 된다. 유아들은 영아기보다 이야기의 내용과 구성을 쉽게 파악하게 되고 책을 가까이 하는 시간이 늘어나고 문학작품을 접할 수 있는 기회가 많아지게 된다. 이처럼 유아들은 다양한 문학 경험이 축적되는 과정을 통해 직관력을 획득하게 되고 이야기가 앞으로 어떻게 전개될 것인지 예측할 수 있는 이야기 감각의 발달을 이루어 나가게 된다(Cullinan, 1989).

⑥ 모국어의 이해를 확장해 나간다.

훌륭한 문학작품은 작가의 출생과 사상뿐 아니라 작가의 국가와 민족적 특성을 포함한 언어로 구성되어 있으며 모국어의 소리, 리듬, 은유, 의성어, 의태어 등 모국어의 특성을 살려 모국어 고유의 아름다움을 최대한 느낄 수 있다. 특히 동시, 동요에는 모국어의 아름다움을 최대한 살리고 언어의 리듬, 운율을 통해 언어의 예술성을 깊이 있게 경험할 수 있게 한다. 따라서 교사는 유아들에게 언어의 아름다운 특성을 가장 많이 포함하고 있는 동요, 동시와 친숙해질 수 있는 환경을 제공해 주어야 한다. 또한 유아들에게 우리말로 된 문학작품을 자주 경험하게 하고 잘 번역된 외국작품을 선정하여 제공해야 한다. 이처럼 유아들은 훌륭한 문학작품을 통해 모국어의 아름다움을 알게 되고 올바른 모국어를 학습하고 습득하면서 모국어를 깊이 있게 이해하게 된다.

(3) 정서 발달과 문학 경험

정서란 감정과 구분해서 사용되는 것으로 기쁨, 애정, 분노, 공포, 질투와 같이 세분화된 상태로서 부정적 정서 상황에 대처하기 위해서 신체적 변화와 행동을 포함한다. 인간의 성격 발달에 있어서 정서 발달은 중요한 한 부분을 차지하는 요인이 된다.

정서는 대부분 유아기에 분화 · 발달이 이루어지므로 이 시기에 문학적 경험을 통한 긍정적인 정서를 함양할 수 있도록 하는 것은 매우 중요한 의미를 갖는다.

아동문학작품 속에서는 주인공과 등장인물들의 슬픔, 기쁨, 분노, 두려움, 미움, 질투 등이 표현되어 있다. 유아는 문학작품을 경험하면서 주인공이나 등장인물이 가지는 슬픔, 기쁨, 분노, 두려움, 질투 등의 감정을 자신의 것으로 동일시하며 유아 자신의 감정을 표현하는 방법, 갈등 상황에 직면했을 때 해결하는 방법 등을 경험하게 된다. 이러한 문학 경험을 통해 유아는 자신의 다양한 감정표현의 방법을 알게 되고, 자신이 느끼는 감정을 이해하게 된다. 특히 부정적인 감정이 생겼을 때 유아 스스로가 적절한 감정처리 방법을 모색할 수 있게 된다. 그러므로 교사가 긍정적인 정서에 영향을 주는 이야기 구성과 운율과 리듬감이 있는 재미와 즐거움을 주는 문학작품을 선정하여 유아들에게 읽어주는 것은 유아들로 하여금 정서적 순화를 경험하게 하고 안정된 정서 발달과 풍부한 정서를 함양하도록 돕는다.

(4) 사회성 · 도덕성 발달과 문학 경험

도덕성은 도덕적 기준에 대한 판단 능력과 좋아하고 싫어하는 감정에 대한 표현 및 옳고 그름에 대해 어떻게 실천할 것인가를 포함하고 있는데, 도덕성 발달은 훌륭한 문학작품을 통해 가능해진다.

많은 문학작품들 중 전래동화와 같은 유아들이 즐겨 듣는 동화를 보면 주로 선, 악, 효, 정의 등의 권선징악의 내용을 담고 있다. 전래동화는 유아가 속한 사회의 가치와 도덕기준 등을 담고 있기 때문에 유아기의 도덕성 발달에 중요한 영향을 준다. 유아들은 문학작품 속에 제시된 올바른 가치관을 배움으로써 이어져 내려오는 부모세대의 가치기준과 윤리기준을 배우게 된다.

또한 문학작품 속에는 다양한 주제와 사람들이 등장하며 이야기 속에서 갈등을 경험하고 해결하는 다양한 상황과 인간관계가 그려져 있다. 유아들은 다양한 문학작품을 읽음으로써 자연스럽게 또래나, 타인과 양보, 타협, 협동하기, 공유하기 등의 개념과 기술을 배우게 되며 더 나아가 사회적 관계 형성을 원활하게 하는 대인관계 능력이 발달하게 된다.

유아들은 옳고 그름과 올바른 가치관 및 실제와 환상의 세계 및 사회와 여러 세계 등에 대해 문학작품을 통해 간접 경험을 하게 되면서 도덕성과 사회성 발달을 도모할 수 있게 된다. 이에 대하여 구체적으로 살펴보면 다음과 같다.

① 사회성이 발달한다.

문학작품은 유아가 자기 자신과 다른 사람을 이해하고 나아가 사람 간에 긍정적인 관계 형성을 맺을 수 있도록 상호작용해 나가는 데 도움을 준다. 유아들은 문학 경험을 통해 그동안 경험하지 못했던 다양한 역할과 직업을 가진 사람들을 만나게 된다.

다양한 인물들을 이해하는 데 한계가 있는 유아들에게 다양한 인간관계를 그리고 있는 문학작품을 읽는 경험은 타인을 이해할 수 있는 기회를 갖게 되고 다른 사람이 나와 어떻게 다른지에 대해 배울 수 있는 좋은 기회가 된다.

② 도덕성이 발달한다.

유아들은 선과 악의 대립이 뚜렷한 이야기를 즐겨 듣는다. 유아들은 시적 정의(Poetical justice)를 지니고 있으며, 이는 착한 사람은 복을 받고 악한 사람은 벌을 받는다는 정의관념이다. 유아들은 문학작품에 나오는 악한 인물은 벌을 받아야 한다고 생각하고 악한 악당을 선한 주인공과 함께 물리치는 내용이 나올 때 기쁨을 느낀다.

대부분의 문학작품 속에는 도덕적인 요소가 내포되어 있으며 유아들은 문학작품을 통해 다양한 가치관을 지닌 등장인물을 만나게 된다. 유아들은 문학작품의 주인공 또는 등장인물의 행동이나 정서를 동일시하는 과정을 거치게 되는데, 주로 선한 주인공을 닮으려고 하는 경향을 보인다. 따라서 문학작품의 등장인물을 통한 동일시는 바른 인성과 도덕성을 갖춘 유아로 자라게 돕는다. 또한 유아들은 등장인물의 자질을 자신과 비교해 보고 적절한 태도와 옳은 판단 능력을 갖추게 되며 유아 스스로 지켜야 할 도덕적 기준을 배우게 된다.

③ 타 문화의 이해와 우리 문화에 대한 자긍심을 갖게 한다.

유아들은 문학작품을 통해 이야기 속 여러 나라의 지리적 배경, 역사, 풍습, 제도 등에 대한 지식을 얻을 수 있으며 세계 여러 나라의 문화에 대하여 배울 수 있는 기회를 가지게 된다. 이처럼 다양한 문학작품의 경험을 통해 유아들은 세계 여러 나라와 민족에 대하여 이해함과 동시에 타 문화를 존중하는 태도를 기르게 되며 더 나아가 반편견적 사고를 함양하게 된다.

한편 우리나라의 우수한 문학작품 속에는 과거 우리 민족이 살았던 시대의 생활, 풍습, 가치관 등 그 시대상이 잘 그려져 있다. 특히, 전래동화는 우리 민족의 건국부터 오늘날까지 어떻게 변화해 왔는지 전반적으로 알 수 있는 내용으로 구성되어 있어서 유아들에게 우리나라에 대한 올바른 이해를 돕는 데 중요한 자료가 된다. 또한 위인전기는 우리 민족의 훌륭한 분들을 소개하고 있어서 유아들에게 우리 민족에 대한 자긍심을 갖게 한다.

(5) 창의성의 발달과 문학 경험

창의성은 자기 수준에서 이전보다 새로운 사고와 산물을 만들어내는 개념으로 어떤 특정한 사람만의 특성이 아니라 모든 사람에게 내재된 일반적인 특성이다. 즉, 창의성은 사람이 더 나은 삶을 추구할 수 있게 하고 자기실현이 가능한 사람으로 성장하도록 돕게 되는데, 이는 문학작품을 통해 촉진될 수 있다.

창의성은 4~5세 사이에 절정을 이루는 시기이며(Torrance, 1963) 유아는 자신의 호기심이나 흥미에 따라 탐구 학습이 강조되는 경향(Meeker, 1978)이 있어 창의성 교육은 유아를 대상으로 하는 것이 가장 효과적이라고 하였다.

다양한 문학작품을 경험한 유아는 많은 이야기가 기초가 되어 새로운 생각을 할 수 있으며 더 나아가 독창적인 이야기를 만들어내기도 한다. 이야기를 한눈에 이해할 수 있도록 잘 구성된 삽화나 그림은 유아로 하여금 새로운 그림을 그려보게 하는 창의적 표현을 돕는다. 또한 문학작품을 통해 느끼게 되는 다양한 감정의 변화는 이야기를 동극이나 새로운 동화를 지어보고 싶은 마음을 갖게 할 수도 있다. 유아들에게 동화를 짓는다는 것은 다양한 문학에 대한 자신의 경험과 느낌을 창의적으로 표현하는 과정이라고 할 수 있다. 그러므로 교사는 유아에게 다양한 장르의 문학작품을 경험하게 하여 동화 속 이야기에서 새로운 것을 재창조할 수 있도록 유아의 연령과 발달 수준을 고려해서 적합한 책을 선정해 주어야 한다. 또한 교사는 유아가 창의적 활동을 할 수 있도록 친근하고 수용하는 환경을 제공하여 유아 스스로 재미있는 창의적 경험을 계획하고 유아가 하고 있는 작업에 대해 성취감을 느낄 수 있도록 도와야 한다.

2 아동발달 이론과 아동문학

1) Maslow의 욕구 이론

아동문학은 유아의 기본적 욕구에 부합된 것이어야 한다. 문학작품 속의 주인공이나 배경, 이야기 등을 통해 기본적 욕구가 충족될 때 유아의 발달이 촉진될 수 있다.

Maslow(1970)는 『Motivation and personality』에서 인간의 성장 발달을 기본적인 욕구 충족과정으로 설명하였으며 [그림 3-1]에서 제시한 바와 같이 기본적 욕구들을 위계적으로 설명하였다. 인간의 기본적 욕구인 생리적 욕구와 안전의 욕구를 충족시키고 나면 다음 수준의 욕구인 사랑, 소속과 자기존중의 욕구를 만족시키고자 한다고 하였다. 그리고 가장 높은 욕구의 단계인 자아실현의 단계에 도달할 때까지 계속된다고 하였다. 모든 인간은 욕구가 충족되어야 하고 이러한 욕구들에 의해 동기가 유발되며 건전한 성장을 하게 된다는 것이다.

아동문학작품을 통해 현실 세계와 다르거나 유사한 이상적인 가족 간의 사랑과 우애, 친구 간의 우정, 모험과 탐구, 정서적 감동 등을 유아가 경험함으로써 유아의 기본적 욕구를 충족시켜줄 수 있는 것이다. 아동문학작품을 접하는 것은 단순히 이야기를 듣고 읽는 것이 아니라 유아 자신의 다양한 욕구를 충족시키는 과정이 포함된다. 그러므로 문학 경험을 통해 유아들의 어떠한 욕구가 충족될 수 있는지 살펴보면 다음과 같다.

[그림 3-1] Maslow의 욕구위계 이론

(1) 생리적 욕구

선천적이고 본능적인 인간의 가장 기본적인 욕구로서 음식, 물, 산소, 수면, 배설, 성에 대한 욕구가 포함된다.

『잠자는 책』과 『잠이 안 오니, 작은 곰아?』와 같이 리듬감 있는 언어로 되어 있는 그림책을 제공해 주어 유아가 잠자리에서 편안하게 수면을 취할 때 들려주면 좋다. 또한 『응가하자, 끙끙』은 배설의 기쁨이 담겨 있는 그림책으로 유아의 배설을 도울 때 들려주면 좋다.

(2) 안전의 욕구

인간의 기본적인 욕구 중의 하나이며 인간은 심리적 · 물리적 안전에 대한 욕구를 가지고 있다. 즉, 공포, 전쟁, 질병, 천재지변의 위기로부터 자기 자신을 안전하게 지켜나가려는 욕구이다. 안전의 욕구는 부모의 품안에서 점차 주변 환경으로 확대되며 평온과 안락을 주는 모든 것으로 확대된다.

옛날 이야기와 동화에 등장하는 화려한 옷, 반짝이는 보석, 호화로운 축제, 좋은 궁전 등으로 묘사되는 물질적 보상은 안전의 욕구를 상징하는 것이다. 인간의 불안과 안전에 대한 갈망을 다루고 있는 옛날이야기, 전설, 영웅전 등의 문학적 경험을 함으로써 안전의 욕구를 충족시킬 수 있다. 또한 문학작품 속에는 정서적인 안정감을 갖게 하는 요소가 담겨 있는데, 유아는 정서적으로 안정된 문학작품을 읽음으로써 유아 자신에 대한 긍정적인 감정을 갖게 되고 나아가 타인과의 올바른 관계 형성을 맺는 중요한 요소로 작용하게 된다(이상금 · 장영희, 2001). 그러나 불안전한 정서상태는 악몽, 공포 등 유아의 행동에 영향을 미치는 부정적인 행동이 다양하게 나타나며, 이를 방치하게 되면 정신적인 문제를 가져올 수도 있다. 그러므로 유아들에게 안정된 정서를 지닐 수 있도록 풍부한 정서가 담긴 그림책이 제공되어야 한다.

『푸른 개』는 푸른 개가 숲 속 표범의 공격으로부터 아이를 구해 주어 아이가 위험으로부터 벗어나는 이야기를 담고 있다. 『도치와 호박덩어리』와 『천둥케이크』는 위험한 상황과 두려움을 극복하는 방법을 소개해 줌으로써 불안감을 극복하게 해 주는 이야기를 담고 있다. 『혼자 집을 보았어요』는 혼자 집을 보게 되면서 느끼는 즐거움과 두려움을 통해 위험과 안전에 관한 내용을 담고 있다. 『어둠을 무서워하는 꼬마 박쥐』는 어둠을 무서워하던 꼬마 박쥐가 이야기 속에 등장하는 소녀의 도움을 받아 두려움에서 벗어나 정서적으로 안정을 갖게 된다는 이야기를 담고 있다.

(3) 사랑의 욕구

모든 인간은 사랑받고 사랑하고 싶어하는데, 가족, 친구 등에 의해 제공되는 애정과 친밀감을 추구하는 욕구이다. 유아들은 친구나 형제 간의 우정, 가족관계, 동물 등과의 애정과 사랑을 다룬 문학작품을 읽음으로써 사랑의 욕구를 충족시킬 수 있다.

『그래도 엄마는 너를 사랑한단다』는 엄마에 대한 사랑을 확인하고 싶어하는 유아들의 욕구를 충족시켜줄 수 있다. 『빨간 고양이 마투』와 『알을 품은 여우』는 이야기 속에 등장하는 새를 잡아먹는 고양이와 여우 등과 같은 동물들이 알을 품어 새를 부화시키는 과정을 통해 둘 간에 사랑과 우정이 싹트게 된다는 이야기를 담고 있다. 『파울리와 아기 동생』은 동생을 갖게 되면서 겪게 되는 사랑과 질투를 경험하고 결국은 파울리가 동생을 사랑하게 되는 과정을 소개하고 있는 이야기를 통해 자연스럽게 사랑하는 마음과 사랑받고자 하는 욕구를 충족시키게 된다.

(4) 소속의 욕구

인간은 안전에 대한 욕구가 충족이 되면 어딘가에 소속되려는 욕구를 지니고 있다. 유아들이 '우리 아빠', '우리 엄마', '내 동생' 등으로 표현을 하는 것은 가족의 한구성원으로 소속감에 대한 욕구가 있음을 보여주는 것이다. 인간은 나와 가족, 나의 친구, 우리 선생님, 유치원, 나아가 사회, 국가 등으로 범위가 확대되며 구성원으로서의 자신이 소속되기를 희망한다.

『미운 아기 오리』, 『엄마 아빠 사랑해요』, 『혼자서 집 보는 날』은 가족의 사랑과 소속의 욕구에 대한 이야기를 담고 있다. 『허클베리 핀의 모험』 등과 같이 유아들은 많은 어려움을 이겨내고 소속의 기쁨을 누리는 이야기를 즐기며 소속감을 갖게 된다.

(5) 자기존중의 욕구

다른 사람들로부터 존중받고자 하는 욕구인 인정, 관심, 지위, 명성에 대한 욕구와 자신감, 유능감, 독립감, 자기신뢰, 성취감, 자유 등을 포함하는 욕구가 자기존중의 욕구에 속한다. 이 욕구를 충족하게 되면 자신감을 갖게 되지만 충족되지 못하면 좌절감과 열등감을 갖게 되며 더 나아가 자기비하를 초래하기도 한다.

『내 귀는 짝짝이』는 남들과 다른 자신의 모습에 실망한 한쪽 귀가 처진 토끼가 마침내 자신의 귀는 남들과 좀 다를 뿐이라는 점을 알게 되고 자신감을 찾는 이야기가 담겨 있다. 『너는 특별하단다』는 나무로 된 사람은 늘 남들로부터 좋은 평가를 받지 못하여 자신을 만든 목수를 만나게 된다. 나무로 된 사람은 목수를 만난 후 자신은 특별하다는 것을 깨닫게 되는 이야기를 담고 있다. 『헬렌켈러』와 같이 장애와 어려움을 극복해 나가는 내용은 유아들에게 권장해줄 만한 책이다. 이러한 다양한 문학작품을 읽음으로써 위축되거나 자신감이 부족한 유아들은 자아존중감과 자기존중의 욕구를 충족시킬 수 있다.

(6) 심미적인 욕구

인간은 끊임없이 심미적인 만족을 추구하며 그것은 유아기에서부터 성인에 이르기까지 지속된다. 문학작품을 통해 어느 만큼의 아름다움을 경험했느냐에 따라 심미적 만족도는 달라질 수 있다. 시집이나 그림책은 그 자체로도 아름다운 예술성을 경험하게 해 주며 감상력을 길러주는 좋은 책이라 할 수 있다. 따라서 교사와 부모는 유아들에게 적절한 문학작품을 제공해 주고 그림이나 삽화 등 예술적인 아름다움을 지닌 작품들을 제공해 주어야 한다(이상금 · 장영희, 2001).

『무지개 물고기』는 아름다운 비늘을 혼자만 갖고 싶어하는 무지개 물고기가 친구들로부터 배척당하자 자신의 비늘을 나누어 주는 이야기를 담고 있는 책으로 삽화가 아름답게 표현되어 있다. 『눈 오는 날』은 콜라주 기법의 그림이 눈 오는 날을 아름답게 표현하고 있다. 『아롱다롱 나비야』와 같이 아름다운 언어, 리듬감을 느낄 수 있는 동시는 유아로 하여금 예술적 만족감을 느끼게 한다.

(7) 지식과 이해의 욕구

유아는 알고자 하는 욕구가 매우 강하며 유아의 호기심은 연령과 흥미에 따라 달라질 수 있다. 유아들은 새로운 것에 대해 탐구해 보려는 호기심을 가지고 있기 때문에 알아가고자 하는 과정은 새로운 도전의 기회가 된다. 그러므로 다양한 문학 경험은 유아들이 알고 싶어하는 무궁무진한 호기심의 욕구를 채워줄 수 있으며 유아가 가지고 있는 의문점과 문제해결 방법을 알 수 있도록 돕는다. 다양한 지식을 전달하는 지식 정보책은 유아의 알고자 하는 욕구를 충족시켜 주는 데 유용하게 사용될 수 있다. 그러나 유아들에게 지식과 정보를 제공하는 목적으로 지나치게 지식만 강조하는 것은 좋지 않으며 즐거움과 함께 호기심을 하나씩 알아가는 기쁨을 느끼게 해 주는 방법으로 접근해 주어야 한다.

『여러 나라 이야기』는 세계 여러 나라의 이야기를 담고 있어서 새로운 지식에 대한 이해와 욕구를 충족시킬 수 있다. 『봄, 여름, 가을, 겨울』은 계절마다의 특색과 변화를 알게 해 주는 책이다. 『개구리가 알을 낳았어요』는 동물의 성장과정을 자세히 소개함으로써 동물들의 성장과정에 대한 호기심을 충족시켜 준다.

(8) 자아실현의 욕구

자신의 본질을 알기 위해 자신의 능력에 맞는 일을 한다는 감각을 갖추고자 하는 욕구이다. 자아실현의 욕구는 신생아 때의 가장 기초적인 욕구에서 발전하여 자신이 하고자 하는 일에 대한 욕구로 보다 다양하고 구조화된 지적 능력에 대한 욕구를 포함한다. 이러한 욕구가 충족되면 자신에 대한 올바른 자아개념을 가지게 되며 자신을 긍정적으로 인식하게 된다.

『세상을 바꾼 두더지』는 땅속에 사는 두더지가 어느 날 취미로 바이올린을 배우게 되었는데, 분쟁이 잦은 땅 위에 사는 사람들이 그 아름다운 소리를 듣고 평화를 맞이하게 되었다는 이야기를 담고 있다. 『강아지똥』은 스스로 보잘 것 없는 존재라고만 알고 있던 똥이 자신을 녹이면 민들레꽃을 피우는 영양분이 된다는 것을 알고 자신이 쓸모 있다는 것을 알게 되어 기꺼이 자신의 역할을 해낸다는 이야기이다. 『라이트 형제』는 여러 번의 실패에도 불구하고 끝까지 노력하여 비행기를 만든 성공적인 내용을 담고 있는 자아실현의 욕구를 충족시켜줄 수 있는 책이다.

2) Erikson의 심리사회적 발달 이론

Erikson은 성격 발달이 출생부터 노인기까지 전 생애를 통해 이루어진다고 보고 인간 발달을 8단계로 제시하였다. 이 중 아동기에 해당하는 4단계까지 살펴보면 다음과 같다.

(1) 1단계(출생~18개월) : 신뢰감 대 불신감(Basic Trust vs. Basic Mistrust)

어머니와의 애착과 밀접한 사회적 관계에 따라 신뢰감과 불신감이 형성된다. 어머니가 유아의 요구에 반응해 주고 일관성 있는 양육태도로 유아를 대해 주면 기본적인 신뢰감이 형성된다. 그러나 유아의 요구를 무시하거나 일관성 없이 반응하거나 무반응을 보일 경우 불신감을 갖게 된다. 이 시기의 영아에게 리듬감 있고 부드러운 동화책을 들려줌으로써 안정감을 주고 사랑을 느끼게 해줄 수 있다.

『안아줘』는 아기 침팬지가 혼자 세상 구경을 다니면서 즐거워하다가 우연히 이야기 속에 등장하는 다른 동물들이 엄마 품에 안기는 것을 보고 아기 침팬지도 엄마의 소중함을 느끼고 엄마 품에 안긴다는 이야기를 담고 있다. 『잠이 안 오니, 작은 곰아?』는 큰 곰은 어두움을 두려워하고 잠을 못 자는 작은 곰에게 반응해 주었고 이에 작은 곰은 이러한 큰 곰의 모습에 마음이 푸근해지고 잠을 청하게 된다는 이야기를 담고 있다. 『잘 자요 달님』은 사랑과 포근함의 표현이 가득 담겨 있는 책이다.

(2) 2단계(18개월~3세) : 자율성 대 수치심, 회의감(Autonomy vs. Shame and Doubt)

이 시기의 유아는 여러 가지 발달과 성장을 하게 되면서 혼자 식사하기, 스스로 옷 입기, 스스로 대소변 가리기 등 독립적으로 행동하려는 경향을 보인다. 이때 자기 스스로 하려는 유아를 적절히 도와주고 격려해 주면 자율성이 발달하게 되며, 유아의 미숙함을 비난하거나 과잉 통제하면 유아는 자신의 행동에 대해 수치심과 회의감을 갖게 된다.

『손이 나왔네』는 조금은 서툴지만 혼자 옷을 입어보려는 시도를 하면서 자신감을 얻게 되는 아이의 모습을 담고 있는 이야기이다. 『피터토끼』는 자신의 의지에 따라 농장을 스스로 찾아간다는 내용이다. 『똥이 풍덩!』은 대변을 보는 아이의 모습을 담고 있는 이야기이며 남아와 여아를 위한 이야기로 구분되어 따로 제시되어 있다. 이러한 책은 대소변을 가리는 시기에 자율성을 획득할 수 있도록 도움이 필요할 때 권할만하다.

(3) 3단계(3~6세) : 주도성 대 죄책감(Initiative vs. Guilt)

유아가 하고자 하는 것에 목표를 달성하고자 하는 시기로 유아는 신체운동 능력과 언어 능력을 사용하여 주변 세계를 적극적으로 탐색한다. 이 시기의 유아들은 자기 책임감을 깨닫기 시작하여 이를 이해하고 격려해 주면 주도성을 확립하게 되나 제재하고 비난하면 자신감을 잃고 죄책감을 느끼게 된다.

『휘파람을 불어요』는 휘파람을 불지 못했던 피터는 휘파람 부는 연습을 계속하고 결국 휘파람으로 개를 부를 수 있게 된다. 이로 인해 피터는 스스로 해냈다는 성취감을 느끼게 되고 기뻐한다는 이야기를 담고 있다. 『다 큰 아기 당나귀』는 아기 당나귀가 친구 생일에 초대되어 엄마에게 친구 집에 혼자 가겠다고 이야기한다. 엄마 당나귀는 걱정이 되기는 하지만 그런 아기 당나귀를 믿고 혼자 친구 집에 가도록 허락하고 마침내 아기 당나귀는 혼자 친구 집에 도착하게 된다는 내용이 담긴 이야기이다. 『피터의 의자』는 자신의 어린 시절 물건인 의자를 어린 동생과 함께 나누어 쓰지 않겠다고 한 피터는 결국 자신의 행동을 반성하고 동생에게 의자를 물려주겠다는 결심을 한다는 이야기가 담긴 책이다.

(4) 4단계(6~11세) : 근면성 대 열등감(Industry vs. Inferiority)

근면성은 아동이 속한 사회에서 성공적으로 기능하고 경쟁하는 데 필요한 기술을 습득하는 것으로, 이 시기의 주요 과제는 근면성의 획득이다. 이 단계의 아동은 초등학교 생활을 통해 사회 · 인지 · 신체 기술 등을 익힌다. 자기와 또래 아동을 비교하는 경향이 있으며 자신의 부족한 부분을 찾아내어 전 단계보다 더 넓은 세계로 나아가는 시기이다. 이 시기의 학업 및 또래와의 관계에서 협력적이며 성공적인 경험은 유능감을 나타내는 근면성을 획득하게 된다. 만약 이러한 기술을 성공적으로 습득하지 못하고 실패를 거듭하면 열등감을 갖게 된다.

『둘이서 둘이서』는 아동들이 친구관계를 발전시키면서 경쟁의식과 함께 협동심을 기르게 되는데, 혼자 할 수 없는 일들을 여러 친구들이 돕는 과정을 보여주는 이야기를 담고 있다. 『우리 선생님이 최고야』는 학교교육이 시작되는 이 시기의 아동들은 선생님과의 원활한 관계가 근면성을 갖게 되는 데 중요한 영향을 미친다. 이 이야기의 주인공인 릴리는 선생님께 잘 보이고 싶어서 멋을 내고 학교에 가지만 선생님은 관심을 보이지 않는다. 그러나 선생님이 릴리를 진정으로 사랑하고 있는 마음을 알게 되고 결국 선생님을 좋아하게 된다는 이야기를 담고 있다.

04 아동문학의 장르

아동문학의 종류는 다양하다. 아동문학을 흔히 동화책 위주로 생각하는 경우가 많으나 동요나 동시도 포함되며 동극까지도 그 범주에 넣기도 한다. 아동이 아동문학을 접함에 있어서 다양한 장르를 경험할 수 있다면 앞에서 말한 아동문학의 가치를 좀 더 높일 수 있을 것으로 보인다. 각각의 장르가 가지는 특성과 장점들을 살피고 이를 어떻게 활용할 수 있을지 검토해 보아야 할 것이다. 본 장에서는 아동문학의 장르를 동화와 동요 · 동시로 크게 나누어 각각의 장르가 가지는 특성과 장점들을 살피고 이를 어떻게 활용할 수 있을지 검토해 보고자 한다.

1 동화

1) 전래동화

전래동화는 예전부터 사람들의 입을 통해 전달되는 것으로 그 내용이 아동에게 적합한 것을 의미한다.

입으로 전해지는 문학을 전승문학이라고 하는데, 원래 전승문학은 성인을 대상으로 하는 것이 많았다. 이 중 아동에게 들려줄 만한 내용으로 만들어낸 것이 전래동화라 할 수 있다(이대균 외, 2006; 이춘희, 2005).

전래동화는 옛날부터 전해져 내려오므로 그 민족이나 나라의 생각과 문화가 담겨 있다. 아동은 이러한 전래동화를 읽으면서 다양한 문화를 접할 수 있으며, 특히 현대와 다른 예전의 문화와 생각을 느낄 수 있게 된다. 전래동화는 이러한 내용들을 아동에게 적합할 수 있도록 개작한 경우가 대부분이다. 이야기의 흐름이 분명하고 갈등구조가 있고 이것이 해결되는 형식의 이야기가 대부분이어서 아동이 즐겁게 보는 장르이다.

(1) 전래동화의 특징

이춘희(2005), 이대균(2005)의 의견을 토대로 전래동화의 특징을 문학의 요소인 주제 플롯, 등장인물, 배경 측면에서 살펴보고자 한다.

첫째, 주제 면에서 전래동화는 주로 권선징악의 내용을 다루는 것이 많다는 점이다. 전래동화는 대부분 이야기 전체에 흐르는 강한 메시지를 갖고 있는 것이 많다. 메시지의 대부분은 선함을 가진 주인공이 고난 끝에 행복을 얻고 악함을 가진 인물이 벌을 받게 된다는 내용을 갖고 있다. 『흥부 놀부』에서는 흥부가 많은 고생 끝에 선한 마음으로 재물을 얻게 된다는 내용을 통해 선한 마음의 사람이 결국 복을 받는다는 메시지를 보여주고 있다. 『혹부리 영감』에서도 선한 마음의 할아버지가 많은 재물을 얻고 행복하게 살게 되고 욕심을 부린 할아버지는 결국 벌을 받게 된다는 내용을 통해 욕심 부리지 않고 선한 마음을 가지라는 메시지를 전하고 있다.

이러한 동화의 대부분이 선한 주인공이 힘든 일을 겪지만 결국 행복한 결말을 맞게 되는 것이고, 악한 인물은 욕심을 부리고 다른 사람을 괴롭히다가 결국 벌을 받게 된다는 식의 구성을 갖고 있어서 권선징악의 강한 메시지를 포함하고 있다.

이외에도 전래동화의 주된 주제를 보면 동물에 대한 이야기, 마술이 있는 환상적인 이야기, 익살과 유머가 담긴 이야기, 자연물의 유래 이야기 등이 있다.

둘째, 플롯 면에서도 전래동화의 특성을 살펴볼 수 있다. 전래동화는 대부분 발단, 전개 및 절정, 결말의 형식을 띤다. 발단부분에는 '옛날 옛날에...어느 곳에...' 와 같은 형식으로 시작해서 등장인물과 배경을 간단하게 소개하듯이 이야기를 열어나간다. 전개 및 절정에서는 등장인물의 갈등과 이를 해결해 나가는 과정을 보여주며 결말에는 이러한 갈등이 잘 해결되어 선한 등장인물이 '행복하게 잘 살았습니다' 와 같은 형식으로 끝맺음을 하는 형식이다.

예를 들어, 우리나라 전래동화인 『콩쥐팥쥐』를 살펴보자. 발단부분에서 '옛날에 콩쥐가 있었는데... 새어머니와 팥쥐가 나타나...' 와 같이 등장인물을 소개하고 있다. 전개 및 절정 부분에서는 콩쥐가 새어머니와 언니에게 구박을 받고 힘든 과정을 겪는 것이 나타나고 결말부분에는 결국 콩쥐가 이를 이겨내고 '행복하게 살았다' 라고 이야기한다. 유럽의 전래동화 중 하나인 『일곱 마리 아기염소』 또한 발단부분에 아기염소 가족에 대한 소개를 하고 전개 및 절정 부분에는 엄마 염소가 없는 사이 늑대가 집으로 들어오려는 과정과 염소들이 늑대를 피해 숨고 잡아먹히는 이야기가 나오고 있으며, 마지막으로 엄마 염소가 늑대 배속의 아기 염소들을 구하고 늑대는 돌멩이 가득한 무거운 배 때문에 물에 빠지는 장면으로 마무리하고 있다.

셋째, 등장인물 측면에서 전형적인 선과 악으로 대립되는 인물들이 등장한다는 것이다.

『흥부와 놀부』의 흥부와 놀부는 각각 선함과 악함을 가진 대표적인 인물로 그 결말은 권선징악의 대표적인 메시지를 전하고 있다. 이외에도 『해와 달이 된 오누이』의 오누이와 호랑이, 『혹부리 영감』의 착한 할아버지와 욕심쟁이 할아버지, 『빨간 모자』의 빨간 모자와 늑대 등은 권선징악의 주제를 보여줄 만한 대표적인 전래동화의 등장인물들이다.

넷째, 배경 면에서 시간적, 공간적 배경이 명확히 묘사되지 않는다는 점이다. '옛날.... 어느 어느 마을에...' 와 같은 형식으로 소개되는 시간적이고 공간적인 배경은 이야기를 시작하는 부분에 간단하게 명확하지 않게 소개됨으로써 이야기 전개에 특별한 영향을 미치지 않음을 알 수 있다. 주로 발단부분에 이야기를 꺼내기 위해 사용되고 있는 것을 볼 수 있다.

(2) 전래동화의 가치

전래동화의 가치를 문학적인 측면과 교육적 측면에서 살펴볼 수 있겠다(강문희 · 이혜상, 2008; 이춘희, 2005).

우선 문학적인 측면에서 첫 번째 가치로 전래동화는 이야기의 절정부분이 명확하고 극적이다. 전래동화의 대부분은 등장인물이 갈등과 어려움을 겪는 과정을 보여주는데, 이것이 절정부분에 달할 때 이야기의 흥미를 높이게 된다. 그리고 독자로 하여금 어떻게 해결될까에 대한 궁금증 및 기대를 불러일으킨다. 이러한 극적인 절정부분은 이야기가 진행되는 동안 독자가 이야기에 몰입하고 끝까지 기대를 가지게 하는 효과가 있으므로 문학적으로 의미 있는 부분이다.

두 번째 가치로 단순하면서도 명확한 전개와 끝맺음을 들 수 있다. 전래동화의 내용을 보면 등장인물이나 배경, 내용에 대한 구구절절한 부연 설명이 있기보다는 간결하게 이야기 전개에 필요한 부분만 제시하는 것을 볼 수 있다. 그리고 독자가 보기에 명확한 주제를 줄 만한 끝맺음을 하고 있음을 알 수 있다. 대부분의 전래동화를 보면 첫 부분에 등장인물과 배경에 대한 간단한 소개와 전개 및 절정으로 가면서 등장인물이 겪는 어려움을 보여주며 끝맺음에서는 갈등이 해결되고 행복한 결말로 끝나는 식의 내용 구성을 가지고 있어 어느 독자가 보아도 명확하게 내용과 주제를 파악할 수 있는 구성을 가지고 있다.

세 번째 가치는 리듬 있고 진실하고 정직한 문체에 있다. 전래동화의 문체를 보면 문장이나 어휘가 반복되거나 하여 리듬감을 느낄 수 있으며 화려한 수식어가 붙거나 하지 않고 진실된 문장으로 독자가 이러한 진솔함을 느낄 수 있도록 한다. 전래동화의 등장인물이나 시대적 배경들은 서민들의 삶과 관련이 있으며, 이는 그 시대의 진솔한 면모를 보여주는 것이다. 이에 적합한 간결하고 수식 없는 진솔한 문체는 이야기에 더욱 몰입할 수 있도록 한다.

교육적 측면에서 전래동화의 가치는 크게 두 가지로 볼 수 있겠다. 첫 번째, 전래동화의 내용은 바람직한 인간상과 윤리적이고 도덕적인 교훈을 보여준다는 점이다. 전래동화 대부분의 주제가 권선징악이라고 언급한 적이 있다. 선함과 악함으로 상징되는 인물들과 사건들의 결말을 보며 독자는 바람직한 인간상과 삶에 있어서의 윤리적이고 도덕적인 측면을 떠올릴 수 있을 것이다. 두 번째, 전통문화가 담겨 있다는 것이다. 요즈음은 아동에게 사라져가는 전통문화에 대한 교육을 많이 하는 편이다. 이와 관련하여 전래동화는 전통문화를 대변하는 내용이 많아 교육적으로 활용하기에 적합하다. 아동이 전래동화를 읽으며 지금과 다른 시대상을 보고 지금과 다른 문화를 인식하며 자연스럽게 전통과 친숙해질 수 있는 기회를 가질 수 있게 되는 것이다.

2) 생활동화

생활동화는 아동의 삶을 있는 그대로 담고 있는 동화이다. 생활동화 속에는 아동과 같은 인물이 등장하고 아동의 주변 삶이 등장한다. 아이들은 이러한 생활동화를 들으며 자신과 비슷한 인물을 보며 즐거워하고 자신의 주변에서 일어나는 다양한 일들에 관심을 가지곤 한다. 아동의 성장과정에서 일어나는 갈등과 시행착오, 기쁨, 즐거움, 슬픔 등이 담겨 있어서 아동은 생활동화를 읽으며 자신을 생각하게 되고 느끼게 되며 회상해 볼 수도 있다.

(1) 생활동화의 특징

생활동화의 첫 번째 특징은 주제 면에서 동화를 읽는 독자, 즉 아동의 일상적인 삶이 담겨 있다는 것이다. 아동은 매일 다양한 경험을 하게 되는데, 이러한 경험 속에는 기쁜 일, 속상한 일, 무서운 일 등 다양한 사건과 상황들이 있다. 생활동화 속에는 바로 이러한 내용이 담겨 있다. 엄마에게 야단맞은 일, 친구와 싸운 일, 선생님에게 칭찬 받은 일, 동물을 기르는 일, 병원에 간 일, 동생과 경쟁한 일, 동물원에 간 일, 놀이동산에 간 일 등 아동의 주변에서 일어날 수 있는 다양한 일들이 생활동화 속에 나오므로 아동은 친숙함을 느낄 수 있는 주제이다. 이러한 일들이 해결되는 과정에서도 환상이나 마술이 아니라 실제 아동이 해결할 수 있는 현실적인 방법이 나타나므로 아동에게 시사하는 바가 크다고 볼 수 있다.

생활동화의 주제를 유형별로 나누어 보면(이춘희, 2005), 아동의 성장과정에서 겪는 독립심과 정서적 반응을 다룬 생활동화, 가족관계에서 겪는 사랑을 다룬 생활동화, 사실적 동 · 식물을 다룬 생활동화, 죽음을 다룬 생활동화 등이 있다.

두 번째, 등장인물 면에서 생활동화의 등장인물은 아동과 닮은 실제 접할 수 있는 인물들이라는 점이다. 등장인물은 아동과 같이 먹고, 자고, 놀고, 싸우고, 사

[그림 4-1] **안 돼 데이빗!**

글 · 그림 : 데이빗 섀논
출 판 사 : 지경사(1999년)

랑을 나누는 등의 행동을 하고 아동이 실제 겪은 일이나 겪을 만한 일을 경험한다. 그러므로 아동은 생활동화를 읽으면서 자신과 등장인물을 동일시 할 수 있는 가능성이 있다. 아동과 닮은 등장인물은 환상이나 마술, 비현실적인 일을 하기보다는 실제 아동의 성격을 닮아 비슷하게 행동하기 때문에 평범하고 과장되지 않는다. 『안 돼, 데이빗!』 같은 동화를 보자. 이 동화 속에는 데이빗이라는 장난꾸러기가 등장한다. 집에서 야구를 하고 욕실 물을 넘치게 만들고 집안을 지저분하게 만드는 데이빗은 아동의 모습과 닮아있다. 아동은 이 책을 보며 웃기도 하고 회상하며 반성하기도 한다. 그리고 그럼에도 불구하고 데이빗을 사랑하는 엄마는 아동의 엄마와 닮아있다. 아동은 이러한 생활동화를 읽으며 자신의 행동과 엄마의 사랑하는 마음을 생각해 볼 수 있는 것이다.

세 번째, 플롯 면에서 보면 실제적인 상황, 사건, 결말을 가지고 있다는 것이다. 생활동화의 구성은 아동과 닮은 등장인물이 현실적인 사건과 경험을 겪으며, 그 속에서 일어나는 다양한 문제들을 해결해 나가는 과정을 그리고 있다. 이때 문제들을 해결해 나갈 때는 아동의 입장에서 할 수 있는 현실적인 방법으로 해결되므로 아동은 생활동화를 읽으며 그 장면과 인물에 몰입할 수 있게 된다. 전래동화처럼 결정적인 클라이맥스는 잘 찾아볼 수 없지만 아동의 입장에서 해결 가능한 정도로 흘러가는 이야기의 구성은 아동의 관심을 끌기에 충분하다. 그러므로 생활동화의 구성은 아동을 닮은 등장인물이 실제 일어날 수 있는 상황과 사건을 경험하며, 이 속에서 현실적으로 자신의 일을 해결해 나가는 식으로 이루어져 있다고 볼 수 있다.

마지막으로 배경 면에서 생활동화의 배경은 실제 우리 주변에서 볼 수 있는 장소와 시간이라는 점 때문에 생활동화의 배경은 아동이 살고 있는 곳이고 아동이 살고 있는 시대이다. 그러므로 생활동화 속의 등장인물이 살고 있는 동네, 집, 그 속의 물건들은 아동이 실제 접할 수 있는 것들이며 생활동화 속의 문화적인 요소는 그 시대상을 보여주는 것이라 할 수 있다. 물론 시대가 지난 생활동화도 있을 수 있지만 대부분은 아동이 살아가고 있는 시대와 문화를 반영한다는 것이 생활동화의 가장 큰 특징이다.

(2) 생활동화의 가치

생활동화의 필요성을 강조하는 사람들의 이론을 보면(강문희 · 이혜상, 2008) 아동이 지금 겪고 있는 지금 이 시간과 이 순간에 대해 강조하고 있는 것을 볼 수 있다.

아동이 자신의 시대에서 자신과 친숙하고 관계있는 일을 책을 통해 접함으로써 아동이 느끼고 인식할 수 있는 것들이 더욱 많을 것이라 보는 것이다. 그러므로 생활동화의 가장 큰 가치라고 한다면 아동과 친숙한 주제와 등장인물을 통해 지금 이 순간 자신의 주변에서 일어나는 많은 일들을 현실적으로 인식할 수 있다는 것이다. 생활동화의 가치를 정리해 보면 다음과 같다.

첫째, 생활동화는 인간, 즉 아동의 생활을 이해하도록 도와준다. 환상과 마술, 그리고 영웅이나 극적인 반전이 아닌 실제 살아가는 사람들의 모습과 자신의 모습을 이해할 수 있는 현실적인 감각을 줄 수 있다. 더불어 자신에게 올 수 있는 갈등과 경험 등을 사실적으로 인식하고 그 과정에서 자신의 한계점과 능력을 정확히 인식할 수 있도록 도와준다.

둘째, 자신과 비슷한 등장인물이 등장하므로 동일시 할 수 있는 가능성이 많다. 아동은 생활동화 속에 나오는 등장인물이 만나는 대상과 상황, 문제, 갈등 등을 실제 자신의 일처럼 느낄 수 있으며, 이를 통해 생활동화의 내용에 좀 더 몰입할 수 있다. 아동의 문제나 갈등, 경험 등을 제시해 주고 대처하는 능력, 생각해 보는 자세 등을 길러주고자 할 때 생활동화는 아동에게 좀 더 효과적으로 접근할 수 있는 매개체라 볼 수 있다.

셋째, 자신과 비슷한 상황에 처한 등장인물을 보며 심리적 안정감과 더불어 대리만족을 느낄 수 있다. 생활동화 속의 등장인물은 독자인 아동과 비슷한 어려움을 겪는다. 아동은 자신의 어려움에 대해 부정적인 정서반응을 일으킬 수도 있지만 생활동화 속의 다르지만 자신과 비슷한 어려움에 처한 등장인물을 보며 자신과 비슷한 사람이 또 있다는 점에서 동병상련과 비슷한 심리적 안정감을 느낄 수 있다. 또한 생활동화 속의 등장인물은 아동이 갖고 싶거나, 하고 싶은 일들을 해낸다. 이를 통해 아동은 등장인물을 통해 대리만족감을 느낄 수 있게 된다.

넷째, 생활동화의 등장인물과 배경 등은 아동의 삶에서 만날 수 있는 다양한 인물 유형과 장소, 상황 등을 제시해 주므로 다양한 시각을 가질 수 있도록 한다. 전래동화의 경우 전형적인 인물이 등장한다. 늘 착하고 늘 악한 인물들의 결말은 예상 가능한 틀 속에 있는 인물들이다. 그러나 생활동화 속의 인물들은 이 시대를 살아가는 다양한 모습의 사람들로 다양한 개성을 가진 인물들이다. 이러한 인물들은 처한 상황에 따라 다양한 행동과 말을 하므로 틀에 박힌 인물들이 아닌 우리가 만나고 있고 만날 수 있는 인물들이다. 아동은 이런 다양한 인물들을 동화를 통해 접하면서 다양한 유형의 인물과 행동, 말 등을 이해할 수 있으며 자신 또한 다양한 방법으로 행동하고 말할 수 있다는 자유로움을 얻는다. 이는 아동이 현실을 좀 더 창의적으로 바라보는 데 도움을 줄 수 있다.

다섯째, 생활동화는 아동의 주변에서 일어나는 다양한 문제들을 해결할 수 있도록 도와줄 수 있다. 즉, 생활동화를 통해 아동은 자신이 겪었고, 앞으로 겪을 수 있는 문제들을 동화 속에서 접하며 여러 시각에서, 또한 여러 입장에서 이를 해결할 수 있는 간접적인 경험을 할 수 있게 된다. 아동기는 문제해결을 위한 다양한 문제를 경험하고 이를 해결하려고 하는 다양한 시도를 해 보는 과정에 있다. 물론 문제란 인생전반에 걸쳐 나타날 수 있으나 아동기의 시도와 경험은 문제해결에 대한 태도를 형성하게 되는 중요한 경험이다. 생활동화 속의 현실 가능한 다양한 문제들이 다양한 시각에서 해결되는 장면을 보며 아동은 간접적으로 문제해결에 대한 인식을 할 수 있게 되는 것이다.

3) 환상동화

환상동화는 현실에서 일어날 수 없는 상상의 세계가 펼쳐지는 동화이다. 현실에서 없는 대상이 나오고 현실에서 일어나기 어려운 상황이 펼쳐지며 현실에서 느끼기 어려운 시간과 장소를 경험할 수 있는 동화이다. 그런데 아동은 자신의 현실과 이러한 환상의 세계를 구분하지 않는다. 책을 읽는 순간 이미 책 속의 시간과 장소에 들어가 있고, 그 작품의 주인공이 되어 있다. 아동의 놀이 속에는 언제나 환상의 요소가 있기 때문에 아동은 환상의 세계를 늘 그리고 경험하고 있다고도 말할 수 있다.

(1) 환상동화의 특징

환상동화에는 판타지가 있고 공상적인 것, 초자연적인 것이 등장한다. 그래서 실제로 일어나기 어려운 일이 일어나기도 하고 실제로 존재하지 않는 대상이나 세상이 존재하기도 하는데, 환상동화에서는 시 · 공간을 초월한 일이 생기기도 한다. 아동은 상상과 환상의 세계를 좋아하고, 이러한 환상동화를 읽으면서 아동은 자신의 흥미와 재미를 더해 가며 현실을 넘어선 다양한 느낌과 생각을 할 수 있게 된다.

환상동화를 우선 주제 면에서 보면, 환상과 초월적인 세계가 나타난다고 해서 주제가 현실과 완전히 동떨어진 것은 아니다. 주제는 다른 종류의 동화에서 다루어지는 선과 악, 주변 세계와의 갈등과 화해, 삶과 죽음 등이다. 단, 이러한 주제를 전개하는 데 있어서 환상적인 요소가 가미되는 것이다. 예를 들어, 『야, 우리 기차에서 내려!』와 같은 동화에서 주인공은 장난감 기차를 타고 여행을 하게 되는데, 그 속에서 만나는 동물들을 통해 환경의 오염과 인간이 환경에 미치는 부정적인 영향 등의 주제가 등장한다. 『고릴라』와 같은 동화에서도 바쁜 아버지 대신 고릴라 아버지와 고릴라가 있는 동물원에서 좋은 시간을 보내고, 결국 아버지가 사준 고릴라 인형을 통해 아버지의 사랑과 고릴라에 대한 추억을 떠올리는 주제를 보여준다. 이러한 동화들의 주제는 생활동화나 전래동화 등에서도 다루어지는 주제들이다. 그러나 이야기 흐름 속에서 현실과 초현실의 세계를 넘나들며 환상적인 요소를 그려내고 있다는 것이 특징이다.

[그림 4-2] 야, 우리 기차에서 내려!

글 · 그림 : 존 버닝햄
옮 긴 이 : 박상희
출 판 사 : 비룡소(1995년)

[그림 4-3] 고릴라

글 · 그림 : 앤서니 브라운
옮 긴 이 : 장은수
출 판 사 : 비룡소(1998년)

등장인물 측면에서 환상동화는 일반적인 사람, 사물, 동물, 식물, 괴물, 도깨비, 마녀, 요정 등 현실적이며 또한 환상적인 성격의 등장인물이 골고루 등장한다. 그러나 대부분은 초현실적인 행동을 하는 비현실적이며 환상적인 인물들이나, 이러한 환상적인 인물이 완전히 우리의 모습과 동떨어져 있지는 않다. 어딘가에서 만날 수 있을법한 성격을 가지고 있다. 등장인물은 현실의 인물과 비슷한 꿈과 기대를 가지고 있으며 비슷한 갈등을 겪기도 한다. 단지 꿈과 기대를 이루어 나가는 과정에서 초현실적인 요소가 등장하게 된다.

플롯 측면에서 보면 구성이 초현실적이고 초자연적인 요소를 가지고 이야기가 전개되고, 등장인물은 현실과 환상의 세계를 자유롭게 넘나들면서 이야기가 전개된다. 특히 처음 시작은 현실에서 시작하여 전개부분에서는 환상으로 들어갔다가 다시 마지막 부분에서 현실로 돌아오는 식의 구성을 많이 보인다. 환상의 세계로 들어갈 때 작가는 터무니없거나 맥락 없이 불쑥 환상의 세계가 나타나지 않도록 신경을 쓴다. 현실과는 분명 다르지만 현실과 자연스럽게 이어지는 환상의 세계로 들어가면서 등장인물의 현실 속에서의 갈등과 문제, 기대가 해결되기도 하는 구성이다. 『야, 우리 기차에서 내려!』라는 동화를 보더라도 알 수 있다. 현실세계에서는 좋아하는 장난감 기차를 가지고 놀지 못하고 자야만 하지만 그와 동시에 자연스럽게 장난감 기차를 운전하며 타고 가는 장면으로 이어지고 자신이 좋아하는 장난감들은 의인화되어 나타난다. 그리고 다시 현실의 자기 방으로 돌아와 아침을 맞이하게 되는 구성이다. 등장인물은 자신이 좋아하는 장난감을 환상의 세계에서 만나게 되고 독자는 어느새 환상의 세계로 자연스럽게 빠져들게 되고 현실인지 환상인지 구분하지도 못하는 사이에 이야기가 끝맺게 된다. 이러한 구성은 초현실적인 주제임에도 불구하고 아동이 현실과 명확하게 구분하지 않고 자유롭게 현실과 환상을 넘나드는 데 영향을 미치게 되는 것이다.

마지막으로 배경 측면에서 보면 환상동화에 나타나는 시간적 · 공간적 배경은 하나로 정해져 있지 않고 자유롭게 옛날과 오늘, 오늘과 미래, 아침과 저녁, 지금의 집과 환상의 마을, 내 방과 환상의 숲 등을 오가는 시 · 공간을 초월하는 것이 특징이다. 작품의 배경은 이야기가 진행되면서 자유롭게 시간과 공간을 이동하게 된다. 그러나 갑작스레 엉뚱하게 이동하는 것이 아니라 독자가 느끼지도 못하는 사이 환상의 공간과 시간으로 이동하게 만들므로 이야기가 진행되는 내내 독자는 다양한 시간과 공간을 여행하게 되는 셈이다. 『괴물들이 사는 나라』에서 주인공의 방이 숲으로 변하고, 『고릴라』에서 고릴라 인형이 친구이자 아버지 고릴라로 변해 고릴라 동물원으로 데려가고, 『이상한 나라 앨리스』에서는 토끼와 자연스레 새로운 환상의 세계로 이동한다. 이러한 시 · 공간의 이동은 환상적 요소를 더해 주게 되는 것이다.

(2) 환상동화의 가치

상상과 환상을 좋아하는 아동에게 있어서 환상동화는 분명 흥미진진한 내용을 담고 있다. 아동은 환상의 세계를 접하며 현실과 동일시하기도 하고 자신이 이루지 못한 것에 대해 간접적으로 이루면서 즐거워하기도 한다. 이러한 환상동화의 가치를 살펴보면 다음과 같다.

첫째, 환상동화는 현실과 환상을 자유롭게 넘나들며 현실에 대한 인식과 환상에 대한 기대를 동시에 가질 수 있도록 한다. 환상동화의 등장인물과 배경은 분명 초자연적이고 환상적인 요소를 지니고 있다. 그러나 이것들이 현실과 완전히 동떨어진 것은 아니라, 현실에서 있을법한 인물과 현실에서 가능할법한 일들도 일어난다. 이러한 동화를 읽으며 아동은 현실에 대해서도 인식할 뿐만 아니라, 그 현실과 이어지는 환상과 상상의 세계 또한 즐기게 되는데, 이는 놀이나 일상생활에서 현실과 상상을 오가는 아동의 특성을 반영한 것이다. 그렇기에 자신의 생각과 비슷한 구성의 환상동화는 아동에게 더한 즐거움을 줄 수 있는 것이다.

둘째, 현실의 제한이나 틀을 벗어나 자유롭게 자신이 원하는 만큼 상상의 나래를 펼칠 수 있도록 해 준다. 아동이 현실에서 생활할 때는 제한이 있는데, 자신이 하고 싶어하는 것들을 다할 수는 없는 것이 현실의 제약이다. 그러나 환상동화 속의 등장인물은 이러한 틀을 벗어난다. 아동은 환상동화를 읽으며 등장인물과 자신을 동일시하여 상상의 나래를 마음껏 펼치며 자신이 좋아하는 장난감을 의인화시켜 함께 놀기도 하고, 자신이 가고 싶은 곳으로 자유롭게 여행을 할 수도 있다. 사고 싶은 것과 먹고 싶은 것들을 시 · 공간을 초월하여 얻게 되고 이 순간 아동은 간접적인 만족감을 갖게 된다.

4) 지식 정보책

지식 정보책은 아동이 배울 수 있는 다양한 지식과 정보를 다루고 있는 책이다. 지적 호기심이 점점 발달하면서 아동은 책을 통해 자신이 알고 싶은 것들을 찾아내 보고자 하며 아동의 교육을 다루는 사람들 또한 아동에게 책을 통해 다양한 지식과 정보를 경험하게 해 주려고 노력하고 있다. 영아기부터 아동은 책을 보며 '이게 뭐야?', '왜' 등의 질문을 하고 주변 세상에서 일어나는 다양한 일들에 이러한 질문들을 쏟아낸다. 지식 정보책은 아동의 이러한 궁금증에 대답을 주고 또 책을 통해 아동의 궁금증을 유발할 수 있는 그러한 책이다.

(1) 지식 정보책의 특징

지식 정보책은 우선 전래동화나 환상동화와 비교하여 볼 때 꾸미거나 비현실적인 요소가 들어가지 않는다는 것이다. 아동이 궁금해 하고 궁금해할 만한 지식과 정보를 다루고 있으며, 읽고 난 후 아동에게 새로운 지식과 정보를 제공한다. 연령이 증가하면서 아동은 점점 지적 호기심이 늘어나는데, 호기심은 탐구하고

자 하는 태도로 이어지고 이러한 태도는 수학적이며 과학적인 태도이다. 결국 아동이 자신이 궁금해 하는 것에 대해 탐구하고 알아나가는 과정은 수학적이며 과학적 태도를 길러주고 지식과 정보를 얻는 것에 대한 만족감을 줄 수 있다.

지식 정보책의 특징을 이대균(2009) 등의 의견을 토대로 살펴보면 다음과 같다.

첫째, 정확한 지식과 정보가 담겨 있어야 한다. 지식 정보책에는 꾸미거나 허구의 이야기가 아닌 실제 우리 주변의 대상이나 현상에 대한 정확한 정보가 있어야 한다. 지식 정보책의 목적은 아동의 궁금증을 유발하고 궁금해 하는 것을 알 수 있도록 도와주는 데 있으므로 책 속의 지식과 정보는 정확하고 구체적이어야 한다는 것이다. 아동은 주변의 동물, 식물, 물건, 자연현상, 사람에 대해 늘 궁금증을 가지고 있다. 이러한 내용과 관련된 지식과 정보를 전달하는 데 있어서 지식 정보책은 소홀함이 없어야 할 것이다.

둘째, 지식 정보책은 객관적이며 신뢰할 수 있어야 한다. 그 책이 담고자 하는 내용에 대해 상세히 다루어야 하므로 주관적인 것이 들어가거나 오해의 여지가 있어서는 안 된다. 지식 정보책을 통해 독자는 다양한 지식과 정보를 얻고 이를 확고하게 신뢰하게 되므로 내용이 잘못되거나 주관적이라면 신뢰할 만한 책이라 볼 수 없겠다. 지식 정보책을 제작할 때에는 섬세한 검토작업을 통해 이러한 오류가 일어나지 않도록 해야 할 것이다.

셋째, 독자가 살고 있는 시대의 최신 정보를 제공해야 한다. 지식과 정보는 점점 많아지고 간혹 변화하는 것들도 있다. 지식과 정보를 다루는 책이 이러한 변화에 민감하지 않고 정체해 있다면 그 시대 독자들에게 필요한 정보를 제공할 수 없을 것이다. 그러므로 지식 정보책은 늘 최근의 지식과 정보에 민감하게 반응해야 할 것이며 이러한 내용을 담기 위해 빠르게 수용하는 자세가 필요할 것이다.

넷째, 지식 정보책에서는 비현실적이거나 의인화, 초자연적인 소재는 피해야 한다. 물론 이러한 방법을 통해 지식과 정보를 제공할 수도 있겠으나 지식 정보책은 좀 더 명확하게 실제적인 지식과 정보를 제공하기 위해 이러한 소재를 피하는 것이 좋겠다.

(2) 지식 정보책의 가치

지식 정보책의 가장 큰 가치라고 한다면 아동의 지적 호기심을 충족시킬 수 있는 매체라는 점이다. 자신이 모르던 것을 책을 통해 발견하게 되거나 자신이 궁금해 하는 것을 책을 통해 알아보고자 할 때 지식 정보책은 책을 읽는 아동에게 성취감과 더불어 지적 호기심을 해결하려는 태도를 길러주는 데 긍정적인 역할을 하게 된다. 지식 정보책의 가치를 좀 더 구체적으로 살펴보면 다음과 같다.

첫째, 환상동화나 전래동화와 비교하여 볼 때 지식 정보책은 우리 주변의 다양한 현상과 대상들에 대한 실제적인 정보를 제공하므로 허구와 실제를 구분하는 현실감각에 긍정적인 영향을 줄 수 있다. 아동은 놀이나 일상 속에서 현실과 상상을 넘나들며 지내는데, 아동의 상상력은 늘 자신의 현실을 상상의 세계와 연결되도록 한다. 그런데 지식 정보책에는 상상의 세계가 아닌 실제로 존재하는 현상을 통해 아동은 자신 주변의 실제에 좀 더 관심을 갖게 되고 인식하게 되는 것이다. 이러한 경험은 아동이 과학적이고 사실적인 사실과 상상을 구분하여 좀 더 구체적인 사고를 할 수 있는 데 도움을 줄 수 있을 것이다.

둘째, 지식 정보책은 아동의 과학적인 태도 형성에 도움을 준다. 현대 아동과학교육의 가장 큰 목적은 아동이 살아가면서 과학적인 태도를 가지게 하는 데 있다. 과학 교과서에 있는 단편적인 지식을 외우거나 주입하는 것이 아니고 자신이 궁금해 하는 것을 해결하기 위해 주변의 도구를 활용하고 이를 통해 새로운 발견을 하게 되는 과정이 과학교육에 있어서 중요한 것이다. 지식 정보책은 바로 이러한 과정에서 중요한 매개체 역할을 할 수 있다. 아동은 지식 정보책을 통해 자신의 지적 호기심을 충족시키고 그러한 성취감은 또 다른 대상과 현상에 대한 관심으로 이어지면서 아동은 점점 과학적인 사고와 태도를 형성할 수 있을 것이다. 결국 지식 정보책을 활용할 때 아동에게 그 책 속의 지식과 정보를 단순하게 전달하려 하지 말고 아동이 스스로 자신의 문제해결을 위해 지식 정보책을 활용할 수 있도록 하는 태도 형성에 더욱 신경을 써야 할 것이다.

셋째, 지식 정보책은 아동을 둘러싸고 있는 대부분의 실제 사실들을 담고 있어서 결국 아동이 자신과 자신의 주변을 이해하는 데 좋은 수단이 될 수 있다. 전래동화나 환상동화, 생활동화에도 아동과 비슷한 인물이 등장하고 아동이 경험할 수 있는 일들이 등장하기 때문에 이 속에는 이야기 구성을 위해 꾸미거나 하여 허구적인 요소들이 있다. 문학적 플롯을 통해 표현할 수 있는 세상이란 제한적일 수 있다. 그러나 지식 정보책에서 다루는 사실과 정보들은 무한하다. 점점 아동 자신과 아동을 둘러싼 대상과 현상들에 대한 지식과 정보를 확장시켜 나가는 지식 정보책의 경향을 보며 아동은 지식 정보책을 통해 자신과 자신의 주변에 대한 전체적이면서도 구체적인 많은 사실들을 이해할 수 있을 것이다. 비록 이야기를 통해 감동을 주거나 재미와 흥미를 주어 세상에 대한 이해를 흥미롭게 풀어나가지는 못하지만, 이런 지식 정보책의 지식과 정보들은 어렵게 외워야 될 대상이 아니라 아동이 살고 있는 세상 그 자체라 볼 수 있겠다. 아동은 자라면서 자신을 둘러싸고 있는 모든 것에 관심을 둔다. 이러한 관심은 지식과 정보로 이어지고 이는 아동의 세상에 대한 이해의 폭을 넓히고 나아가 자신과 주변 사람들의 삶을 이해하는 데도 많은 도움을 줄 수 있을 것이다.

2 동요와 동시

아동이 즐겨 부르는 노래가 동요이며 아동이 감상하고 실제 창작도 해볼 수 있는 것이 동시이다. 동요에는 즐겁고 재미있는 가사가 있으며, 이는 반복적이고 운율이 있으며 아이들이 좋아하는 모습의 표현이나 재미있는 소리 등이 담겨 있고 이야기가 담겨 있기도 한다. 이를 예쁜 음악에 맞추어 읊조리고 부르며 자연스럽게 문학적 경험을 하게 되는 것이다. 동시에도 역시 운율이 있기도 하고 반복되는 말이 있으며 재미있는 소리가 있고 즐거운 표현들이 있다. 산문보다 짧고 함축되어 있는 동시를 들으며 또 읊조리며 아동은 우리말의 아름다움과 재미를 느끼며 부분적으로나마 창작할 수 있는 경험을 가지게 된다.

1) 동요와 동시의 특징

동요는 흔히 음악과 함께 이루어지는 것으로 우선 음악적 감성을 느낄 수 있다. 동요의 특징을 살펴보면 우선 음악성을 느낄 수 있다는 것는데, 이는 운율을 맞춘다거나 반복적 어구를 통해 음악적 느낌을 더해 주기 때문이다.

둘째, 동요는 리듬감을 느낄 수 있다. 이는 음절수를 맞춘다거나 하여 이러한 음절들이 소리나 구성 면에서 반복되면서 느껴지는 것이다. 동요를 들으며 자연스럽게 읊조리게 되는 것도 바로 이 리듬감 때문이다.

셋째, 동요 속에는 다양한 정서와 분위기, 그리고 경험들이 있다는 것이다. 아동은 동요를 부르며 웃고 즐긴다. 동요 속에는 자신들이 좋아하는 구절이 있고 그 구절의 내용은 자신이 경험하고, 생각하고, 느끼는 등의 내용을 포함하고 있기 때문이다. 그러므로 동요를 읊는 아동은 이러한 정서적 분위기에 몰입하게 되는 것이다.

동시 또한 동요처럼 운율이 있고 음절과 어구 등의 반복과 상징적인 표현을 통해 음악적 느낌과 더불어 상징적인 의미를 띤 어휘와 구절 등이 있다. 동시의 구체적인 특징을 살펴보면 우선 동요와 비슷하게 음악성을 들 수 있다. 동시는 운율에 맞추어 진행되거나 비슷한 같은 소리의 의성어나 의태어를 사용하여 읊을 때 음악성을 더욱 부각시키게 되어 읽는 사람은 자연스럽게 그 음악성을 알게 되고 이에 맞게 읊게 된다.

둘째, 동시는 함축적인 글로 이루어져 있다. 동시는 동화와 달리 인물이나 대상, 사건에 대해 이해시키려는 듯 긴 문장이나 내용으로 이루어져 있지 않고 함축적 의미를 지닌 어휘나 구절로 이루어져 있다. 그러므로 동시를 읽을 때 그 의미를 되새겨 다시 생각해 볼 때 좀 더 깊이 파악할 수 있을 것이다. 표면적으로 나타난 어휘나 구절의 내용뿐만이 아니라 그 이면에 담긴 함축적 의미를 이해할 때 동시를 제대로 느끼고 이해할 수 있게 되는 것이다.

셋째, 동시에는 비유와 상징이 많이 있다. 동시의 소재인 대상이나 사건, 인물들은 갖가지 다른 대상으로 비유되기도 하고, 때로는 표면적으로 같지는 않지만 그 의미가 연결될 수 있는 상징적인 요소가 많다. 그러므로 동시를 읽을 때 그 비유와 상징의 의미를 이해하고 읽어야지만 동시 전체의 내용과 의미를 파악할 수 있게 된다. 물론 아동이 읽는 동시에 어려운 비유와 상징을 포함하고 있는 것은 아니지만 분명 산문 형식보다 짧고 간략하게, 하지만 깊은 의미를 내포한 단어와 어구가 있으므로 독자는 이를 회상하고 되새기며 읽어야 한다.

2) 동요와 동시의 가치

이와 같이 동요와 동시는 비슷한 특성을 갖고 있다. 아동교육현장에서 동화에 비해 동요와 동시의 문학적 활용도가 적기는 하지만 동요와 동시 모두 아동에게 의미 있는 문학적 요소들을 가지고 있다.

동요와 동시의 가치를 김현희, 박상희(2008)의 의견을 토대로 살펴보면 다음과 같다.

첫째, 우리말의 아름다움과 정교함을 느낄 수 있다. 산문처럼 길게 다양한 내용이 전개되는 것이 아니라 짧지만 의미 있는 어휘와 어구로 동요와 동시가 구성되어 있으므로 동요와 동시를 읊조리게 되면 각각의 단어와 어구들 자체의 언어적 아름다움을 느낄 수 있는 기회가 많다. 아동은 이러한 동시와 동요를 접함으로써 입가에 맴도는 우리말의 소리와 구성에 대한 아름다움을 느낄 수 있을 것이다.

둘째, 동요와 동시를 통해 정서적 경험을 할 수 있다. 동요와 동시 속에는 분위기가 있다. 풍경을 그리는 것이든, 생각이나 느낌을 표현한 것이든 동요와 동시를 읊으며 동시와 동요의 분위기를 느끼게 되는 것이다. 이는 아동의 정서를 풍부하게 해줄 수 있는 요소들이다. 기쁨과 슬픔, 우울함과 흥분됨 등이 모두 느껴질 수 있는 동시와 동요 속에서 독자는 또한 동시와 동요가 가지고 있는 정서를 느끼게 되는 것이다. 결국 동시와 동요를 통해 다양한 분위기를 느끼게 되고 그 분위기에 맞게 동요와 동시를 읊조리거나 할 때 아동은 정서적 경험을 하게 되는 것이다.

셋째, 선별된 단어와 어구를 접하면서 바른말과 아름다운 말들을 이해하게 된다. 동요와 동시의 단어와 어구는 선별되어진 것인데, 짧은 글 속에서의 주제와 내용, 분위기 등을 다 드러내기 위해 작가는 선별된 언어로 동요와 동시를 구성한다. 아동은 동요와 동시를 듣거나 읊조리며 바람직하고 아름다운 언어란 무엇인가에 대해 인식하게 되며 나아가 아동의 언어 사용에도 긍정적인 영향을 미칠 수 있게 된다.

넷째, 동요와 동시를 통해 아동은 아동의 주변 세상에 대해 회상해 보고 생각해 볼 수 있는 기회를 가질 수 있다. 짧지만 함축적인 동요와 동시의 표현을 읽고 이해하며 그 안에 담긴 주변 세상에 대한 이해를 인식할 수 있게 되는 것이다. 이는 자세하게 그리고 자극적으로 표현된 산문에서 느낄 수 없는 것들이다. 표면적으로 많이 드러나지는 않지만 그 안에 숨겨진 깊은 의미를 이해하기 위해서 독자는 많이 느끼고 많이 생각해야 된다. 즉, 동요와 동시는 아동에게 자신의 주변 세상에 대해 깊이 그리고 섬세하게 생각해 볼 수 있는 기회를 제공하는 셈이다.

다섯째, 동요와 동시를 통해 아동은 자신의 감정과 생각을 선별된 단어와 어구로 표현해 보고 싶은 자극을 받게 된다. 아동이 좋은 표현을 가진 동요와 동시를 자주 접하게 된다면 다양한 대상과 삶에 대한 좋은 표현들을 접하게 되고 자신의 마음이나 주변의 것들을 표현하고 싶을 때 이와 같은 형식으로 표현해 보고 싶은 자극을 받을 것으로 보인다.

05 아동문학의 내용

영유아교육과정에서 제시하고 있는 아동문학과 관련된 교육내용은 영유아의 발달과 인성교육에 중요한 부분을 차지한다. 본 장에서는 만 0~2세 영아를 위한 제3차 표준보육과정과 만 3~5세 유아를 위한 2019 개정 누리과정에 나타난 아동문학과 관련된 교육내용을 연령 및 수준별로 살펴보고자 한다.

1 표준보육과정과 아동문학

표준보육과정은 영유아보육법 시행규칙 제30조에 의거하여 기본생활, 신체운동, 사회관계, 의사소통, 자연탐구, 예술경험의 6개 영역으로 구성되었다. 각 영역은 영유아가 건강하고 안전하며 바르게 생활하는 데 필요한 내용과 신체, 사회, 언어, 인지, 정서 등 전인적 발달을 위해서 영유아가 갖추어야 할 지식, 기술, 태도를 포함한다.

제3차 표준보육과정(보건복지부 고시 제2013-8호)에서 의사소통영역은 듣기, 말하기, 읽기, 쓰기의 내용범주와 9개의 내용으로 구성되어 있으며 아동문학을 교육하는 데 지침이 될 수 있는 구체적인 내용을 포함하고 있다.

1) 만 0~1세 의사소통영역

의사소통의 목표는 말소리를 구분하고 의사소통의 기초를 마련하는 것으로 하위 목표는 다음과 같다.

- 주변의 소리와 말소리 듣기에 관심을 보인다.
- 표정, 소리, 몸짓으로 자신의 생각과 느낌을 표현한다.
- 짧은 그림책이나 친숙한 환경 인쇄물에 관심을 가진다.
- 끼적이기에 관심을 가진다.

의사소통영역의 세부 내용에 따른 아동문학의 수준별 내용을 살펴보면 다음과 같다.

<table>
<tr><th>내용
범주</th><th>내용</th><th>1수준</th><th>2수준</th><th>3수준</th><th>4수준</th></tr>
<tr><td rowspan="8">듣기</td><td rowspan="3">주변의 소리와 말소리 구분하여 듣기</td><td colspan="3">여러 가지 소리와 말소리 듣기에 흥미를 보인다.</td><td>친숙한 낱말의 발음에 흥미를 보인다.</td></tr>
<tr><td colspan="4">익숙한 목소리를 듣고 그것에 반응한다.</td></tr>
<tr><td></td><td></td><td colspan="2">높낮이와 세기 등 말소리의 차이에 반응한다.</td></tr>
<tr><td rowspan="2">경험과 관련된 말 듣고 알기</td><td colspan="4">눈 앞에 보이는 경험과 관련된 말에 반응한다.</td></tr>
<tr><td></td><td colspan="3">자신의 이름이 불리면 듣고 반응한다.</td></tr>
<tr><td>운율이 있는 말 듣기</td><td colspan="4">운율이 있는 짧은 말소리를 관심 있게 듣는다.</td></tr>
<tr><td rowspan="2">말하는 사람을 보기</td><td colspan="2" rowspan="2">말하는 사람의 눈을 마주 바라본다.</td><td colspan="2" rowspan="2">말하는 사람의 표정, 몸짓을 관심 있게 본다.</td></tr>
<tr></tr>
<tr><td rowspan="4">말하기</td><td rowspan="3">발성과 발음으로 소리내기</td><td colspan="2" rowspan="2">여러 가지 소리를 내고 옹알이를 한다.</td><td colspan="2">여러 말소리를 즐겁게 내 본다.</td></tr>
<tr><td colspan="2">의미 있는 음절을 내 본다.</td></tr>
<tr><td colspan="2">옹알이와 말소리에 대해 말로 반응해 주면 모방하여 소리 낸다.</td><td colspan="2">교사의 말을 모방하여 발음한다.</td></tr>
<tr><td>표정, 몸짓, 말소리로 말하기</td><td>표정과 소리로 의사표현을 한다.</td><td>표정, 몸짓, 소리로 의사 표현을 한다.</td><td colspan="2">표정, 몸짓, 말소리로 의사표현을 한다.</td></tr>
</table>

<table>
<tr><th>내용
범주</th><th>내용</th><th>1수준</th><th>2수준</th><th>3수준</th><th>4수준</th></tr>
<tr><td></td><td>말할 순서
구별하기</td><td colspan="4">말할 순서에 따라 표정, 몸짓, 말소리로 반응한다.</td></tr>
<tr><td rowspan="3">읽기</td><td rowspan="3">그림책과
환경 인쇄물
에 관심
가지기</td><td colspan="4">다양한 감각 책을 탐색해 본다.</td></tr>
<tr><td></td><td></td><td colspan="2">사물과 주변의 친숙한 환경
인쇄물에 관심을 가진다.</td></tr>
<tr><td colspan="4">읽어주는 짧은 그림책에 관심을 가진다.</td></tr>
<tr><td>쓰기</td><td>끼적이기</td><td></td><td colspan="3">끼적이기에 관심을 가진다.</td></tr>
</table>

만 0~1세의 영아는 다른 연령에 비해 듣기의 경험이 가장 많으며 중요한 시기이다. 이 시기에는 풍부한 언어적 자극을 제공하고 영아가 옹알이나 다양한 몸짓에 성인의 반응이 매우 중요하다. 영아가 탐색할 수 있는 여러 가지 감각 책이나 환경 인쇄물을 보거나 만져보도록 하며 동시에 그림자료를 함께 보면서 내용을 읽어 주고 반복되는 간단한 말을 자주 들려 준다.

영아반의 교사가 영아들에게 아동문학을 경험시키기 위한 방법에는 낮잠 시간이나 놀이 시간에 동시, 동화 들려 주기를 하거나 영아를 안고 앉아서 작은 그림책(소리나는 책, 여러 질감의 책 등)을 읽어 준다. 이러한 과정을 통해 듣기와 읽기의 경험이 이루어지며, 음성언어를 통해 말하기를 하려고 한다.

영아는 물건을 손으로 잡고 움직일 수 있을 때 교사의 도움을 받아 손과 팔을 의도적으로 움직이는 즐거움과 끼적이는 경험을 하도록 기회를 제공한다. 아직까지는 이러한 경험이 아동문학과 관련된다고는 볼 수 없으며, 이 시기에는 문학적 경험을 듣기, 읽기에 관심 갖기로 볼 수 있다.

1) 만 2세 의사소통영역

의사소통영역의 목표는 의사소통 능력의 기초를 기르는 것이며, 하위 목표는 다음과 같다.

- 다른 사람의 말과 짧은 이야기 듣는 것을 즐긴다.
- 자신의 생각과 느낌을 말로 주고받기를 즐긴다.
- 그림책이나 환경 인쇄물에 관심을 가지며 글의 내용에 흥미를 가진다.
- 글자 형태 끼적이기에 관심을 가진다.

의사소통영역의 세부 내용에 따른 아동문학의 수준별 내용을 살펴보면 다음과 같다.

<table>
<tr><th>내용
범주</th><th>내용</th><th>1수준</th><th>2수준</th></tr>
<tr><td rowspan="6">듣기</td><td rowspan="2">말소리 구분하여 듣고 의미알기</td><td>친숙한 낱말의 발음에 흥미를 보인다.</td><td>친숙한 낱말의 발음에 관심을 가지고 듣는다.</td></tr>
<tr><td colspan="2">다양한 말소리의 차이를 구분한다.</td></tr>
<tr><td rowspan="2">짧은 문장 듣고 알기</td><td>낱말을 듣고 친숙한 사물과 사람을 찾아본다.</td><td>일상생활과 관련된 친숙한 낱말을 듣고 뜻을 이해한다.</td></tr>
<tr><td colspan="2">친숙한 짧은 문장을 듣고 반응한다.</td></tr>
<tr><td>짧은 이야기 듣기</td><td colspan="2">짧은 이야기와 노랫말 등을 즐겁게 듣는다.</td></tr>
<tr><td>말하는 사람을 주의 깊게 보기</td><td colspan="2">말하는 사람의 표정, 몸짓, 억양 등을 주의 깊게 보고 듣는다.</td></tr>
<tr><td rowspan="6">말하기</td><td rowspan="3">낱말과 간단한 문장으로 말하기</td><td>눈앞에 보이는 친숙한 사물의 이름을 발음해 본다.</td><td>친숙한 낱말을 발음해 본다.</td></tr>
<tr><td colspan="2">일상생활에서 경험한 새로운 낱말에 관심을 가진다.</td></tr>
<tr><td colspan="2">일상생활의 반복적인 일이나 친숙한 상황을 한 두 낱말이나 간단한 문장으로 말해 본다.</td></tr>
<tr><td rowspan="2">자신이 원하는 것을 말하기</td><td colspan="2">표정, 몸짓, 말소리로 의사표현을 한다.</td></tr>
<tr><td>자신이 원하는 것을 한 두 낱말로 말해 본다.</td><td>자신이 원하는 것을 낱말이나 짧은 문장으로 말해 본다.</td></tr>
<tr><td>상대방을 바라보며 말하기</td><td colspan="2">말할 순서에 상대방을 바라보며 말을 주고받는다.</td></tr>
</table>

내용 범주	내용	1수준	2수준
읽기	그림책과 환경 인쇄물에 흥미 가지기	그림책과 환경 인쇄물에 있는 그림과 내용에 관심을 가진다.	
		친숙한 그림과 환경 인쇄물을 보고 읽는 흉내를 내 본다.	
		선호하는 그림책들을 읽어주면 집중하여 듣는다.	
쓰기	끼적이며 즐기기	의도적으로 끼적인다.	
		자기 이름 끼적이기에 관심을 가진다.	

만 2세반의 영아는 교사가 그림이야기책을 읽어주는 데 많은 관심을 보이며, 낱말을 듣고 친숙한 사물과 사람을 찾아보고, 일상생활에서 친숙한 짧은 문장과 이야기에 즐겁게 반응한다. 따라서 교사는 영아가 이해하기 쉽게 명료하게 말하며, 영아가 관심있는 것에 대해 표현할 기회를 제공하고 매일 영아에게 개별적으로 좋아하는 책을 읽어주거나 그림을 설명하게 된다. 이와 같이 책을 읽어주거나 동시를 들려주는 활동은 영아가 듣고 읽고 말하는 것을 즐기게 할 수 있으며 이를 통해 상황에 맞는 어휘와 표현을 익히도록 하는 데 도움이 된다.

영아는 동시판이나 그림책을 통해 경험한 것을 모방하여 끼적이기를 하기도 하는데, 이때 교사는 영아가 자신이 표현한 것에 대해 명명해 보도록 격려하는 것도 필요하다.

영아반 교사는 영아가 동시에 대한 의미를 알기 어려우나 함축된 아름다운 언어를 일상생활에서 자주 들려줌으로써 바른 언어를 듣고 정서적 안정감과 어휘력 발달에 도움을 줄 수 있다. 따라서 예비교사는 영아에게 들려줄 수 있는 동시를 찾아보고 동시를 지어보는 경험이 필요하다. 이를 위해 어린이집 표준보육과정에 기초한 0~2세 영아보육프로그램(보건복지부, 2013)의 주제를 소개하면 다음과 같다. 다음 표의 빈칸에 동시 제목을 찾아서 적어보거나, 예비교사들이 지은 동시 제목을 적어보는 활동을 통해 영아의 발달에 대한 이해를 토대로 문학적 접근하는 방법에 조금 더 가까이 갈 수 있을 것이다.

2 누리과정과 아동문학

유아들이 놀이를 관찰하면 그들이 경험한 문학의 세계가 창의적인 표현과 언어의 유창성 등으로 나타남을 볼 수 있다. 다양한 신체운동과 음률, 조형 등의 놀이 속에 문학의 경험이 표현되기 때문에 아동문학을 누리과정 중에서 의사소통 영역으로만 그 내용을 설명할 수는 없다. 하지만 유아가 접하는 동시, 동극, 그림 이야기 책 등의 문학을 통해 '듣기'와 '말하기', '읽기'와 '쓰기'가 통합적인 경험을 하며 의사소통의 능력을 향상시키기 때문에 이 장에서는 의사소통 영역을 중심으로 살펴보고자 한다.

누리과정의 개정 전에는 만 3~5세 누리과정과 아동문학을 듣기, 말하기, 읽기 쓰기의 네 범주로 나누어 연령별로 세부내용과 지도 내용을 소개하였다. 따라서 기존의 내용과 변경된 개정 누리과정의 내용을 추가하여 살펴보고자 한다.

1) 만 3~5세 누리과정과 아동문학

내용범주	내용	세부내용		
		3세	4세	5세
듣기	낱말과 문장 듣고 이해하기	낱말의 발음에 관심을 가지고 듣는다.		낱말의 발음에 관심을 가지고 비슷한 발음을 듣고 구별한다.
		일상생활과 관련된 낱말과 문장을 듣고 뜻을 이해한다.		다양한 낱말과 문장을 듣고 뜻을 이해한다.
	이야기 듣고 이해하기	다른 사람의 이야기를 관심 있게 듣는다.	다른 사람의 이야기를 듣고 이해한다.	
			이야기를 듣고 궁금한 것에 대해 질문한다.	

<table>
<tr><th rowspan="2">내용 범주</th><th rowspan="2">내용</th><th colspan="3">세부내용</th></tr>
<tr><th>3세</th><th>4세</th><th>5세</th></tr>
<tr><td rowspan="3">듣기</td><td rowspan="2">동요, 동시, 동화 듣고 이해하기</td><td colspan="2">동요, 동시, 동화를 다양한 방법으로 듣고 즐긴다.</td><td>동요, 동시, 동화를 다양한 방법으로 듣고 이해한다.</td></tr>
<tr><td></td><td colspan="2">전래동요, 동시, 동화를 듣고 우리말의 재미를 느낀다.</td></tr>
<tr><td>바른 태도로 듣기</td><td>말하는 사람을 바라보며 듣는다.</td><td>다른 사람의 이야기를 주의 깊게 듣는다.</td><td>다른 사람의 이야기를 끝까지 주의 깊게 듣는다.</td></tr>
<tr><td rowspan="9">말하기</td><td rowspan="2">낱말과 문장으로 말하기</td><td>친숙한 낱말을 발음해 본다.</td><td>친숙한 낱말을 정확하게 발음해 본다.</td><td>정확한 발음으로 말한다.</td></tr>
<tr><td>새로운 낱말에 관심을 가진다.</td><td>다양한 낱말을 사용하여 말한다.</td><td>다양한 낱말을 사용하여 상황에 맞게 말한다.</td></tr>
<tr><td></td><td colspan="2">일상생활에서 일어나는 일들을 간단한 문장으로 말한다.</td><td>일상생활에서 일어나는 일들을 다양한 문장으로 말한다.</td></tr>
<tr><td rowspan="3">느낌, 생각, 경험 말하기</td><td>자신의 느낌, 생각, 경험을 말해본다.</td><td>자신의 느낌, 생각, 경험을 말한다.</td><td>자신의 느낌, 생각, 경험을 적절한 낱말과 문장으로 말한다.</td></tr>
<tr><td></td><td colspan="2">주제를 정하여 함께 이야기를 나눈다.</td></tr>
<tr><td></td><td>이야기를 지어 말한다.</td><td>이야기 지어 말하기를 즐긴다.</td></tr>
<tr><td rowspan="3">상황에 맞게 바른 태도로 말하기</td><td></td><td colspan="2">듣는 사람의 생각과 느낌을 고려하여 말한다.</td></tr>
<tr><td>상대방을 바라보며 말한다.</td><td>차례를 지켜 말한다.</td><td>때와 장소, 대상에 알맞게 말한다.</td></tr>
<tr><td colspan="3">바르고 고운 말을 사용한다.</td></tr>
</table>

<table>
<tr><th rowspan="2">내용 범주</th><th rowspan="2">내용</th><th colspan="3">세부내용</th></tr>
<tr><th>3세</th><th>4세</th><th>5세</th></tr>
<tr><td rowspan="5">읽기</td><td rowspan="2">읽기에 흥미 가지기</td><td colspan="2">주변에서 친숙한 글자를 찾아본다.</td><td>주변에서 친숙한 글자를 찾아 읽어 본다.</td></tr>
<tr><td colspan="2">읽어 주는 글의 내용에 관심을 가진다.</td><td>읽어 주는 글의 내용에 관심을 가지고 읽어 본다.</td></tr>
<tr><td rowspan="3">책 읽기에 관심 가지기</td><td>책에 흥미를 가진다.</td><td colspan="2">책 보는 것을 즐기고 소중하게 다룬다.</td></tr>
<tr><td>책의 그림을 단서로 내용을 추측해 본다.</td><td colspan="2">책의 그림을 단서로 내용을 이해한다.</td></tr>
<tr><td></td><td colspan="2">궁금한 것을 책에서 찾아본다.</td></tr>
<tr><td rowspan="3">쓰기</td><td rowspan="3">쓰기에 관심 가지기</td><td>말을 글로 나타내는 것에 관심을 보인다.</td><td colspan="2">말이나 생각을 글로 나타낼 수 있음을 안다.</td></tr>
<tr><td rowspan="2">자기 이름의 글자에 관심을 가진다.</td><td>자기 이름을 써 본다.</td><td>자신의 이름과 주변의 친숙한 글자를 써 본다.</td></tr>
<tr><td>자신의 느낌, 생각, 경험을 글자와 비슷한 형태로 표현한다.</td><td>자신의 느낌, 생각, 경험을 글자와 비슷한 형태나 글자로 표현한다.</td></tr>
</table>

1 듣기 – 동요, 동시, 동화 듣고 이해하기

만 3세 유아들은 운율이나 리듬이 있는 짧은 시와 반복되는 구절을 통해 단어들을 배울 수 있다. 특히 동시는 작품의 길이가 짧고, 시어가 명쾌하고, 운율과 리듬감이 있어 유아들이 듣고 읽기에 흥미로우며 재미를 느낄 수 있다. 만 4세경에는 그림이 많고 짧은 이야기로 구성되어 있는 동화를 즐겨 듣는다. 만 5세에는 간단한 동시의 운율을 기억하고 즐기며 노래 부르기를 좋아한다.

동요 · 동시 · 동화를 듣고 난 후 자신의 느낌을 다양하게 표현하도록 격려해야 한다. 그러기 위해서는 유아들에게 동요 · 동시 · 동화를 자주 듣고 흥미를 가질 수 있도록 일일보육계획안을 계획해야 한다. 일과 중 유아가 흥미를 느끼거나, 활동과 연관되는 경우 언제라도 자연스럽게 동요 · 동시 · 동화를 들을 수 있도록 한다. 실외 놀이 후, 점심 먹기 전, 조용히 기다리며 쉴 때, 낮잠 자기 전후에 준비하고 정리할 때, 일과를 마무리하고 귀가 순서를 기다릴 때 등의 시간을 활용하여 동요 · 동시 · 동화를 자주 경험하게 함으로써 각 내용의 의미를 이해하고 자기의 생각이나 느낌을 표현할 수 있는 기회를 갖도록 해야 한다. 유아의 다양한 생각과 느낌이 잘 표현되기 위해서는 특히, 교사는 동요 · 동시 · 동화를 들려줄 때 목소리의 크기나 높낮이, 호흡의 길이 등에 변화를 주어 유아에게 듣는 기쁨을 제공해 주고, 이를 통해 정서적 안정을 갖도록 하는 것이 중요하다. 그러므로 교사는 편안한 마음으로 방해받지 않고 주의 집중하여 들을 수 있도록 환경을 제공해 주어야 한다.

② 읽기 – 읽기에 흥미 가지기, 책 읽기에 관심 가지기

동요는 유아의 감정이나 심리를 나타내는 정형시로 되어 있으며 구어로 되어 있어서 친근감이 느껴진다. 동시는 유아가 이해할 수 있는 언어로 쓰여진 간결하면서도 생동감이 있는 시어로 되어 있고, 작품의 내용이 짧고 리듬감과 운율이 있어 읽는 즐거움을 경험할 수 있어서 유아들은 친숙하고 재미있게 읽을 수 있다. 그러므로 교사는 정서적인 공감대를 형성할 수 있고, 정확하면서 상상력을 자극하는 언어로 구성되어 있는 동시를 유아들에게 선정해 주어야 한다.

교사는 반복, 리듬, 운율이 있는 동요 · 동시를 자연스럽게 접하고 읽을 수 있도록 환경을 제공해 주어야 한다. 또한 교사는 다양한 장르의 동화를 준비하여 유아의 동화 읽기를 지원하고 큰 책, 만든 책, 글 없는 동화책, 글과 그림이 함께 있는 동화 등 다양한 형식의 동화 자료를 제시해 주어야 한다. 또한 TV동화, 막대동화, 컴퓨터 동화, 줄동화 등 다양한 교재 · 교구를 활용하여 개별 또는 소집단이나 대집단을 구성하여 자주 읽어 주는 기회를 가짐으로써 유아가 동요 · 동시 · 동화를 즐길 수 있도록 해 주어야 한다.

유아가 책 읽기에 관심을 갖게 되면 특별히 선호하는 책이 생기고 좋아하는 책을 반복해서 읽게 된다. 유아는 좋아하는 책을 여러 번 반복해서 읽는 과정을 통해 책에 나오는 글자를 익히면서 익숙한 글자를 읽을 수 있게 되며 책 읽기에 대한 자신감을 갖게 된다. '책은 왼쪽에서 오른쪽으로 읽는다', '단어와 단어 사이는 끊어 읽는다' 와 같은 책 읽는 규칙 등을 자연스럽게 배운다.

교사는 유아가 궁금한 것에 대해 제기한 문제를 해결할 수 있도록 관련된 주제를 다루고 있는 책을 함께 찾아봄으로써 유아의 문제해결 능력을 향상시키도록 도와야 한다. 유아가 제기한 궁금함을 해결할 수 있도록 관련 주제를 다루고 있는 그림책을 비롯하여 백과사전, 과학 동화책 등을 유아와 함께 찾아본다. 이러한 과정을 통해 유아는 책 그 자체에서 주는 즐거움뿐 아니라 책에 나타난 여러 가지 사실적 맥락, 필요한 정보를 제공하고 우리 생활에 도움을 주고 있음을 알도록 지도하여야 한다.

그림책은 교육현장에서 유아의 교수 · 학습을 도와주는 매체로 중요한 기능을 가지고 있다. 교사는 유아들에게 그림책에서 그림으로 책 내용을 이해하는 수준에서, 자주 보는 그림책에서 아는 글자를 읽고 모르는 정보에 대해 책을 찾아보는 수준까지의 활동이 포함되도록 지도해야 한다. 또한 유아가 글씨를 서툴게 읽더라도 다시 한번 읽어주며 유아의 읽고자 하는 의욕을 북돋워 주어 다양한 책에 대해 흥미를 갖고 자발적으로 책 읽기에 도전해 보도록 격려해 주어야 한다.

교사가 유아를 대상으로 동시, 동화, 동극을 지도를 할 때는 관련 주제에 따른 작품을 선정하게 된다. 이를 위해 만 3~5세 누리과정 교사용지도서에 수록된 여러 주제 중 계절마다 나타나는 다양한 기후 현상과 자연의 변화를 유아가 직접적으로 경험하게 되는 주제가 되는 '봄 · 여름 · 가을 · 겨울' 의 교육활동 중에서 동시, 동화, 동극을 연령별로 정리하여 제시하면 다음과 같다. 정리된 표에서 알 수 있듯이 사계절에 따른 문학 활동이 최소로 소개되었다. 따라서 제시하는 활동 외에도 어떠한 내용이 있는지 찾아보는 과정을 경험해 봄으로써 유아들에게 문학을 접근하도록 하는 효과적인 방법을 모색할 수 있을 것이다.

주제	연령	소주제	활동유형	활동명 1	활동명 2
봄	3세	봄 날씨 느끼기	동시	비 오는 날	
		봄 풍경 즐기기	동화	씨앗이 자라서	
	4세	봄 날씨 알기	동화	봄이 오면	
		봄 풍경 즐기기	동극	코를 킁킁	
	5세	봄 풍경 즐기기	동시	봄 나무	
			동화	봄이 왔어요	
여름	3세	여름 풍경 즐기기	동시	여름철 꽃밭	
			동극	생쥐네 꽃밭	
	4세	여름 날씨 알기	동시	빗소리	
		여름 풍경 즐기기	동화	바다가 좋아	
			동시	매미	
	5세	여름 날씨 알기	동시	하늘은 하늘은	
		여름 풍경 즐기기	동화	마법의 여름	
			동극	무지개 물고기	
가을	3세	가을 풍경 즐기기			
	4세	가을 날씨 알기			
		풍성한 가을 지내기			
	5세	가을 날씨 알기			
		가을 풍경 즐기기			
겨울	3세	겨울 풍경 즐기기			
	4세	겨울 날씨 알기			
	5세	겨울 날씨 알기			
		추운 겨울 나기			

* 출처 : 3세, 4세, 5세 누리과정 교사용 지도서(교육과학기술부, 2013)

2) 2019 개정 누리과정과 아동문학

유아는 주변 사람들과 소통하며 관계를 맺는 능동적인 의사소통자이다. 유아는 다른 사람의 말을 주의 깊게 듣고 자신의 생각과 느낌을 다양한 방법으로 표현하며 소통하는 것을 즐기고, 책과 이야기에 관심을 갖는다. 의사소통 영역은 유아가 다른 사람과 소통하며, 일상에서 만나는 글자나 상징에 관심을 가지고 책과 이야기를 즐기는 경험과 관련된 내용이다(2019 개정누리과정 해설서).

의사소통 영역의 목표는 일상생활에 필요한 의사소통 능력과 상상력을 기르는 것이며, 이에 따른 하위 목표는 다음과 같다.

- 일상생활에서 듣고 말하기를 즐긴다.
- 읽기와 쓰기에 관심을 가진다.
- 책이나 이야기를 통해 상상하기를 즐긴다.

내용범주	내용	내용이해
듣기와 말하기	말이나 이야기를 관심 있게 듣는다.	다른 사람이 하는 말과 흥미로운 주제, 약속한 경험이 담긴 이야기에 관심을 가지는 듣는 내용
	자신의 경험, 느낌, 생각을 말한다.	상대방에게 자신의 경험, 느낌, 생각을 자유롭게 말하는 내용
	상황에 적절한 단어를 사용하여 말한다.	때와 장소, 대상과 상황을 고려하여 적절한 단어와 문장을 선택하여 말하는 내용
	상대방이 하는 이야기를 듣고 관련해서 말한다.	다른 사람이 이야기하는 내용을 듣고 말하는 사람의 생각, 의도, 감정을 고려하여 말하는 내용
	바른 태도로 듣고 말한다.	말하는 사람에게 주의를 기울이며 듣는 내용, 말을 끝까지 듣고, 자신의 의견을 말하는 내용
	고운 말을 사용한다.	일상생활에서 자주 쓰는 유행어, 속어, 신조어, 상대방을 비난하는 말을 사용하지 않고 우리말을 바르게 사용하는 내용

내용범주	내용	내용이해
읽기와 쓰기에 관심 가지기	말과 글의 관계에 관심을 가진다.	일상생활에서 말이 글로, 글이 말로 옮겨지는 것에 관심을 갖는 내용
	주변의 상징, 글자 등의 읽기에 관심을 가진다.	일상에서 자주 보는 상징(표지판, 그림문자 등)이나 글자 읽기에 관심을 가지는 내용. 상징이나 글자에는 사람들의 생각과 감정, 정보가 담겨있다는 것을 이해하는 내용
	자신의 생각을 글자와 비슷한 형태로 표현한다.	자신의 생각이나 말을 끼적거리거나 글자와 비슷한 선이나 모양, 글자와 비슷한 형태로 표현하는 내용
책과 이야기 즐기기		

*출처 : 2019 개정 누리과정 해설서(교육부, 보건복지부, 2019) 내용과 내용이해를 표로 재구성함

개정 누리과정에서 교사의 역할은 유아의 놀이를 존중하여 놀이에 나타나는 주제에 관심과 흥미를 유지시킬 수 있도록 유아들이 필요로 하는 재료를 제공해 주는 것이다. 또한 이를 통해 누리과정의 5개 영역을 통합하여 경험하도록 지원하는 것이다.

개정 누리과정이 추구하는 인간상은 건강한 사람, 자주적인 사람, 창의적인 사람, 감성이 풍부한 사람, 더불어 사는 사람이다. 이 중에서 감성이 풍부한 사람이라 함은 주변 사람과 자연에 대한 아름다움을 느끼고 즐기며, 풍부한 문화적 감수성을 지닌 사람을 의미한다. 따라서 문학을 통한 다양한 경험은 유아들에게 매우 중요하다고 하겠다. 동화, 동시 등의 문학적 경험은 '책과 이야기 즐기기' 의 내용범주에 해당되는 활동이면서 유아들의 삶에 긍정적인 영향을 줄 수 있는 요소를 많이 포함하고 있다. 뿐만 아니라 유아들이 좀 더 자유로운 놀이중심의 생활을 펼쳐 나가는 데 도움이 될 수 있는 창의적 활동의 동기가 된다.

06 아동문학의 교수 · 학습 방법

'유아들과 문학작품이 서로 의미 있는 만남을 갖도록 하기 위하여 교사는 무엇을 고려해야 할 것인가?' 이에 대하여 본 장에서는 다양한 문학작품 중에서 동화(이야기)와 동시를 소재로 '어떻게 접근할 것인가?'에 대한 교수 · 학습 방법을 제시하였다.

아동교육현장에 따라 문학을 접근하는 방법론에 있어서 많은 차이가 있지만, 이를 크게 나누면 문학작품에 대한 소개로서 '무엇을 어떻게 유아들의 발달을 고려하여 제시할 것인가?'에 관련된 문학작품 소개활동과 유아들의 문학작품에 대한 반응을 중심으로 유아들의 사고를 확장시킬 수 있도록 돕고 특히, 문학적 접근에 있어서 유아들의 관점에서 이를 생각해 보고 의미를 재구성해 나아가는 문학적 사고활동으로 나누어 살펴볼 수 있으며, 더 나아가 문학작품에 기초한 다양한 통합활동으로 확장시켜 볼 수 있다.

본 장에서는 아동문학의 교수 · 학습 방법으로서 문학작품 소개활동과 문학적 사고활동의 교수 · 학습 방법을 살펴보고자 하며 문학작품에 기초한 통합활동은 장을 달리하여 9장에서 제시하였다.

1 아동문학의 교수 · 학습 접근방법

아동문학교육은 아동의 문학적 소양과 사고 계발을 위한 모든 활동을 포함하는 것으로서 다양한 형태의 교수법으로 접근할 수 있다. 아동문학교육을 위하여 우선 아동의 생활 경험과 흥미, 관심, 발달 수준 등을 고려하여 다양한 문학작품을 제공해야 하며 아동들에게 문학작품을 소개하는 것과 수준에 적합한 문학작품을 선정하여 작품에 깃들어 있는 삶의 태도나 가치에 대해 그들이 이해하고 평가하며 공감할 수 있는 적극적인 탐구활동이 이루어질 수 있다. 더불어 문학작품을 기초한 다양한 통합활동으로 확장시켜 나아갈 수 있는데, 이렇듯 아동문학의 교수 · 학습 방법은 문학작품 소개활동과 문학적 사고활동, 문학작품을 기초한 통합활동으로 나누어 살펴볼 수 있다.

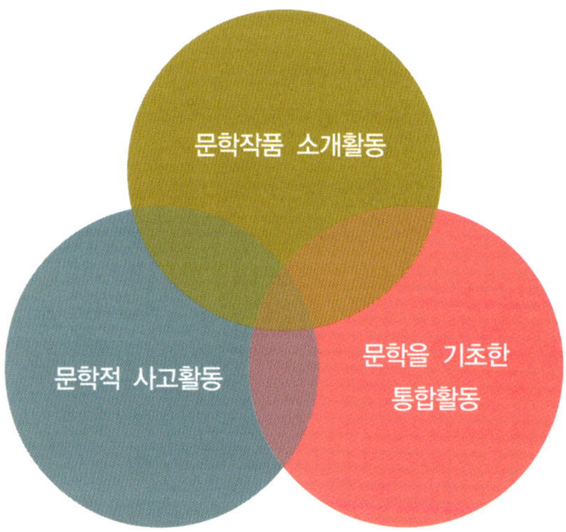

[그림 6-1] 아동문학의 교수 · 학습 내용

유아교육현장에 따라 문학을 접근하는 방법론에 있어서 많은 차이가 있지만, 이를 크게 나누면 문학작품에 대한 소개로서 '무엇을 어떻게 유아들이 관심을 갖도록 제시할 것인가?' 에 관련된 문학작품 소개활동과 '유아들은 문학작품을 탐구하면서 무엇에 관심이 있을까?' 를 교사가 주의 깊게 살피고 유아들의 관심에서부터 사고를 확장시켜 나아갈 수 있도록 지원하는 문학적 사고활동으로 나누어 살펴볼 수 있다. 또한 문학작품을 유아들에게 제시하는 소개활동과 유아들의 관점에서 문학작품의 의미를 재구성해 보는 문학적 사고활동은 더불어 문학적 요소와 관련된 다양한 교육 내용을 직접적으로 또는 간접적으로 타 영역과 연계하여 문학작품에 기초한 통합활동으로 확장시켜 전개할 수 있다.

2 문학작품 소개활동

문학교육의 일차적인 방법은 다양한 문학작품을 성인이 아동에게 보여주거나 들려주는 소개활동으로 문학작품을 구연하거나 읽어주는 방법, 유아들이 주도적으로 그림과 글을 연결지어 읽어나갈 수 있도록 돕는 방법, 인형극과 같은 공연을 관람하는 방법이 있다.

유아들은 스스로 좋은 문학 또는 다양한 장르의 문학작품을 선택하여 경험하기에는 여러 가지 면에서 어려움이 따른다. 특히 나이가 어릴수록 좋은 문학작품과 다양한 문학작품을 접하기 위해서는 교사, 부모와 같은 조력자의 도움이 필요하다. 더욱이 문학 경험은 유아들이 작품을 접하면서 자신의 감정을 주인공과 동일시하고 공감하는 과정이 자연스럽게 이루어져야 함으로 문학작품을 들려주거나 읽어주는 소개활동에서 성인의 역할에는 특별한 배려가 요구된다. 즉, 유아들이 들려주거나 읽어주는 이야기에 집중하고 몰입하는 것은 문학작품을 이해하기 위한 중요한 과정이다. 그러므로 문학작품을 소개하기 위해서는 문학작품의 성격에 따라, 매체의 특성, 발달 수준과 연령, 집단구성과 장소 등을 고려하여 제시해야 하며, 이를 동화와 동시로 나누어 살펴보면 다음과 같다.

1) 동화 소개하기

아동에게 동화를 소개하는 방법으로는 이야기 들려주기(storytelling), 그림책 읽기 · 듣기, 매체를 활용하여 읽기 · 듣기(그림동화, 융판 · 자석 동화, OHP동화, 슬라이드 동화) 등이 있다.

이야기 들려주기는 매체 없이 구연자의 소리와 행동으로 이야기의 내용을 표현하는 것으로 구연자의 전달력과 유아들의 주의집중력이 필요하다. 반면 그림책을 비롯한 다양한 매체로 그림책을 소개할 때에는 매체에 대한 유아들의 호기심을 극대화시키기 위하여 매체가 갖고 있는 특징과 장점을 살려 동화를 읽어주거나 구연하는 것이 필요하다.

(1) 이야기 들려주기

이야기 들려주기는 구연자의 몸과 음성이 이야기를 들려주는 도구로써 이외에는 거의 아무런 매체 없이 직접 어린이들에게 옛이야기나 그림책 이야기, 또는 동화를 구연해 주는 것이다. 이야기는 어제와 내일을 잇고, 여럿을 하나로 묶는 끈으로서 '한국문화와 정서 속에는 이야기가 삶의 일부로서 세대와 세대를 잇는 소통과 교류의 역할(서정오, 1995)'을 해온 흔적이 남아 있다. 즉, 이야기를 듣고 자란 아이들은 훗날 어른이 되어 자신이 할머니 · 할아버지에게 들은 이야기들을 자신의 손자와 손녀를 무릎에 앉혀 놓고 똑같이 들려주거나 때로는 자기의 삶 속에서 얻은 이야깃거리를 보태어 들려주곤 한 것처럼 우리 문화에서 이야기는 세대에서 세대로 전해지는 정신문화의 일부분으로 여겨진다. 이렇게 가정에서 이루어졌던 우리의 이야기 들려주기 문화는 텔레비전이나 그림매체가 빠른 속도로 아이들의 삶에 친숙해지면서 점점 아이들의 삶과 멀어지게 되었고 더욱이 컴퓨터와 텔레비전과 같은 영상매체들의 발달은 바쁜 부모와 조부모를 대신해 아이들에게 이야기를 들려주는 전달자가 되었다.

옛날처럼 집에서 옛이야기를 들려주는 가족문화는 점점 더 우리 문화에서 낯선 풍경이 되어가게 되었고 마음과 마음이 교류하며 몸과 음성으로 삶을 전달하는 이야기(동화) 들려주기는 이제 유아교육기관에서 적극적으로 다시 살려내야 하는 문화가 되었다.

이야기 문화는 사람과 사람이 서로 대등한 자리에서 마음을 열고 느낌을 주고받을 때 활짝 피어나는 것으로 이야기 들려주기(구연)에는 시각적으로 상상해 보도록 하는 힘과 이야기를 듣는 사람과 들려주는 사람 간에 적극적인 상호작용이 가능할 뿐만 아니라 듣는 사람의 발달 수준에 따라서 이야기를 개작할 수 있다. 이와 같은 이야기 들려주기의 좋은 점들을 잘 표현하기 위해서는 이야기를 들려주기 전 준비 단계와 이야기를 들려주는 과정에서 몇 가지 고려해야 할 점들이 있다. 이를 정리한 이야기 들려주기의 유의점을 살펴보면 다음과 같다.

▲ 이야기 들려주기에서 유의점

이야기 들려주기를 위한 준비 단계	이야기를 들려주는 구연 단계
① 재미와 교훈이라는 2개의 축이 튼튼한 이야기를 고른다. 이야기가 너무 재미에 치우치면 듣고 나서 허망하고 교훈에 너무 무게가 실리면 지루해진다. ② 이야기를 구연하는 교사 자신이 이야기를 재미있게 생각해야 한다. ③ 준비와 연습을 통해 자신감을 갖는다. ④ 이야기 들려주기를 위하여 소리 내어 읽을 때에는 큰 소리로 읽고 글을 읽는다는 느낌보다는 이야기를 한다는 느낌으로 한다. ⑤ 전개되고 있는 주제와의 관련성에 대하여 탐구한다.	① 이야기에 대한 애정과 열정을 가지고 해야 한다. ② 교사 자신이 이야기의 내용을 공감하며 이를 구연으로 표현한다. ③ 이야기 중에 나오는 대화와 지문을 구분하여 다르게 소리 낼 때 더욱 실감이 난다. ④ 말의 흐름이 자연스럽게 표현되도록 끊어 말하기를 하여 이야기를 더 분명하게 전달하고 긴장감을 더해 주도록 한다. ⑤ 말을 강조하거나 분위기를 돋우기 위해 몸짓과 손짓을 알맞게 섞어서 할 수 있다. ⑥ 이야기의 길이에 따라 한 가지 이야기를 여러 번 나누어 들려줄 수 있다.

(2) 그림책 읽어주기

이야기를 소개하거나 제시하기 위한 성인의 그림책 읽어주기는 아주 오래 전부터 가정과 교육현장에서 활용되고 있는 방법이다. 그러나 대부분의 학부모들은 유아들이 그림책을 혼자 읽을 수 없기 때문에 읽어주어야 한다고 보는 경향이 있다. 더불어 유아가 그림책을 혼자 읽을 수 있을 만큼 한글을 조기에 해독하기를 바라고 있다. 그러나 글과 그림이 상호 의존적으로 구성된 그림책의 매체적 특징을 고려해 볼 때, 그림책은 혼자 읽어서는 그 가치를 제대로 체험할 수 없고 듣는 것과 보는 것이 동시에 이루어질 때 신비로운 작용으로서 의미가 재구성되며, 두 세계가 하나가 되는 상상의 과정을 통해 생생한 이야기 세계를 경험할 수 있게 된다. 이렇듯 그림책을 읽어주는 것은 단순히 글자를 읽어주는 것에 가치가 있다기보다는 아동들이 이야기를 듣고 그림을 보면서 그림책에 담겨진 그림과 글을 연결지으며 유추하고 상상해 볼 수 있도록 기회를 부여한다는 것에 의미가 있다.

한편 아동들은 교사나 성인이 들려주는 그림책의 이야기를 듣는 동안 자신의 경험에 비추어 그림책의 이야기를 이해하고 해석하는 주도적인 의미구성을 하게 되는데, 교사가 유아들에게 그림책을 읽어주는 것과 유아가 주도적으로 그 의미를 해석하고 지속적으로 이해를 재구성해 나아가는 과정은 상호 유기적인 순환 과정으로 이루어진다고 볼 수 있다. 그러므로 아동들에게 그림책을 읽어주고자 할 때 몇 가지 고려해야 할 것들이 있으며, 이를 그림책을 읽어주기 전, 그림책을 읽어주며 그림책을 읽어준 후로 나누어 살펴보면 다음과 같다.

① 그림책을 읽어주기 전에

- 책 읽기와 관련된 유아의 실태조사를 통해 보다 효율적인 문학교육을 할 수 있다.
  (책 읽기에 대한 유아들의 사전 경험, 유아들의 관심, 유아들의 집중 능력과 발달 수준 등)
- 읽을 책과 관련된 자료를 조사한다.
  (책의 저자, 내용의 시간적 · 공간적 배경에 대한 이해, 주제에 대한 깊이 있는 탐색 등)
- 문학작품에 몰입할 수 있는 환경으로서 밝고 차분하며 조용한 공간을 준비한다.
- 유아들에게 책을 읽어주기 전에 교사가 먼저 책을 읽어보고 어떻게 읽어줄 것인가를 계획한다.
- 유아들의 사전 경험이나 이전에 읽어주었던 그림책과 읽어주고자 하는 그림책의 내용을 연결지어 생각해 봄으로써 유아들 삶의 관점에서 그림책을 분석한다.

② 그림책을 읽어주는 과정

- 일과 중에서 규칙적인 시간을 정해 실시하는 것이 좋다.
- 유아들과 눈을 맞추며 자연스러운 목소리와 똑똑한 발음으로 읽어준다.
- 유아들이 이야기를 들으며 들은 내용에 대하여 마음으로 이미지를 그려보고 충분히 삽화와 연결지어 생각할 수 있도록 천천히 읽어준다.
- 유아들의 반응을 감지하며 이야기의 맥이 끊어지지 않도록 읽어준다.
- 유아들의 반복해서 듣고자 하는 욕구를 충족시켜 주고 반복해서 듣는 가운데 이야기 줄거리를 더 잘 기억하거나 함께 읽기가 가능함으로 유아들이 원할 때에는 한 작품을 여러 번 읽어준다.
- 반복되는 내용을 담고 있는 이야기에서 유아들이 좋아하는 문구나 어휘가 반복적으로 계속 나올 때에는 유아들이 외워서 말할 수 있도록 기다려주거나 천천히 읽어주어 함께 호흡을 맞춘다.

③ 그림책을 읽어 준 후

- 문학의 주된 기능은 독자가 등장인물의 생각과 느낌을 교감하고 문학작품의 내용에 대하여 의미를 구성함으로써 즐거움과 감동을 느끼는 것으로 그림책을 읽어준 후 유아들에게 지나치게 도덕적이며 편견을 줄 수 있는 질문은 지양해야 한다.
- 유아들에게 작품을 음미해 볼 수 있는 여유로운 시간을 준 후, 교사는 천천히 그림을 보여주며 이야기를 회상해 보도록 할 수 있다.
- 그림책을 읽고 난 후 도서 영역에 꽂아두어 유아가 다시 꺼내어 볼 수 있도록 한다.
- 그림책에 대한 깊이 있는 사고와 의미를 재구성해 나아갈 수 있는 확장활동, 연계활동을 유아들과 함께 실시할 수 있다. 이들에 대한 소개는 9장에서 제시하고자 한다.

(3) 다양한 매체를 활용한 동화 소개하기

동화를 듣는 시간은 유아가 이해할 수 있는 언어를 사용하여 유아의 정서, 언어 발달 등에 도움이 되는 문학을 감상하는 시간이다. 유아들의 동화를 듣는 경험은 상상력과 창의력을 촉진시키며 즐거움과 기쁨을 느끼게 한다.

아동문학은 교사나 부모가 곁에서 동화책을 읽어주는 과정을 통해 유아들의 정서 발달에 도움을 주며 문학에 관심을 갖고 좋아하게 할 수 있다. 성인과 유아가 개별적인 상황이 아닌 집단으로 동화를 구연하고 감상할 수 있는 시간은 유아교육기관에서 동화 듣기활동을 통해 이루어진다. 이러한 활동은 작은 동화책이 아닌 다양한 매체동화를 필요로 한다.

유아들에게 동화를 들려줄 때에는 등장인물의 수나 배경, 전개방법 등의 특성에 맞추어 전달매체를 적절히 선택해야 하며, 어떠한 매체를 사용하더라도 순서나 방향 등에 있어서 실수가 없도록 주의해야 한다.

동화활동을 계획할 때에는 생활주제와 연계성, 내용의 흥미와 문학적 가치 등을 고려하고 전달매체의 적절성을 파악해야 하며 유아들의 대형을 어떻게 할 것인지를 결정해야 한다. 일반적인 지도방법은 다음과 같다.

① 도입

동화 내용과 관련된 손유희를 하거나 인형을 이용해서 동화 주인공에 대한 소개 또는 동화에 나오는 등장인물이나 동화 속에 등장하는 배경, 사건 등 유아의 경험과 관련하여 간단히 이야기를 나눈다. 단, 도입이 지나치게 길지 않도록 한다.

② 전개

- 동화의 제목을 소개하고 동화를 처음부터 끝까지 천천히 구연한다.
- 구연 중에는 질문을 하지 않도록 시작 전에 약속을 하며 동화를 구연할 때는 유아의 반응도 살펴가면서 진행한다.
- 동화가 끝난 후에는 유아들이 이야기를 회상할 수 있도록 전체 그림만 보여준다.

③ 마무리

- 동화에 대한 전체적인 느낌과 내용에 대해 짧게 이야기를 나눈다.
- 동화와 관련하여 후속 활동이 있으면 소개하고 마친다.

♥ 활동계획안 : 예시 1

활동명	요술부채	매체 유형	낱장동화
활동 목표	• 이야기를 듣고 상황을 상상하며 생각을 이야기할 수 있다. • 이야기를 듣고 이야기 속에 나온 주인공의 마음 상태를 이야기할 수 있다.	관련 주제	우리나라, 도구
누리과정 관련 요소	의사소통〉책과 이야기 즐기기〉책에 관심을 가지고 상상하기를 즐긴다. 신체운동 · 건강〉신체활동 즐기기〉신체 움직임을 조절한다.		

※ 활동과 관련된 누리과정 관련 요소를 적어보세요.

준비물 낱장판, 입체부채, 움직이는 코

활동내용

도입

• 부채를 꺼내 아이들에게 흥미를 유발시켜 주의를 집중시킨다.
 –(부채를 들고 살랑살랑 부채질한다.)
 "여러분 이것이 무엇인지 아나요? 그렇구나 이것은 바로 여러분이 정확하게 대답한 부채라고 하는 거에요",
 "여러분은 부채를 언제 사용해 보았나요?"

전개

• 낱장동화를 한 장씩 넘기면서 천천히 들려준다.
 – 요술부채를 들려주면서 중간중간 입체적으로 부채를 사용하여 아이들이 계속 집중할 수 있도록 한다.
 – 코가 길어지는 장면 짧아지는 장면에 코가 움직일 수 있도록 하여 유아들의 호기심을 자극한다.

마무리

• 동화를 듣고 난 후 주인공들의 마음 상태를 상상하며 자신의 생각을 이야기 한다.

"빨간 부채와 파란 부채가 요술을 부릴 때 할아버지는 어떤 기분이셨나요?"

"여러분의 코가 길어진다면 어떨 것 같아요?, 또 다시 짧아진다면 어떨까요?"

"요술부채로 부자가 된 할아버지는 어떠한 기분이었을까요?"

"여러분들에게 요술부채가 생긴다면 무엇을 하는 데 쓰고 싶나요?"

"우리도 부채를 만들어 요술주문을 걸어볼까요? 조형 영역에서 여러분들의 기발한 생각을 담은 요술부채를 만들어보세요"

[그림 6-2] 낱장동화 : 요술부채

♥ 활동계획안 : 예시 2

활동명	꼬마오리 니버	매체 유형	PPT 동화
활동 목표	• 동화를 듣고 느낌을 말할 수 있다. • 병에 걸린 주인공의 마음을 안다. • 건강한 몸을 위해 노력할 수 있는 방법을 이야기할 수 있다.	관련 주제	건강한 나의 몸
누리과정 관련 요소	의사소통〉책과 이야기 즐기기〉책에 관심을 가지고 상상하기를 즐긴다. 신체운동 · 건강〉건강하게 생활하기〉질병을 예방하는 방법을 알고 실천한다.		

※ 활동과 관련된 누리과정 관련 요소를 적어보세요.

제작방법

녹음 자료

1. 『꼬마오리 니버』의 줄거리를 요약하여 대본을 재구성한다.
2. 등장인물의 특징을 파악한다.
3. 동화구연을 녹음한다.
4. 음향효과를 첨가하여 녹음 자료를 편집한다.

PPT 자료

1. 동화를 스캔한다.
2. 스캔한 동화를 PPT 자료로 편집한다. (다양한 매체 적용 : 등장인물의 움직임 효과 등)
3. 녹음 자료를 적용한다.

활동내용

도입

• '작은 동물원' 을 부르면서 주의집중을 시킨다.

"우리 친구들은 무슨 동물을 좋아해요?"

"오늘은 동물친구를 소개해 주려고 해요.

"선생님이 수수께끼를 내면 누군지 손 들고 말해 볼까요?

• 수수께끼를 낸다.

"나는 두 발로 걸어요. 나는 물을 좋아해요. 나는 노란 색이예요. 나는 넓적하고 커다란 입을 가지고 있어요. 나는 엉덩이가 무거워요. 나는 누구일까요?"

• 수수께끼 주인공인 동물친구를 소개한다.

"두 발로 걷고 물을 좋아하는 동물친구는 오리예요"

전개

[그림 6-3] 꼬마오리 니버

글 : 흰혜은
그 림 : 조경아
발 행 처 : 한국백혈병어린이재단 (2002년)

• 동화 제목과 주인공 니버를 소개해 준다.

"우리 친구들 동화책을 읽기 전에 선생님과 생각해 볼 것이 있어요"

"동화를 감상할 때 주의할 점으로 우리가 함께 다른 사람을 배려해야 할 것은 무엇이 있을까요?"

"이제 『꼬마오리 니버』라는 동화를 소개해 줄게요."

• PPT 동화를 보여준다.

– 그림이 부분적으로 움직이며 음향이 첨부된 PPT 동화를 보여준다.

– 유아들의 반응을 살핀 후, 움직임과 음향이 없는 PPT 동화를 보여준다.

마무리

• 동화를 다 들려준 후 느낌을 물어본다.

"동화에서 어떤 장면이 기억이 나요?"

"병에 걸린 니버의 마음은 어땠을까요?, 친구들이 거북이였다면 무슨 말을 해 주고 싶은가요?"

"병의 종류는 아주 많아요. 그 중 니버의 병은 백혈병이라고 해요"

"우리 친구들도 아프지 않으려면 깨끗이 씻고 잘 먹고 신나게 뛰어놀기로 해요"

♥ 활동계획안 : 예시 3

활동명	칫솔맨 도와줘요!	매체 유형	PPT 동화
활동 목표	• 나의 몸을 소중히 한다. • 이를 잘 닦는 습관을 기를 수 있다.	관련 주제	건강과 안전
누리과정 관련 요소	신체운동 · 건강〉건강하게 생활하기〉자신의 몸과 주변을 깨끗이 한다. 의사소통〉책과 이야기 즐기기〉책에 관심을 가지고 상상하기를 바란다.		

※ 활동과 관련된 누리과정 관련 요소를 적어보세요.

제작방법

- 그림책을 스캔해서 컴퓨터로 그림 파일을 옮긴다.
- 책에 나와 있는 이야기 글은 모두 지우고 그림만 남긴다.
- PPT 슬라이드에 책의 그림을 첨부한다.
- 책에 나오는 인물을 파악해 녹음한다.
- 그림이 첨부된 슬라이드에 녹음한 것을 입힌다.
- 책 내용에 대한 음향효과를 넣어준다.

활동내용

도입

- 손유희로 주의집중 시킨다.

  "치치야 치치야, 사랑스런 치치야 하루에 3번 밥 먹고 3분 안에, 3분동안 치카치카 푸카푸카 쓱싹! 단단이는 튼튼해, 탄탄이는 행복해"

- 유아의 경험을 이야기해 본다.

  "우리 친구들 하루에 이를 몇 번 닦지요? 사탕, 초콜릿, 아이스크림, 콜라 좋아하나요? 이런 것들을 많이 먹으면 어떻게 될까요? 선생님이 사탕, 초콜릿, 아이스크림, 콜라를 좋아하는 치치라는 친구 이야기를 들려줄게요. 잘 들어보세요"

전개

- 동화를 들려준다.

  "다 같이 말해 주세요" <칫솔맨, 도와줘요!>

- PPT 동화를 들려준다.
- 음향 없이 그림만 보여준다.

마무리

- 동화 내용을 회상하며 이야기를 나눈다.

  "사탕, 초콜릿, 아이스크림, 콜라를 좋아하고 이 닦기를 하지 않은 치치의 이는 어떻게 되었나요?"

  "치치가 입 속에서 위험할 때 누가 도와주었나요?"

  "충치가 있던 단단이는 어떻게 아프지 않게 되었나요?"

  "어떤 주인공이 기억에 남나요?"

  "단단이가 아프지 않게 하려면 어떻게 해야 할까요?

  "그래요, 이제부터는 이 닦기를 잘하는 친구들이 되기로 약속해요!

[그림 6-4] **칫솔맨 도와줘요!**

글 : 정희제
그 림 : 박선영
출 판 사 : 책 읽는 곰(2010년)

♥ 활동계획안 : 예시 4

<table>
<tr><td>활동명</td><td>무엇이 있을까요?</td><td>매체 유형</td><td>큰 책</td></tr>
<tr><td>활동 목표</td><td>• 바른 자세로 동화를 들을 수 있다.
• 병에 걸린 주인공의 마음을 안다.
• 건강한 몸을 위해 노력할 수 있는 방법을 이야기할 수 있다.</td><td>관련 주제</td><td>동물</td></tr>
<tr><td>보육과정 관련 요소</td><td>• 의사소통>듣기>말소리 듣고 의미 알기</td><td>대상연령</td><td>만 1~2세</td></tr>
</table>

활동내용

도입

• 보육실 내에 어떤 사물이 있는지 이름을 말해 본다.

• 주머니를 소개하며 사물을 예측해 보도록 한다.

"친구들, 선생님이 가져온 주머니 속에는 무엇이 있을까요?"

전개

"(책을 보여주며) 오늘은 이 책 안에 친구들이 숨어 있어요. 이 친구들이 어떤 친구들인지 한번 볼까요?"

"(책 앞장을 보여주며) 어? 이 모자 안에도 어떤 친구가 숨어 있네요. 이렇게 긴~귀를 가진 친구는 누구일까요?"

• 다른 그림도 계속 보여주며 무엇이 있을지 물어보며 들려준다.

"이번엔 이불과 베개가 나왔어요! 베개 먼저 볼까? 베개 밑에는 무엇이 있을까?

"친구들과 함께 잠을 자는 인형이 있었네요!

"이불 밑에는 과연 무엇이 있을까요?"

"친구가 숨어 있었네요. 같이 맞춰볼까요?"

마무리

"오늘은 친구들이 숨어 있는 많은 친구들을 찾아주었어요."

• 기억나는 사물과 생물체를 말해 본다.

"책 속에서 본 것 중에 가장 기억에 남는 친구들이 있나요?

"우와~ 많이 기억하고 있네요. 이번에는 그림만 보여줄게요."

- 입체그림책을 본 후에는 언어 영역 책꽂이에 유아가 가져다 놓도록 한다.

[그림 6-5] 입체그림책 : 무엇이 있을까요?

(4) 대상을 고려하여 소개하기

① 영아와의 상호작용

문학작품을 영아들에게 들려주거나 읽어주기를 위해서는 영아와의 친밀한 관계 형성이 전제조건이 되어야 한다. 영아와 신뢰감을 형성한 교사는 애정적 유대관계를 토대로 유아와 탐색활동을 함께 할 수 있으며 영아의 필요를 알아차려 적절하게 지원할 수 있다. 영아와 신뢰감을 형성하기 위한 방법으로는 유아에게 문학작품을 들려주거나 읽어줄 때 영아와 얼굴을 마주 보며 미소와 말을 교환하면서 애정적인 신체적 접촉을 함께 해 주는 등의 상호작용이 필요하다. 또한 영아와 상호작용을 할 때에는 영아의 표정과 행동을 읽어가며 영아가 하고 싶은 이야기를 언어화하여 들려주는 것이 소통의 방법이 될 수 있으며, 이와 같은 방법으로 영아의 언어 사용을 촉진할 수 있다. 더불어 언어를 사용하기 시작한 영아와 문학작품을 함께 볼 때에는 영아의 이야기를 충분히 들어주고 영아가 이야기를 할 때까지 충분히 기다려줌으로써 영아가 문학작품을 접하면서 하고 싶은 말을 마음껏 할 수 있도록 지원하는 것이 바람직하다.

문학작품을 소개하는 하나의 접근으로서 그림책 읽어주기를 통한 구체적인 영아와의 상호작용을 제시하면 다음과 같다.

가. 영아에게 그림책 읽어주기

활동 목표	• 책의 물리적 특성을 탐색한다. (자연탐구>탐구적 태도>탐색 반복하기) • 그림책 속에 있는 친숙한 그림이나 사진을 본다. (의사소통>읽기>그림책에 흥미 가지기)
활동 영역	의사소통 : 읽기, 자연탐구
대상연령	0세(5개월~8개월), 개별 활동
활동 자료	헝겊 책, 비닐 책, 스펀지 책, 두꺼운 하드커버 등 다양한 재질로 만들어진 책
활동방법	1. 영아가 감각기관을 활용하여 책을 탐색할 수 있도록 그림책을 청결하게 준비한다. 2. 헝겊 책, 비닐 책, 스펀지 책 등 유아가 손으로 만지거나 입으로 충분히 탐색할 수 있도록 한다. "책을 만져볼까요? 어떤 느낌이 드나요?" (영아의 반응을 기다린다) "여기를 함께 만지며 느껴볼까요?" (영아의 손을 그림의 특정부분에 가져다 대며) "보들보들 해요" (영아의 생각에 교감하며 영아의 생각이나 의도를 언어화하여 표현해 준다) 3. 충분한 탐색을 한 후 영아에게 책을 읽어준다. "이제 읽고 싶은 책을 함께 읽어볼까요? 이 책을 읽어줄까요?" (영아의 기호를 살핀다) "이게 뭐지요? 그래 ○○○가 나왔네요, ○○○가 ○○○ 소리를 내고 있지요" (영아의 음성적 반응이나 신체적 반응을 언어화하여 말로 표현해 준다)
지도상의 유의점	그림책을 함께 읽어가면서 친밀감을 유지하고 유아의 음성적 표현이나 신체적 표현에 언어로 대화하듯 반응해 준다.

문학작품을 통해 영아와 상호작용을 하고자 할 때 고려해야 하는 것은 영아에게 그림책을 읽어주거나 문학작품을 보여줄 때 항상 영아의 반응에 민감하게 반응하며 대화를 나누듯이 상호작용을 해 주어야 한다. 영아가 좋아하는 그림책을 여러 번 반복하여 읽어주었거나 내용에 익숙해지면 그림책을 읽어주면서 영아에게 내용에 대하여 간단하게 질문하거나 영아의 생각을 표현해 볼 수 있도록 시도해 볼 수 있다. 그러나 새로운 그림책을 읽어줄 때에는 영아가 그림책의 이야기에 몰입할 수 있도록 질문을 하거나 영아의 생각을 묻는 등의 말 걸기를 하기보다는 천천히 읽어주기만 하는 것이 바람직하다. 더불어 어린 영아에게 책을 읽어주고자 할 때는 교사의 무릎 위에 앉히거나 영아와 같은 방향으로 나란히 앉아서

그림책을 함께 보면서 친밀한 신체적인 관계로 영아가 안정감과 신뢰감을 느끼도록 하는 것도 중요하다.

이와 같이 영아와 그림책을 함께 보기 위해서는 특별한 인내와 기다리는 마음이 필요하며 민감한 배려가 요구된다.

교사에게 참고가 될 수 있는 연령별 영아들의 책을 다루는 행동과 이를 기초하여 영아들에게 문학작품을 소개하는 방법의 예를 제시하고자 한다. 그러나 영아의 각 연령별 책을 다루는 행동이나 책에 대한 선호도는 개인차가 크다는 것을 강조하며 일반적인 지침을 따르기보다는 상호작용하고자 하는 대상 영아를 잘 관찰하는 것이 무엇보다 필요하며 중요함을 기억해야 한다.

나. 연령별 책을 다루는 행동의 예

개월 수(연령)	책을 다루는 행동의 예
2~4개월	• 교사나 성인이 그림책을 보여주면 그림책에 시선을 보내지만 아직 손으로 잡거나 잡아당기지는 않는다.
4~8개월	• 두꺼운 하드커버로 된 책을 양손으로 쥐고 책장을 열고 닫는 등의 탐색을 할 수 있다. • 책을 손으로 잡고 입으로 가져가 빨거나 씹는 행동을 하며 책을 흔들고 구기고 휘두른다.
8~12개월	• 성인에게 책을 읽어달라고 하며 책을 보기 위해 10분 이상 앉아 있기도 할 수 있다. 한번 읽어주면 책을 받아쥐고 다시 책을 돌려주면서 또 읽어달라고 요청한다. • 책을 신체적으로 다루는 행동이 감소하고 시각적으로 주의집중을 하는 행동이 증가하며 서툴게 책을 넘길 수 있다.
12~15개월	• 책을 다루는 어려움 때문에 책장을 찢는 경우는 있으나 의도적으로 책장을 찢는 일은 없다. • 한 손에 여러 페이지를 함께 쥐고 책장을 빨리 넘긴다.
15~20개월	• 책의 특정 페이지를 선호하여 그 부분만 반복해서 읽는다. • 거꾸로 놓은 책을 돌려서 바로 놓거나 그림을 바로 보려는 듯 고개를 돌리기도 한다. • 그림이 거꾸로 되어 있으면 똑바로 하려고 책을 이리저리 돌린다.

개월 수(연령)	책을 다루는 행동의 예
20~24개월	• 그림책에는 그림과 글이 있음을 안다는 의미로 그림의 이름을 말하면 그림 가까이에 있는 글씨를 가리키거나 따라 읽는다. • 인형이나 동물 모형에게 책을 읽어주는 척한다.
24~30개월	• 책이 잘못 놓인 것과 어떤 사물을 거꾸로 하려는 의도에서 책의 특정 페이지 그림을 거꾸로 보이게 하는 것과의 차이를 인식한다. (박쥐가 나무에 매달려 있는 그림이 있을 때 책을 회전시키지 않는다) • 좋아하는 이야기 부분이나 전체 구절을 암송하여 말한다.
30~35개월	• 손가락이나 손을 인쇄글자를 따라 움직이며 무엇이라고 쓰여 있는지를 언어로 말한다. 이때의 언어적 표현은 영아가 그림을 나름대로 이해한 내용을 말로 표현하는 것이거나 성인이 읽어준 내용을 기억하여 말하는 형태이다. • 스스로 친근한 책을 찾아 소리 내어 읽으며, 그 책이 매우 익숙한 책인 경우에는 그림의 내용과 일치하도록 읽기를 즐긴다.

※ 영아기는 발달 단계상 월령별 개인차가 크므로 대상 유아를 고려해야 한다.

다. 영아에게 문학작품을 소개하는 방법의 예

- 문학작품을 함께 보거나 책을 읽어주고자 할 때 가능하면 영아를 성인의 무릎에 앉히거나 나란히 앉는다.
- 영아가 책을 잘 볼 수 있는 시간, 즉 영아가 책보기를 원하는 때 책을 읽어준다.
- 잠자기 직전 시간은 영아가 덜 활동적이기 때문에 좀 더 오랫동안 책을 볼 수 있다.
- 사물 그림책이나 글자 없이 그림만 실려 있는 책을 볼 때에는 책 속의 그림이 무엇인지 영아에게 말 걸기를 하거나 그림책의 그림으로 대화를 나눌 수 있다.
- 간단한 질문을 하여 영아의 주의를 끈 다음 대답하기를 기다린다. ("이게 뭐지?", "뭐하는 걸까" 등과 같은 영아들이 대답할 수 있는 질문을 하고 영아의 대답을 기다려줌)
- 그림책을 보면서 성인이 물어본 것에 영아가 대답을 하면, 영아가 무엇을 이야기한 것인지 생각해 본 후에 분명한 발음으로 다시 말해 주거나 영아가 그렇게 대답한 맥락에 따라 설명을 덧붙여 준다.
- 어린 영아일수록 언어산출 능력이 제한되어 있어서 성인이 대화를 주도해 나가지만, 점차 영아의 말하기 능력이 신장되면 영아가 대화를 이끌어 나가도록 한다.
- 영아가 그림에 대해 말할 수 있도록 기회를 주고 사물을 명명하거나 그림에 대해 말하려 할 때 충분히 기다리며 이야기를 들어준다.
- 책장을 넘기려 하는 영아의 의도를 존중해 준다.

- 책을 읽으면서 영아가 표현하는 행동이나 말의 의미를 영아의 일상생활 경험과 연결지어 파악한 후 영아의 행동과 말에 반응을 해 준다.
- 그림책을 읽어줄 때 글의 내용이나 표현하는 언어 수준이 영아의 수준과 맞지 않으면 영아의 언어적 수준과 주의집중 시간, 생활 경험을 고려하여 내용을 바꾸어 읽어준다.

※ 연령별 책을 다루는 행동과 영아에게 문학작품을 소개하는 방법의 예를 제시하기 위하여 최옥순(2008) 등과 박찬옥(2011) 등의 영아 발달 단계를 참고함.

2 유아 · 아동과의 상호작용

유아와 아동들의 문학 경험을 위하여 가장 중요한 것은 독자인 어린이들이 스스로 몰입하고 즐거운 감정을 느끼도록 하는 것이다. 그러므로 다양한 문학작품을 주제와 관련하여 유아와 아동들에게 소개하고자 할 때 교사는 문학교육의 요소 및 내용인 주제, 플롯, 등장인물, 배경, 시점, 문체 등과 관련지어 소개하거나 작가와 삽화가를 소개해 줄 수 있다. 이에 대한 이해를 위하여 문학작품의 구성요소에 따라 같은 그림책이라고 하더라도 서로 다른 관점에서 유아 · 아동들과 상호작용해 볼 수 있는 예시안을 제시하였다.

가. 작가와 삽화가를 중심으로 그림책 소개하기

작가와 삽화가 소개

- 대부분의 그림책 표지에는 작가와 삽화가가 소개되어 있다. 유아나 아동에게 작가와 삽화가를 소개하는 것은 유아와 아동들이 문학작품의 구조를 인식하고 문학작품은 사람이 쓰고 그린 것임을 알게 하기 위한 것이다.

- 전래동화나 전래동요, 설화 등은 옛날부터 전해 내려오는 이야기로서 이야기가 전해져 내려오면서 사람들에 의해 조금씩 바뀌고 다듬어졌기 때문에 누가 썼는지는 알려지지 않았으며 우리들이 이야기를 다시 누군가에게 들려줄 때 살아 있는 이야기가 될 수 있음을 제시해 주는 것이 필요하다.

작가와 삽화가 소개를 중심으로 한 활동 예시안

주제	나와 가족	그림책	사유미네 포도 (작가 : 사유미)
활동 목표	• 다른 사람의 이야기를 내용에 집중하여 듣는다. • 그림책 작가에 대하여 관심을 갖는다.		
누리과정 관련 요소			
사회관계〉나를 알고 존중하기〉나를 알고 소중히 여긴다. 의사소통〉책과이야기 즐기기〉책에 관심을 가지고 상상하기를 즐긴다.			
	활동 내용		비고 (준비물)
도입	작가소개 : 미노시마 사유미는 1996년 일본 가나가와 현에서 태어났어요. 부모님과 언니, 이렇게 네 가족 중에서 막내이고 인형 놀이하는 것을 굉장히 좋아한대요. 집 마당에 열린 포도를 동물들이 와서 몰래 먹어버린 이야기, 『사유미네 포도』로 네 살 때인 2000년에 어린이 창작 콩쿠르에서 <유아, 초등학생부> 최우수상을 받았답니다. ① 그림책 표지를 보여준다. -제목에 있는 글씨 중에 아는 글씨를 읽어볼까? -그림책의 제목과 지은이를 읽어준다. ② 제목과 지은이의 이름에서 공통점을 찾아본다.		*그림책 표지를 실물화상기로 확대하여 유아들에게 보여주거나, 제목과 지은이가 잘 보이도록 표지를 제작한다.
전개	① 작가에 대하여 소개를 해 준다. ② 선생님은 사유미가 이 책을 언제 만들었는지 어떻게 알았을까? -그림책의 표제지 부분에서 알게 되었음을 이야기한다. ③ 사유미 1996년에 태어났고 2000년에 이 책을 만들었다고 하는데, 그럼 몇 살 때 이 그림책을 만든 걸까? ④ 유아들에게 사유미처럼 재미있는 생각을 글과 그림으로 만들고 꾸며서 작가가 될 수 있음을 안내해 준다. ⑤ 『사유미네 포도』 그림책을 읽어준다.		*'표제지'는 출판 년도, 작가, 출판사 등에 대한 내용이 제시되어 있는 부분이다.
마무리	① 『사유미네 포도』를 읽고 재미있던 내용에 대하여 이야기를 나눈다.		*그림책을 읽고 난 후 자유롭게 회상한다.

- 같은 작가가 쓴 글이나 같은 삽화가가 그린 그림에 대해 비교해 보며 읽어준다. (예 윌리엄 스타이그의 『치과의사 드소토 선생님』과 『아모스와 보리스』를 소개한 다음 『아프리카에 간 드소토 선생님』을 소개함으로써 윌리엄 스타이그의 작품의 특징을 이해할 수 있다. → 문학적 사고활동으로 연결시켜 볼 수 있음)

- 그림책 작가에 대한 관심을 키우기 위하여 우리가 읽은 책 중에서 ○○○의 그림책 찾아보기, 집에 있는 작가 ○○○의 그림책을 가지고 와서 친구들에게 소개하기 등을 해볼 수 있다. (예 교실이나 집에 있는 그림책 중에서 앤서니 브라운 책 모아보기)

나. 주제와 플롯을 중심으로 소개하기

문학작품의 주제와 플롯 소개

- 텍스트 접근 전략으로서 전체를 읽고 부분을 세세하게 들여다 본 후 부분에 대한 이해를 통해 다시 전체로 이해를 확장시키는 전체→부분→전체 읽기를 할 수 있다.

- 작품 전체를 이해할 수 있는 기술로서 육하원칙 '누가, 언제, 어디서, 왜, 무엇을, 어떻게'와 같은 질문을 통해 작품을 보다 쉽고 구체적으로 접근할 수 있다.

- 아동들의 사전 경험이나 지식을 새로운 경험과 연결시켜 의미를 확장시켜 나갈 수 있도록 상호텍스트성이 분명하게 드러난 작품을 활용하여 유아들이 '이미 알고 있는 것에서부터' 의미를 확장시켜 나갈 수 있도록 지도한다(예 아기 돼지 삼형제 이야기와 관련된 이야기를 함께 읽고, 원작과 패러디 작품의 차이를 이해함으로써 의미를 확장시켜 나간다).

- 유아들이 좋아하는 작품을 반복적으로 다루면서 이해를 확장시키고 깊이 있게 의미를 탐구함으로써 작품 전체에 대한 이해와 개별적 장면에 대한 연결을 유아들이 주도적으로 구성해 나아갈 수 있도록 한다.

주제와 플롯을 중심으로 한 활동 예시안

<table>
<tr><th>주제</th><td>나와 유치원</td><th>그림책</th><td>파랑이와 노랑이
(작가 : 레오 리오니)</td></tr>
<tr><th>활동목표</th><td colspan="3">• 책의 그림을 단서로 내용을 추측해 본다.
• 그림책에 흥미를 가지고 그림책 보는 것을 즐긴다.</td></tr>
<tr><th colspan="4">누리과정 관련 요소</th></tr>
<tr><td colspan="4">의사소통〉책과 이야기 즐기기〉책에 관심을 가지고 상상하기를 즐긴다.
사회관계〉더불어 생활하기〉친구와 서로 도우며 사이좋게 지낸다.</td></tr>
<tr><th></th><th colspan="2">활동 내용</th><th>비고 (준비물)</th></tr>
<tr><td>도입</td><td colspan="2">그림책 소개 :
노랑이를 찾아 헤매던 파랑이가 노랑이를 발견하고 너무 기뻐 꼭 끌어안았어요. 놀라운 일이 벌어졌어요. 초록이가 나타난 거예요. 초록이는 아주아주 신나는 하루를 보냈죠. 그런데 문제가 생겼어요. 파랑이네 집에서도 노랑이네 집에서도 초록이를 반겨주지 않는 거예요. 파랑이와 노랑이는 정말 어디로 가버린 걸까요? 혹시 아는 사람 있어요?
[인터넷 교보문고 제공]

① 그림책의 제목을 가리고 그림을 보여준다.
② 색종이를 동그랗게 손으로 찢으며 유아들에게 이야기를 하면서 그림책을 소개한다.
-표지의 동그란 모양을 색종이로 만들고 있어요. 이 그림책도 선생님이 지금 손으로 종이를 찢는 것처럼 작가 레오 리오니 할아버지께서 손자 · 손녀들과 기차로 여행을 하면서 종이를 찢으며 즉흥적으로 이야기를 만들어 들려주셨대요.</td><td>*표지를 보여주면서 색종이 파랑색과 노랑색을 준비하여 동그란 모양으로 오리며 주의집중에 활용할 수 있다.</td></tr>
<tr><td></td><td colspan="2">① 파랑색 동그라미와 노랑색 동그라미를 보여주고 표지와 비교하며 이야기를 한다.
② 표지의 파랑과 노랑 사이에 초록색 부분이 있어 유아들이 눈치 챌 수 있도록 상호작용을 한다.
③ 속표지(간지)를 함께 본다.
-노랑이와 파랑이가 흑백의 바탕 위에 배열되어 있는 그림을 보면서 유아들이 생각해 볼 수 있는 시간을 준다.</td><td>*주제에 대하여 유아들이 다양한 관점에서 생각해 볼 수 있도록 교사는 천천히 읽어준다.</td></tr>
</table>

	활동 내용	비고 (준비물)
전개	④ 처음부터 끝까지 그림만 본다. ⑤ 전체적으로 읽기를 한 후 부분적으로 읽어준다. ⑥ 부분적으로 그림을 읽어가며 글과 그림, 앞장과 뒷장의 그림을 연결시켜 꼼꼼히 읽어준다. ⑦ 부분을 세세하게 들여다 본 후 부분에 대한 이해를 통해 다시 전체로 이해를 확장시킨다.	
마무리	① 유아들이 그림책을 읽고 느낀 점을 말한다. ② 작가는 우리들에게 무슨 이야기를 하고 싶은 것인지 이야기 나누어본다.	*유아들의 개별적인 관점을 존중해 준다.

다. 구성방식을 중심으로 소개하기

문학작품의 구성방식에 대한 소개

- 동일한 주제를 중심으로 각기 다른 장르에 속하는 작품(시와 산문, 사실적인 작품과 환상적인 작품, 허구적인 이야기와 정보책)을 이어서 소개함으로써 유아와 아동들이 구성방식이나 장르에 따른 차이를 인식할 수 있도록 할 수 있다.
- 문학작품을 읽어주는 과정에서 유아와 아동들이 주도적으로 문학작품의 세계에 몰입하고 분명하게 이해하도록 돕기 위한 접근으로 누적적 이야기방식을 도입할 수 있다. 누적적 이야기방식은 전체 이야기의 흐름을 순서대로 나누어 누적적으로 이야기를 재구성해 보는 방식으로 이를 통해 유아와 아동들은 들은 이야기에 대한 토론활동에 적극적으로 참여할 수 있다.

구성방식을 중심으로 한 활동 예시안

주제	봄	그림책	사과와 나비와 나무 (작가 : 옐라 마리)
활동 목표	• 다른 사람의 이야기를 내용에 집중하여 끝까지 들을 수 있다. • 그림책 구성에 대하여 관심을 갖는다.		
보육과정 관련 요소		교육과정 관련 요소	
의사소통>말하기>책 읽기에 관심 가지기		언어생활>말하기>책에 관심 가지기	

<table>
<tr><th></th><th colspan="2">활동 내용</th><th>비고(준비물)</th></tr>
<tr><td rowspan="4">도입</td><td colspan="2">작품 소개</td><td rowspan="4">*그림책의 장면 장면을 스캔하여 언어 영역에 붙여주어 유아들이 그림책 구성에 관심을 가질 수 있도록 환경을 구성한다.</td></tr>
<tr><td>사과와 나비</td><td>나무</td></tr>
<tr><td>생명을 탄생시키는 자연의 경이로움을 다룬 글 없는 그림책, 사과 속에 있던 알이 자라 애벌레가 되고 애벌레는 사과를 뚫고 나와 고치를 짓습니다. 나비로 성장하면 고치를 뚫고 나와, 사과꽃으로 날아갑니다. 나비는 사과가 열매를 맺을 수 있도록 도와주고, 또 알을 낳습니다. 같은 구도 안에서 변화하는 모습이 집중력과 관찰력을 길러 줍니다.</td><td>화면의 오른쪽 위에 한결같이 나무 한 그루가 서 있고 그 아래 땅에서는 도마우스 한 마리가 겨울잠을 자고 있다. 이윽고 봄이 오고 나무에서는 색깔이 돋아난다. 도마우스도 깨어나 그림책 위로 존재를 드러내고, 새들도 그림책 안으로 들어온다. 마치 비발디의 사계를 듣는 것처럼, 사계 그림을 멋지게 펼쳐 보여준다.
[알라딘 제공]</td></tr>
<tr><td colspan="2">① 유아들이 그림책 구성에 관심을 가질 수 있도록 그림책을 소개한다.
-앞표지를 먼저 보고, 마지막 장면을 봅시다.
-어떤 특징이 있는지 살펴보고 이야기해 볼까요?
② 그림책의 제목과 지은이를 소개한다.
-이 두 권의 책은 모두 옐라 마리 작가가 만든 책이에요. 두 권의 책에는 어떤 공통점이 있는지 살펴보며 그림책을 읽어봅시다.</td></tr>
<tr><td>전개</td><td colspan="2">① 두 권의 그림책을 한 권씩 전체적으로 보여준다.
② 『사과와 나비』 그림책을 천천히 보여준다.
-『사과와 나비』를 유아들에게 보여줄 때에는 빨간 점이 무엇인지를 질문하여 그림책이 순환적으로 구성되어 있음에 관심을 갖도록 한다.
③ 『나무』 그림책을 천천히 보여준다.
-『나무』 그림책을 유아들에게 보여줄 때에는 한 장면을 전체적으로 그리고 부분적으로 번갈아 보면서 각각의 장면에 담겨진 의미들을 찾아볼 수 있도록 한다.
④ 『사과와 나비』, 『나무』의 구성적 특성을 유아들이 발견해 가도록 부분적으로 비교하며 읽어준다.</td><td>*글 없는 그림책의 구성적 특징을 유아들이 찾아낼 수 있도록 상호작용한다.</td></tr>
</table>

	활동 내용	비고 (준비물)
마무리	① 이전에 보았던 책 중에서 『사과와 나비』, 『나무』와 같은 구성으로 된 그림책을 찾아본다.	

* 『사과와 나비』, 『나무』와 관련된 문학적 사고활동으로 반응중심 동화 지도 방안에서 '탐구 반응을 중심으로 한 교수 · 학습 과정에서 실천사례를 제시함(145-148쪽)

2) 동시 소개하기

동시를 소개하는 방법으로 동시 읽어주기와 동시 낭송해 주기가 있다. 동시 읽어주기를 통해 아동들은 언어의 아름다움과 리듬감을 느낄 수 있으며 시적으로 세상을 바라보는 능력을 계발해 줄 수 있다. 더불어 교사가 상황과 분위기에 따라 적절하게 자주 동시를 낭송해 주다보면 유아들은 자연스럽게 동시의 내용과 리듬감을 일상생활에서 표현하거나 재구성하여 낭송을 즐기게 된다. 이를 위해 교사는 다양한 종류의 동시를 읽어주고 동시를 함께 즐기며 동시에 내재되어 있는 운율과 아름다움을 유아들과 공유할 수 있어야 한다.

(1) 동시 읽어주기

- 교육 주제와 관련된 것으로 적절한 동시를 선택한다.
- 선택한 동시를 들려주기 전에 교사가 먼저 읽어보면서 어떻게 제시할 것인가를 계획한다. (교사는 동시를 녹음하여 들어보면서 자신의 목소리를 관찰할 수 있다)
- 동시의 내용과 분위기에 따라 적절한 음량과 목소리, 빠르기, 높낮이 등을 고려하여 자연스럽게 읽어주고, 동시의 분위기가 잘 살아날 수 있는 음악을 곁들여 읽어줄 수 있다.
- 동시를 읽어주기 위하여 동시책을 보여주며 읽어주거나 그림이 있는 동시판을 보여주며 읽어줄 수 있으며 동시를 몇 차례 읽어준 후 다양한 방법으로 유아들과 함께 읽어볼 수 있다. (한 구절씩 주고받으며 읽기, 모듬으로 나누어 읽기, 반복되는 구절을 유아들이 읽도록 하기 등)
- 유아에게 들려준 동시를 유아들이 자율적으로 읽어볼 수 있도록 게시해 주거나 교사가 녹음해 준 동시 녹음 테이프 등을 함께 제시하여 다양한 매체로 반복하여 듣기를 해볼 수 있게 한다.

(2) 동시 낭송하기

- 동시 낭송은 아동에게 동시를 암기하도록 하는 것이 아니라 교사와 함께 동시를 반복하여 읽다보면 자연스럽게 낭송할 수 있게 된다.
- 동시를 낭송하는 유아들의 목소리를 녹음시켜 다시 들어보면서 느낌을 이야기할 수 있다.
- 동시의 내용을 정확하게 낭송할 수 있도록 하기보다는 아동들이 낭송을 하며 즐거움을 느끼고 동시의 분위기를 살려 표현할 수 있도록 돕는다.
- 교사와 아동들이 함께 다양한 방법으로 동시를 낭송해 볼 수 있도록 한다.
- 동시 낭송은 자연스럽게 동시 지어 말하기, 노래 만들어 부르기와 연결될 수 있다.

교사는 문학작품을 들려주거나 어린이가 스스로 문학작품을 읽도록 하는 시간보다 그 외의 문학 활동에 더 많은 시간을 보내는 경우도 있다(강문희 · 이혜상, 2008). 그러나 문학 경험은 문학작품을 듣거나 읽으면서 아동들 자신 삶의 경험과 연결시켜 의미를 이해하고 아동 스스로가 작품을 접하면서 자신의 감정과 연결지어 공감하는 과정이므로 들려주는 이야기에 집중하고 몰입하는 것이 충분히 이루어진 후에 문학 활동에 대한 탐구활동을 실행하거나 문학작품을 중심으로 한 통합적 교육활동으로 확장시키는 것이 바람직하다.

3 문학적 사고활동

아동들은 문학작품을 접하면서 문학적 사고를 한다. 즉, 문학작품을 듣거나 보거나 읽는 동안 자연스럽게 자신 삶의 경험과 연결지어 생각하게 되고 작품의 내용과 구성에 대해 자신의 방식으로 이해함으로써 등장인물과 주인공의 생각과 행동을 공감하게 된다. 이와 같은 아동의 능동적인 역할을 부각시키고, 텍스트와 아동의 상호작용을 기초하는 문학 교수 · 학습 이론인 반응중심 문학교육은 텍스트 중심 문학교육에서 독자(아동) 중심의 교육으로 방향 전환이 이루어진 이론적 근거가 되었다.

아동들은 다양한 삶과 문화에 대하여 이해하고 존중하는 태도와 작품을 감상하고 평가하면서 문학작품의 내용을 표상하고 창조적으로 반응하는 모습을 보인다. 교사는 이러한 아동들의 발현적인 모습을 관찰하여 아동들이 깊이 있게 사고하고 연결지어 생각할 수 있도록 지원할 수 있다. 즉, 아동들이 인식하지 못하고 있는 부분에 대하여 또래와 상호작용을 하면서 또는 교사의 도움으로 깊이 있게 탐구하고 대화를 나누는 과정에서 유아들의 문학적 사고력은 신장될 수 있다.

문학적 사고 능력은 읽기 능력과도 밀접하게 연결되어 있으므로 글자를 읽어내는 것을 넘어서 문학작품에 깃들어 있는 의미에 대해 사고하고 이를 해석하는 사고과정은 유아들의 읽기 능력을 신장시킬 수 있는 방법이 될 수 있다. 그러므로 문학 중심적인 교육과정을 계획할 때는 유아들에게 주제에 대한 연습문제 풀기식의 지식을 제공하는 일차적인 수준의 사고활동이 아닌 유아들이 갖고 있는 놀라운 문제해결 능력으로서 세상을 읽어내고 생활 경험에 기초하여 문제를 해결해 나아가는 유아들의 독특한 사고구조를 존중하여 유아들의 삶이 앎과 연결될 수 있도록 돕는 교육적 지원이 필요하다.

세베스타(Sebesta, 1992)는 문학 중심적인 교육과정은 교육적인 의도와 미학적인 관심 간에 균형을 이루는 것이 필요하다고 하였는데(김현희 · 박상희, 2008), 아동을 대상으로 하는 문학교육에서는 이와 더불어 아동들의 독특한 사고구조와 문제해결 방식을 존중하는 접근이 요구된다. 즉, 아동문학교육을 위한 출발점은 아동들의 사고구조와 문제해결 방식을 드러내는 아동들의 반응에서 시작된다고 볼 수 있다.

아동들의 반응을 존중하는 반응중심 문학교육은 문학적인 사고 능력을 신장시키기 위하여 유아가 주도적으로 이해를 구성해 나아가는 과정이며 교사는 이를 지원하고 조력하는 과정으로 이루어진다. 즉, 문학작품을 깊이 있게 탐구해 나아가는 활동들은 문학에 대한 즐거움을 확장시키고 아동들의 반응을 기초로 문학적 사고력을 신장시킬 수 있다.

1) 반응중심 동화 지도 방안

문학교육이 이루어지는 교실 상황에서 아동들이 텍스트를 읽고 이에 대하여 반응하는 수준은 개인적인 요인과 환경적인 요인, 그리고 텍스트 자체의 요인 등 무수한 변인들에 따라 복잡하고 다양하게 나타난다. 이러한 아동들의 반응에 대해서 교사들은 아동들의 반응에서 무엇을 민감하게 보아야 하고, 그에 따라 어떤 상호작용을 해 주어야 하며 그리고 무엇을 지원해 주어야 할지 고민하게 된다. 그러므로 아동들의 반응을 기초로 하여 아동문학교육을 하고자 할 때 교사는 '반응' 이라는 개념에 대한 이해가 우선 있어야 한다.

- 반응이란 텍스트를 통한 문학 경험을 하는 동안 텍스트의 인물 · 사건에 자신의 감정이 몰입되어 동일시되는 상태를 말한다.
- 반응이란 텍스트와 교류하면서 일어나는 감정의 다양한 변화(느낌, 이미지 등)와 비판(좋고 나쁨, 가치 판단)을 포함하는 복잡한 심리적 반응이다.
- 반응은 아동들 과거의 경험과 관계를 가지며 이를 현재적 경험과 관련하여 다양한 반응으로 표출하는 것이다.
- 반응은 텍스트와 교류를 통하여 새로운 경험을 낳고 새로운 아이디어, 상상력, 창의적 사고의 반응으로 확대된다.
- 반응은 유아의 인지적 · 정의적 요인에 의해 다양하게 표출되며 텍스트 요인, 환경적 요인, 개인의 특성 등에 따라 복잡하게 형성된다.

반응을 중심으로 한 문학교육은 자유로운 분위기에서 자신의 느낌이나 생각을 반응을 통하여 교환하는 과정이라고 볼 때, 작가가 문학작품을 창작하면서 담아낸 의미를 찾아내는 것뿐만 아니라 작품과 아동, 또는 아동과 아동의 교류 속에서 발견한 의미를 재구성해 나아가는 과정이다. 아동들의 문학작품에 대한 반응은 다양하지만 이를 어떠한 교육 내용을 중심으로, 문학적 사고활동으로 연결시킬 것인가는 교육과정의 내용만큼 다양하다고 할 수 있다. 이 장에서는 문학작품을 읽어나가는 과정에서 아동들이 나타내는 반응 중 신체, 언어, 탐구 반응과 관련된 교수 · 학습 과정을 제시하고자 한다.

(1) 신체반응을 중심으로 한 반응중심 문학 교수 · 학습 과정

아동들은 문학작품을 접하면서 신체로 반응하는 것을 좋아하는데, 특히 어린 유아들은 자연스럽게 자신이 알고 있는 것들을 동작으로 표상해 낸다. 이러한 유아들의 반응을 학습으로 연결시켜 문학적인 사고를 하면서 그림책을 읽을 수 있도록 지도하는 것이 신체반응을 중심으로 한 반응중심 문학교수법이다(서화니, 2011).

어린 유아들은 특별히 좋아하는 그림책이나 주제가 있어서 책 읽는 시간이나 도서관에 가면 자신이 좋아하는 그림책을 읽어줄 것을 요구한다. 교사는 이러한 유아들의 성향을 고려하여 어린 유아들이 자신이 원하는 그림책을 쉽게 찾을 수 있도록 따로 공간을 마련하여 주도적으로 읽고 싶은 그림책을 찾도록 배려할 수 있다.

여러 번 반복하여 읽어주는 것을 좋아하는 어린 유아들의 그림책 읽기는 교사는 글을 읽고 유아는 그림 내용을 몸으로 표상해 내면서 함께 읽기가 이루어진다. 또한 몸으로 그림책에 등장하는 주인공들의 모습을 표현하다보면 주변에 있던 유아들은 자신이 알고 있는 것을 표현하기 위하여 모여들고 서로 알고 있는 것을 견주며 더 비슷하게 표현하려는 모방과 창조의 과정이 또래교수로 이어지게 된다.

교사는 이러한 과정에서 유아들의 반응을 포착하여 생각한 것을 표현하고 → 표현한 것에 대해 이야기 나누고 → 이야기를 나누면서 새롭게 생각한 것을 변형시켜 표현하도록 함으로써 신체반응을 토대로 유아가 주도적으로 문학적 사고를 할 수 있도록 도울 수 있다. 이와 관련된 실천사례로써 만 3세 유아들이 『거꾸로 박쥐』를 주도적으로 읽어나가는 과정을 제시하고자 한다(서화니, 2011).

『거꾸로 박쥐』는 거꾸로 서 있는 박쥐를 통해 다양성을 인정하고 받아들이는 법을 가르쳐 준다. 더불어 나와 다른 가치관을 갖고 있는 친구의 생각을 이해하고 인정할 수 있는 마음가짐을 가질 수 있도록 도와준다. 특히 『거꾸로 박쥐』를 읽으면서 아동들은 등장하는 동물들의 특징을 신체로 반응하며 읽기를 적극적으로 하였다.

글 : 진 윌리스
그 림 : 토니 로스
옮 긴 이 : 최재숙
출 판 사 : 국민서관(2007년)

[그림 6-6] 거꾸로 박쥐

♥ 『거꾸로 박쥐』 교수 · 학습 과정

개별 유아의 몸으로 반응하며 문학적으로 사고하기

한주(38개월)가 가장 좋아하는 책 중 한 권은 『거꾸로 박쥐』 책이다. 도서관에 갈 때마다 한주는 『거꾸로 박쥐』를 선생님께 읽어주기를 부탁했고 선생님께서 그림책을 읽어주면 한주는 몸으로 그림책에 나오는 동물들을 표현하며 서로 다른 동물들의 모습을 이해해 나갔다.

"한주의 그림책 읽기에서 재미있는 것은 오감각과 신체를 활용하며 동물들의 다름을 이해하고 신체로 표상해 내는 것으로 동물의 생태를 얼마나 이해하고 있는지 드러낸다"

[그림 6-7]

얼룩말이 달리려고 해요

[그림 6-8]

박쥐가 나무에 매달려 있어요

한주는 『거꾸로 박쥐』 그림책을 가장 좋아한다. 그림책을 교사와 함께 보면서 등장하는 동물들을 몸으로 표현한다.

한주는 그림책에 등장하는 박쥐를 어떻게 하면 박쥐처럼 표현할 수 있을지 지속적으로 생각하고 자신의 생각을 말로 표현하고 다시 다른 방법으로 표현하기를 반복하면서 다양한 방법으로 표현한다. 소파 위에 올라가서 발을 한쪽 들어보기도 하고 도구를 활용하여 물구나무를 서서 "선생님 박쥐가 이렇게 하고 있어요"라고 말한다.

⬇

[그림 6-9]

박쥐가 동굴에서 거꾸로 있어요

"선생님 보세요. 박쥐가 이렇게 하고 있어요"

교사는 한주가 거꾸로 표현하는 반응을 읽어내고 마치 박쥐가 세상을 보면 거꾸로 보이는 것이 당연한 것처럼 그림책을 거꾸로 놓아주어 그림이 거꾸로 보인다는 것을 알도록 접근하였다.

"한주야, 그림이 어떻게 보이니?"

또한 나무에 매달려 있는 박쥐의 모습을 표현하는 것을 넘어서서 박쥐가 보는 세상의 모습을 이해하도록 박쥐 흉내를 내는 한주에게 그림책을 놓아준다.

개별적인 신체반응에서 집단적인 신체반응으로 그림책을 함께 읽으며 사고하기

개별적으로 이루어졌던 민정이의 신체적인 책 읽기 반응은 다양한 동물들의 생김새와 움직임에 대하여 또래들이 함께 표현을 하면서 등장인물들에 대한 이해가 확장되었다. 또한 또래의 표현을 모방하여 따라하거나 독특한 자신의 표현을 또래들과 성인들에게 보여주면서 만족감과 즐거움을 확대시켜 나갔고, 그 과정에서 사고의 발전이 이루어졌다.

어린 유아들도 또래의 반응을 기억하였다가 자신의 표현과 합쳐 창의적인 표현방법으로 발전시켜 나가기도 하고 또래의 반응을 모방하여 자신도 시도해 보기도 하면서 동물들의 다름은 유아들에게 명료하게 이해되었고 그림책 내용에 대한 이해가 심화되었다.

[그림 6-10] 『거꾸로 박쥐』 그림책 찾기

[그림 6-11] 그림책 함께 읽기

한주(38개월)가 좋아하는 『거꾸로 박쥐』 그림책은 민정(30개월)이도 읽고 싶은 그림책이 되었고 민정이는 도서관에 들어서자마자 특별히 어린 유아들이 좋아하는 그림책을 모아놓은 곳에서 『거꾸로 박쥐』 그림책을 찾아와서 교사와 읽기 시작한다.

[그림 6-12] 그림책의 그림 흉내 내며 읽기

[그림 6-13] 또래들과 함께 몸으로 표현하며 읽기

『거꾸로 박쥐』 그림책을 읽어주기 시작하자 다른 책을 읽고 있던 유아들이 교사 주변으로 모여들어 교사가 읽어주는 내용에 따라 동물들의 특징을 몸으로 표현한다. 이러한 과정에서 또래교수가 이루어지고 유아들의 표현은 모방과 창조로 다양해진다.

민정이가 좋아하는 『거꾸로 박쥐』 책은 이제 또래 친구들이 모두 함께 몸으로 표현하면서 함께 즐기는 책이 되었고, 그림에 등장하는 동물들의 다른 모습을 표상해내는 과정에서 동물들의 특징을 명확히 이해하게 되었다.

(2) 언어반응을 중심으로 한 반응중심 문학 교수 · 학습 과정

반응중심 문학 교수 · 학습 과정은 아동들이 알고 있는 것, 경험, 관심거리에서부터 출발하므로 아동들이 문학작품을 접하고 난 다음 일상생활에서 교사는 그와 관련된 표상활동이나 언어 사용을 포착해 내는 것이 필요하다.

교사나 성인이 들려주었던 이야기를 즐겁게 들었던 유아들은 스스로 이야기와 관련된 표상활동을 일상생활에서 자연스럽게 표현한다. 특히 아동들은 그림책에서 보았던 단어나 문장을 그대로 말하거나 변형시켜 표현하는데, 이러한 언어적 반응을 그냥 지나치는 것이 아니라 이를 중심으로 문학적으로 사고할 수 있는 경험의 기회로 삼을 수 있다. 언어반응을 중심으로 한 반응중심 문학 교수 · 학습 과정을 사례로 제시하고자 한다(서화니, 2011).

- 유아들의 문학작품에 대한 언어적 반응

[그림 6-14] 그림책 사세요, 그림책 사세요, 맛있는 그림책 사세요

미영이와, 현이, 그리고 민건이는 그림책을 머리에 얹고 학교 도서실로 반납하러 가면서 "떡 사세요. 떡 사세요"를 외치며 놀이한다. 그러자 현이는 "책 사세요. 책 사세요"라며 미영이의 말을 듣고 새로 꾸며 말하였고 미건이는 "꿀 책이 있어요. 꿀 책 사세요 마지막 꿀 책 사세요"라고 외친다.

아이들은 아마도 머리에 책을 얹고 걸어가는 모습에서 얼마 전에 읽어준『해님달님』내용 중, 엄마가 떡 파는 장면이 떠오른 것 같다. 그 모습이 서로 공유되면서, 떡은 책으로 책은 다시 꿀 책으로 새롭게 지어서 표현되었다.

[그림 6-15] 『해님달님』 이야기를 몸으로 표현하는 유아

아이들에게 물어본다. "너희들 무슨 놀이를 하면서 도서관에 왔니?" 그러자 미영이는 제목은 생각이 나지 않아서인지 『해님달님』의 줄거리를 몸으로 표현하였고, 현이는 『해님달님』 그림책을 서가에서 찾아왔고 민건이는 책을 읽은 후 읽은 책을 적어 놓은 그림책 목록에서 그림책의 제목을 찾는다. 미영이는 책장에서 『해님달님』 그림책을 찾아서 그림을 펴 보이며 자신들의 놀이에 대하여 설명하고 있다. 그런데 아이들이 꾸며 말하는 『해님달님』 이야기는 내용이 약간 달랐다. 그래서 아이들에게 집에서 읽은 관련 그림책을 갖고 오거나 도서관에서 빌려올 것을 미션으로 제시하였다.

아이들은 『해님달님』에 대한 같은 내용이지만 제목이 다른 『해와 달이 된 오누이』, 『해님달님 이야기』, 『떡 하나 주면 안 잡아먹지』 등을 학교 도서실과 교실에서 찾아냈고 이를 함께 읽고 비교하며 이야기 간에 같은 점과 다른 점을 찾아보았다. 미영이는 "선생님 오빠랑 저랑은 오누이지요"라고 물었고, 현이도 "민이 오빠랑 나도 오누이지요"라며 관계에 대한 용어에 대해 관심 갖는 모습을 보였다. 재현이는 "우리는 재성이 형이랑, 유빈이 형이랑…" 이 말을 들은 미영이는 "너네는 형제야 형제"라며 정리를 해 주었다. 이러한 관심을 미션으로 연결시켜 두 번째 과제를 '오누이가 나오는 이야기 찾아오기'와 우리가 읽은 그림책들 중에서 '오누이, 형제, 자매' 등으로 2촌들 간의 관계에 관련된 용어들을 이해해 보았다.

유아들이 찾아온 그림책	자매관계의 이야기	형제관계의 이야기
	콩쥐팥쥐, 장화홍련, 냄비 세 자매, 우리 언니, 마법의 사탕 두 조각, 세 자매 이야기 등	흥부놀부, 의좋은 형제, 난 형이니까, 내 동생 앤트, 피터의 의자, 콩 형제 이야기, 난 형이니까, 우리 형 등

(3) 탐구반응을 중심으로 한 반응중심 문학 교수 · 학습 과정

능동적인 탐구자로서 아동들은 문학작품을 듣거나 읽으면서 그림, 이야기, 구성, 작가, 플롯 등 이전의 경험을 토대로 문학작품의 요소들에 대하여 호기심을 갖고 연결지어 생각한다. 이러한 아동들의 탐구반응을 기초로 교사는 유아들이 문학적으로 사고할 수 있는 다양한 맥락을 구성해 줄 수 있다. 이에 대한 구체적인 사례로서 '봄'과 관련된 그림책을 함께 찾아 읽으면서 유아들이 행한 탐구과정을 제시하고자 한다(서화니, 2011).

♥ '봄' 관련 그림책 함께 읽기 실행과정

생활주제 '계절'의 '봄' 주제 전개과정

① 봄 관련 그림책과 참고도서 수집(교사)	→	② '봄' 주제 분석을 통한 방향 설정	→	③ '봄'과 관련된다고 생각하는 그림책 찾아오기(유아)	→	④ 찾아온 그림책에 대하여 이야기 나누기	→	⑤ 새로운 과제 제시	→	③~⑤의 과정을 순환적으로 반복하며 '봄'의 의미 찾기

'봄' 주제 분석을 통한 방향 설정

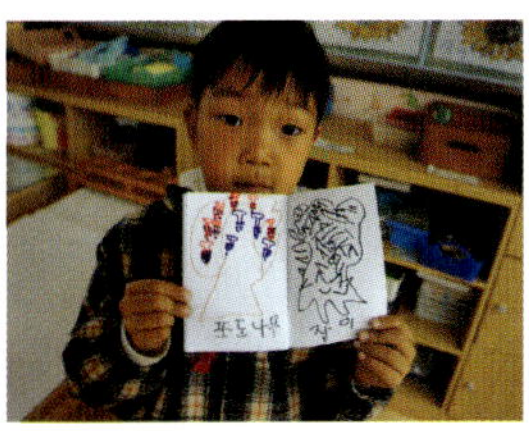

[그림 6-16]
아이들이 만든 나무 책

우리나라에는 기온 변화에 따른 '봄 여름 가을 겨울'의 사계절이 있고 사계절의 흐름 속에서 유아가 생활하게 되므로 계절은 유아가 살아가는 시·공간적 배경이 된다. 자신이 살아가는 시·공간적 배경을 이해한다는 점에서 생활주제 '봄'은 그 의미가 있다. …중략…

이러한 맥락에서 국가 수준의 유치원교육과정 지도서에는 날씨, 우리들의 생활, 그리고 자연의 변화를 주된 내용으로 선정하고 있다. 이러한 흐름을 '유아들의 주도적인 그림책 읽기'에 어떻게 반영할 것인가? 계절이 갖고 있는 특징 중의 하나는 서로 연결되어 순환하는 것이라고 생각해 보았다. 그리고 커다란 순환고리에 연결되어 있는 생명체들은 서로 공존하며 살아가고 있다. …중략 …

생명의 순환성, 공존에 대한 이해가 유아들에게 아직 이르다고 생각도 들지만, 유아들을 독자로 하고 있는 봄과 관련된 식물과 동물 그림책의 흐름에는 이와 관련된 내용이 담겨져 있다. 먼저 우리 아름 반 유아들의 이해는 어떠한지 나무 책을 만들어보면서 아이들의 생각을 들여다 보았다.

아이들의 나무그림책에는 나무와 과일, 나무와 꽃들이 그려져 있다. 이러한 아이들의 출발점에서 나아가 유아들이 그림책 함께 읽기를 통해 생태계의 순환과 공존의 의미를 이해할 수 있기를 기대해 본다. (교사의 저널 중 2011. 4. 2)

유아들이 찾아온 봄과 관련된 그림책과 그림책을 선정한 이유

유아들은 '봄' 하면 무엇을 생각할까? 유아들이 주도적으로 그림책을 찾고, 왜 그 책을 찾았는지 이야기하고 내용을 함께 읽고 생각하며 이야기와 그림에 깃든 의미를 나누다 보면 유아들은 봄을 어떻게 생각하고 있을지 드러날 것이라고 기대해 보았다.

그림책 표지	 글 · 그림 : 트리나 폴러스 옮 긴 이 : 김석희 출 판 사 : 시공주니어 (1999년)	 글 · 그림 : 히라야마 가즈코 옮 긴 이 : 이선아 출 판 사 : 시공주니어 (2003년)	 글 : 윤석중 그 림 : 김나경 출 판 사 : 파랑새(2010년)	 글 · 그림 : 한자영 출 판 사 : 사계절(2009년)
유아들의 이야기	그림 6-17 나비가 있으니까 ….	그림 6-18 봄에 민들레꽃이 피니까.	그림 6-19 꽃밭이라고 쓰여 있잖아요.	그림 6-20 봄에 꽃이 많이 피잖아요.
평가	유아들은 그림책을 선정하기 위하여 자신들이 알고 있는 글자 또는 그림책의 그림을 근거로 '봄'과 관련된 그림책들을 선정하는 것을 볼 수 있었다. 민건이는 노랑색 책 『꽃들에게 희망을』을 골라왔지만 사실 '봄'이라는 주제와는 크게 관련성을 갖고 있지 않은 『꽃들에게 희망을』은 우리의 '봄' 주제와 관련된 주제를 탐구함에 있어서 첫 출발점이 된 그림책이다.			

○ 새로운 과제 제시와 그림책 찾아오기

새로운 과제 제시 : '봄에 볼 수 있는 것은 무엇이 있을까?'

민건이가 찾아온 『꽃들에게 희망을』 책은 유아들에게 봄과 관련된 것으로서 꽃 이외에도 나비와 애벌레 등에 관심을 갖도록 하였다. 이러한 현상은 둘째 날 책 찾기에서 나타나고 있다.

그림책 표지	 그 림 : 이엘라 마리, 엔조 마리 출 판 사 : 보림(2003년)	 글 · 그림 : 나탈리 비인제플렌 옮 긴 이 : 조현실 출 판 사 : 물구나무(2000년)	 그 림 : 옐라 마리 출 판 사 : 시공주니(1996년)	 글 : 고은설 그 림 : 심문선 출 판 사 : 청개구리(2009년)
유아들의 이야기	그림 6-21 애벌레가 있어요. 애벌레가 있어서 봄 생각이 나요.	그림 6-22 그림책 안을 보면 나비가 사과가 열리게 도와주고 있어요.	그림 6-23 나무에서 애벌레가 살잖아요.	그림 6-24 봄에 개구리가 알을 낳았어요
평가	유아들의 관심은 꽃과 나비 그리고 애벌레에 관련되어 있었고, 대부분의 유아들은 아직 제목을 읽을 수 없었기 때문에 주로 표지에 있는 그리고 책 안에 그려진 그림 중에 꽃이나 나비, 그리고 애벌레가 그려져 있으면 찾아와 묻는다. "선생님 이거요?"라고 물으며 선생님의 표정을 살피기도 하고 사서 선생님에게 꽃과 나비가 있는 책을 물어보기도 하였다.			

새로운 과제 제시와 그림책 찾아오기

첫째 날 (월요일)	첫째 날 대부분의 유아는 봄과 관련된 책 찾기에서 꽃 그림이 있는 꽃이라는 글씨가 있는 책을 찾아왔다. 그런데 민건이가 찾아온 『꽃들에게 희망을』 책은 유아들에게 봄과 관련된 것으로서 꽃 이외에도 나비와 애벌레 등에 관심을 갖도록 하였다. 이러한 현상은 둘째 날 책 찾기에서 나타나고 있다.
둘째 날 (화요일)	유아들이 찾아온 그림책에는 한결같이 나비와 꽃 그리고 애벌레가 나온다. 그렇게 찾아온 책 중에는 재미있게도 자연의 순환성과 관련된 그림책들이 포함되어 있었다. 나는 너무도 반가웠다. 특히 『사과와 나비』, 『나무』, 『엄마 얼굴』 등은 자연의 순환성과 생명체가 서로 공존하며 살아가는 모습이 그림과 글에 담겨져 있다. 그러나 유아들이 처음부터 그 의미를 발견해 내지는 못했다. 이를 발견해 내기 위해선 그림책의 장면을 꼼꼼히 살펴보고 앞장과 뒷장의 관계성을 이해하며 책을 읽어나가는 교사의 도움이 필요하다.

~

다섯째 날 (금요일)	민기가 발견한 『사과와 나비』는 유아들이 봄에 대한 의미뿐만 아니라 자연의 순환성과 공존 등의 의미를 지속적으로 재발견할 수 있는 그림책이다. 또한 미영이가 찾아온 『나무』는 동물과 식물의 공생관계의 일면을 잘 보여주는 그림책이다. 유아들은 『사과와 나비』와 『나무』에서 자연의 어떠한 면을 발견해낼까? 이에 대한 유아들의 발견을 살펴보기 위해 먼저 개별적으로 『사과와 나비』와 『나무』 그림책 읽기를 하였다. 그런데 재미있는 것은 유아들이 몇 번 반복하여 읽으면서 읽은 내용을 수정해 나아가고 있음을 공통적으로 살펴볼 수 있다.

순환적 그림책 읽기과정에서 유아들의 발견

	그림책의 장면				
나무					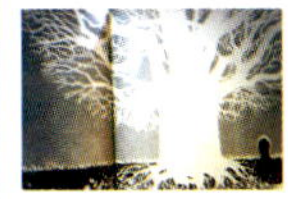
	그림 6-25	그림 6-26	그림 6-27	그림 6-28	그림 6-29
	처음엔 그림에 나오는 나무와 동물들의 행동을 단편적으로 읽어냈지만 점점 계절의 변화에 따라 조화롭게 공존하는 동물들의 생태를 이해하고 이를 종합적으로 사고하게 되면서 계절의 변화와 그에 따른 동물과 식물들의 생태를 연결지어 생각함				

그　　림 : 옐라 마리
출 판 사 : 시공주니어
발행년도 : 1996

개별 유아가 『사과와 나비』와 『나무』를 함께 읽으면서 발견해 낸 내용

<table>
<tr><th></th><th colspan="5">발견한 내용</th></tr>
<tr><td rowspan="5">이재훈</td><td colspan="5">"책을 끝까지 봤는데 다시 연결되어 시작해요. … 처음에 읽을 땐 몰랐는데, 자꾸 보니까 몰랐던 것을 알게 되요. 자꾸 보면 또 발견하고 자꾸 보면 또 새로운 걸 발견하니까 재미있는 것 같아요. … 『사과와 나비』 책은 뒤랑 앞도 연결되는데, 『나무』는 두꺼운 종이는(표지를 이야기하고 있음) 연결되지 않고 안에 얇은 종이만 연결되요"</td></tr>
<tr><td rowspan="2">사과와 나비</td><td></td><td></td><td></td><td></td></tr>
<tr><td colspan="4">제 목 : 사과와 나비, 그 림 : 이엘라 마리, 엔조 마리, 출 판 사 : 보림(2003년)
그림 6-30 그림책의 마지막 장면 / 그림 6-31 겉표지 / 그림 6-32 속표지 / 그림 6-33 그림책의 첫 장면</td></tr>
<tr><td rowspan="2">나무</td><td></td><td></td><td></td><td></td></tr>
<tr><td colspan="4">제 목 : 나무, 그 림 : 옐라 마리, 출 판 사 : 시공주니어(1996년)
그림 6-34 그림책의 마지막 장면 / 그림 6-35 겉표지 / 그림 6-36 속표지 / 그림 6-37 그림책의 첫 장면</td></tr>
<tr><td>신민기</td><td colspan="3">
그림 6-38
『사과와 나비』에서 나비가 사과나무를 도와주고, 사과나무도 나비를 도와주고, 서로서로 도와주고 있어요. … 『나무』에서도 땅은 나무를 살게 하고 나무는 동물들에게 집도 주고 먹을 것도 주고 동물들은 나무가 심심하지 않게 함께 있어주고 … 계속 보니까 땅이랑 나무랑 새들이랑 동물들이 서로 도와주고 있고 … 동물들이랑 식물들이랑 도와주고 하니까 계속 살 수 있어요.</td><td colspan="2">나무 그림에 나타난 변화
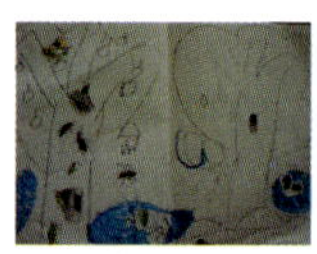 
그림 6-39 그림 6-40
그림책 활동을 마친 후 유아들의 그림

생태 관련 그림책을 함께 읽으면서 민기의 그림은 다양한 곤충들과 다람쥐가 나무그림에 함께 살고 있는 모습으로 표현되었다.</td></tr>
</table>

그림책을 함께 찾아 읽으면서 유아들이 행한 탐구과정에는 아동들의 반응이 어떻게 나타나고, 명료화되어 심화 발전되어 가는지 나타나 있다. 이를 위해서는 아동들의 반응이 나타나는(형성) 순간을 포착하여, 이를 기초로 반응을 명료화하고 심화시켜 나아가는 교사의 역할이 중요하다.

교수 · 학습 과정에서 나타나는 유아들 사고의 변화는 유아의 듣기와 말하기의 순환과정과 밀접한 관련을 갖는데, 이를 도식으로 나타내면 다음과 같다(서화니, 2011).

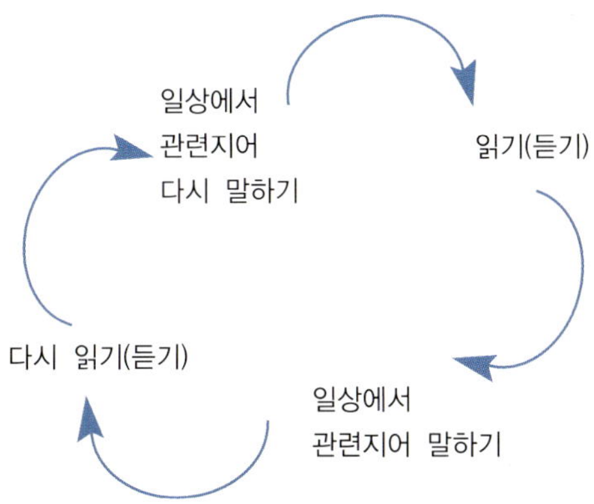

[그림 6-41] 반응중심 동화 지도에서 유아들의 사고과정을 돕는 듣기와 말하기의 순환성

이처럼 아동들은 문학작품에서 보거나 들은 이야기를 일상생활에서 자연스럽게 언어적으로 표현(반응)하고, 이를 포착하여 교사는 유아들에게 이야기를 다시 들려달라고 요청할 수 있을 뿐 아니라 반응을 명료화하기 위하여 관련된 문학작품을 아동들과 함께 다시 찾아서 함께 읽어보는 등 문학작품에 깃든 의미를 재발견하는 반응의 심화과정으로 유아들의 생각을 확장시켜 나가도록 도울 수 있다. 이러한 상호작용의 과정을 반응중심 교수 · 학습 모형 절차로 재구성하면 다음과 같다.

반응의 형성	반응의 명료화	반응의 심화
• 문학작품 소개 • 문학작품을 소개한 후 일상생활에서 유아들의 반응을 관찰하여 유아들과 관련된 반응을 문학적 사고활동의 토대로 삼는다.	• 유아들의 반응에 대하여 다시 이야기하도록 하여 유아들이 무엇을 알고 있는지 실태를 파악한 후 사고활동을 돕기 위한 과제를 제시한다.	• 제시된 문제(과제)를 함께 풀어나가며 주제를 심화시켜 나간다. • 문학작품을 기초한 통합활동을 구안 · 실행 한다. • 심화된 주제를 내용으로 관련된 문학작품을 탐색한다.

[그림 6-42] 유아들의 반응을 중심으로 한 반응중심 교수 · 학습 과정 절차

2) 반응중심 동시 지도 방안

동시의 내용을 듣거나 읽으면서 아동은 자신의 삶과 경험에서 비롯된 자유로운 상상과 반응을 자연스럽게 표현한다. 아동들의 반응을 존중하며 이러한 반응을 민감하게 수용하는 환경에서 아동들의 생활 경험과 연결된 동시를 제시하고 아동들과 함께 탐구하는 교수 · 학습 방법이 반응중심 동시 지도이다. 이는 동시의 본문을 매개로 자신의 경험과 상상의 세계를 연결시키고 발견적으로 반응함으로써 동시의 내용에 대해 추론하고 예측하고 탐구하는 과정이 아동들의 생활 경험에 긴밀하게 연결되어 있는 교수 · 학습 전략이다. 반응중심 동시 지도를 위한 교수 · 학습의 단계를 정리해 보면 다음과 같다.

(1) 반응중심 동시 지도 수업 단계

단계	반응중심 동시 지도의 교수 · 학습 단계
반응의 형성	• 소개하는 동시의 주제와 관련된 교사의 경험 이야기하기 • 주제와 관련된 유아의 경험을 이야기하며 관련짓기 • 동시 제목을 듣고 연상되는 것 떠올려보기 • 동시 내용을 듣고 제목 붙여보기

<table>
<tr><th>단계</th><th>반응중심 동시 지도의 교수 · 학습 단계</th></tr>
<tr><td>반응의 명료화</td><td>• 동시 읽어주기(낭송해 주기)
• 유아들의 반응을 경청하기
• 유아들의 반응을 일상 경험과 연결시켜 명료화하기
• 동시 내용에 대해 예측, 추론 탐구해 보기</td></tr>
<tr><td>반응의 심화</td><td>• 동시의 내용 및 느낌을 표현해 보기
- 동시의 느낌을 그림으로 표상해 보기 - 동시표현(시어) 바꾸어보기
- 극 놀이하기 - 신체 표현하기</td></tr>
</table>

(2) 동시 지도 계획안

<table>
<tr><td>주제</td><td>나와 가족</td><td>동시 제목</td><td>마음(이경우, 1998, 한림)</td></tr>
<tr><td>활동목표</td><td colspan="3">• 동시를 즐겨 감상한다.
• 다양한 감정에 따라 행동이 달라짐을 안다.</td></tr>
<tr><td>누리과정 관련 요소</td><td colspan="3">• 의사소통과 이야기 즐기기〉동호, 동시에서 달의 재미를 느낀다.
• 사회관계〉나를 알고 존중하기〉나의 감정을 알고 상황에 맞게 표현한다.</td></tr>
<tr><td></td><td colspan="2">활동 내용</td><td>비고(준비물)</td></tr>
<tr><td>도입</td><td colspan="2">① 다양한 표정의 사람들 사진을 유아에게 제시한다.
- 이 사람은 어떤 기분인 것 같니?
- 왜 이런 표정을 하고 있을까?
② 여러 가지 상황에 따라 기분이 바뀌었던 경험에 대해 이야기를 나눈다.
- 즐거운 마음이 드는 때는 언제이니?
- 즐거울 때는 어떤 표정이 지어질까?
③ 다양한 감정(속상한 감정, 두려운 감정, 부끄러운 감정, 행복한 감정, 졸린 감정, 화가 난 감정, 무서운 감정 등)에 대해서 이야기를 나눈다.
④ 마음이 무엇인지에 대해 이야기를 나누고 동시를 소개한다.</td><td>*동시를 소개하기 위한 교수 · 학습 방법</td></tr>
<tr><td>전개</td><td colspan="2">① 동시를 낭송해 준다.
② 동시를 듣고 유아의 생각과 느낌에 대해 상호작용을 한다.
- 동시를 들으면서 어떤 생각(느낌)이 떠올랐니? 떠오른 생각을 이야기해 줄 수 있겠니?
- 동시를 들으니 어떤 느낌(모습)이 떠오르니?
- 이 동시에서 모르는 낱말은 무엇이고 그 뜻이 무엇이라고 생각하니?
- 동시에서 가장 재미있는 표현은 뭐였니? 왜 그렇게 생각하니?</td><td>*동시를 소개한 후 유아들의 반응을 중심으로 문학적 사고를 촉진하기 위한 반응중심 동시 지도 교수 · 학습 방법</td></tr>
</table>

	활동 내용	비고(준비물)
전개	- 이 동시에서 가장 중요하다고 생각되는 낱말은 무엇일까? 그렇게 생각한 이유를 이야기해 줄 수 있니? - 마음이 새로워야 한다는 것이 무엇일까? - 마음이 고와지면 말씨, 행동, 얼굴이 고와지니? ③ 동시로 어떤 놀이를 해볼 수 있을까? - 유아들의 반응에 따라 연계할 수 있는 놀이를 안내하고 다음 활동으로 해볼 수 있도록 소개한다.	*동시를 소개한 후 유아들의 반응을 중심으로 문학적 사고를 촉진하기 위한 반응 중심 동시 지도 교수·학습 방법
마무리	다음 시간에는 이 동시를 새롭게 우리들의 마음을 담아서 지어보도록 하자. 오늘 우리들이 하루를 함께 지내면서 여러 가지 마음을 느끼게 될 텐데 그 마음을 잘 기억했다가 동시를 새롭게 지어볼 때 말해 보면서 동시를 지어보면 재미있을 것 같은데… 우리들의 이야기를 동시로 표현해 보도록 하자.	*교사(유아)가 제안한 활동들은 동시를 노래로 만들기, 여러 감정을 얼굴로 표현해 보기 등의 통합활동으로 연계될 수 있다.

07 동화의 전달방법

언어는 유아가 속한 사회문화를 이해하며 받아들이고 자기의 세계를 만들어가고 표현하는 데 매우 중요한 매개가 되며 인간이 타고난 능력 중 특별히 구별된 능력임에 틀림없다. 이러한 언어를 통해 전달되는 문학은 구연방법이나 구연할 때 사용되는 매체에 따라 문학에 대한 흥미와 교육적 가치는 달라진다고 할 수 있다. 본 장에서는 동화전달의 기본방법인 동화구연과 제작해서 사용할 수 있는 매체동화로 나누어 살펴보고자 한다.

1 동화구연

1) 동화구연의 개념

동화구연이란 유아에게 동화를 들려주면 귀로 듣고 장면을 상상하며 감동을 전달받는 문학의 전달방법이라고 할 수 있다. 유치원과 어린이집 교사, 유아교육 관련 학과의 예비교사들은 동화를 구연하기 위해 개작을 하게 되며 개작해 놓은 동화로 매체를 사용하여 구연하거나 매체 없이 구연동화로 들려주는 과정을 경험하기 때문에 동화구연과 구연동화를 혼돈하여 사용하기도 한다. 입으로 들려주고 귀로 듣는 것은 동화구연이나 구연동화나 동일한데, 어떻게 구분이 되는 걸까?

'동화구연'은 이야기를 목소리 연기로 유아들에게 전달하는 활동을 말하며, '구연동화'는 동화를 전달하는 여러 가지 방법 중 구연의 방법으로 제시된 동화의 한 형태로 정의할 수 있다(류혜원, 2008). 이은경(2002)은 동화구연과 구연동화는 분명한 차이가 있다고 설명한다. 동화구연은 문장으로 써 있는 동화를 말로 들려주는 것인데, 말로 들려주기 위해서는 단순히 문장으로 써 있는 동화를 그대로 들려줄 수 없기에 반드시 동화구연을 위한 개작이라는 작업이 필수적으로 수반된다. 하지만 이와는 달리, 구연동화는 애초부터 구연하기에 편리하도록 쓰인 동화로써 처음부터 구연을 목적으로 쓰였기 때문에 개작이라는 작업이 필요하지 않다.

실제로 동화구연과 구연동화를 사전에서 찾아보면 구연동화만 제시되어 있다. 구연동화(口演童話)란 이야기 내용을 말로써 연기하듯 하며 들려주는 동화(새국어사전, 1994), 입으로 실감나게 들려주는 동화(네이버 국어사전)임을 알 수 있다. 어린 자녀를 둔 부모들이나 대부분의 교사들은 동화책을 보며 구연해 주는 동화구연을 주로 하고 있으며 일부 교사들은 구연동화를 들려주기도 한다.

동화구연을 할 때에는 동화를 들려주는 구연자와 들려줄 동화 그리고 동화를 듣는 사람, 즉 구연자, 내용, 청자를 필요로 하며 이는 구연의 세 가지 요소가 된다. 따라서 준비된 구연동화나 매체동화가 있다면 언제 어디서든지 가능한 활동이 동화구연이라 할 수 있다.

2) 동화구연의 교육적 가치

동화를 구연할 때는 입으로 연기하듯이 들려주기 때문에 유아들은 사실인 것처럼 받아들이게 된다. 앤더슨(Anderson, 1972)에 의하면, 구연동화는 이야기를 들려주는 사람과 듣는 사람 사이에 어떠한 장애물도 없이 서로 얼굴을 마주하고 앉아 있으므로 친밀감이 형성되고 교사의 표정과 몸짓 등은 유아의 표현을 돕워준다. 이렇듯 동화를 구연한다는 것은 들려주는 사람과 듣는 사람이 즐거움과 편안함을 느낄 수 있도록 하며 유아들의 언어 발달과 정서 발달에 특히 도움을 줄 수 있다. 동화구연은 여러 측면에서 유아들에게 긍정적인 영향을 미친다. 동화구연의 교육적 가치를 정리해 보면 다음과 같다.

표 7-1 동화구연의 교육적 효과

구분	교육적 가치
Raines & Isbell(1994)	구연하는 사람이나 듣는 사람은 이야기의 힘을 신뢰하며 유아들은 이야기 듣는 과정을 통해 이야깃감을 발달시키고 나아가서는 자신이 화자로서 남들에게 자신들의 이야기를 다시 전달하는 데까지 이른다.
김은심(2004)	동화의 주제와 정서에 공감하여 구연자의 동화로 만든 후 구연을 하면 유아들은 즐겁게 동화를 들으며, 들은 동화의 주제를 이해하고 동화에 담겨 있는 정서에 공감하여 상상력과 창의력을 가지게 될 것이다.
이규원(2002)	유아는 동화를 들으면서 상상력을 동원하여 그들만의 꿈의 세계를 만들어 가는데, 이러한 상상력은 현실을 변화시키고 새롭게 하는 에너지가 된다.
이대균 외(2009)	동화를 들으며 감상하는 능력이 길러지고 예술적 감동을 받으므로 문학을 좋아하게 되고 직접 읽고 싶어하게 되며 자연스럽게 독서교육이 이루어진다.
류혜원(2008)	동화는 유아들에게 시적 정의감을 통해 생활 속에서의 가치관이나 습관 등을 제시하는 역할을 한다. 유아들에게 바른 행동과 바른 언어, 바른 생활을 제시하는 길잡이가 되는 동화야말로 유아들의 종교라고 할 수 있다.

우리나라에 동화구연이 대중적으로 알려지기 시작한 것은 1920년대 색동회를 중심으로 소파 방정환 선생님이 전국을 돌며 '동화회'를 열면서부터이다(석용원, 1993). 그는 직접 동화구연을 하고 동화구연대회를 열기도 하는 등 어린이 운동에 선구자 역할을 하였으며 아동의 권리를 강조하고 아동교육을 발전시키는 데 소중한 밑거름을 마련하였다.

국회전자도서관에 '동화구연'으로 학위논문을 검색하면 총 94권의 논문 목록을 볼 수 있다. 1992년부터 2011년 현재까지 유아와 아동을 대상으로 한 논문에서는 대체로 동화구연이 유아와 아동의 언어 발달, 창의성 발달, 정서지능, 자아존중감, 사회성 발달에 영향을 미치며 치료적 효과가 있음을 밝히는 연구들이 상당수 포함되어 있다. 이를 통해 동화구연의 교육적 가치와 개인에게 감동과 변화를 추구할 수 있는 문학의 특성을 알 수 있다.

3) 동화 선정의 기준과 주의사항

어떤 목소리가 동화구연에 적합한가에 대한 정확한 답은 없다. 유아들은 평범한 어조보다는 명랑한 어조에 더 주의를 기울인다는 보고도 있으나 중요한 것은 이야기 자체의 분위기에 맞게 구연하는 것이다(이송은, 2004). 따라서 동화구연은 어떤 동화를 신댁하느냐가 더 중요하다고 볼 수 있다. 류혜원(2008)은 개직 이전에 일차적으로 어떤 작품을 들려줄 것인가를 선택하는 기준을 내용면과 구성면으로 제시하였다. 이를 간략히 정리하면 다음과 같다.

표 7-2 동화 선정기준

내용면에서의 선택	구성면에서의 선택
• 교사가 읽어서 '재미'를 느끼고 아동에게 들려주고 싶다는 생각이 들어야 한다. • 예술성이 적절하게 조화를 이루고 있어야 한다. • 삶의 태도와 가치관을 발전시킬 수 있는 교육적 가치가 있어야 한다.	• 발단, 전개, 절정, 결말의 구성이 명확해서 이야기에 몰입하기 쉽고 들은 후에도 심리적 만족감을 느낄 수 있어야 한다. • 주인공을 중심으로 내용이 전개되고 시간의 순서에 따라 내용이 전개되는 단순구성이어야 한다. • 활동적인 변화가 있고 재미있으며 교육적 가치를 지니고 있어야 한다.

이외에도 동화를 구연하는 교사는 선택한 동화가 구연에 알맞은 내용인지 알아보기 위해 다음과 같은 사항을 체크해야 한다. Coody(1983)는 일곱 가지 사항을 제시하였다.

- 구연자에게도 이야기의 내용이 재미있고 즐거운가?
- 이야기가 구연자의 성격과 스타일에 맞는가?
- 이야기가 청자의 수준(아동의 흥미, 요구, 연령 등)에 알맞은가?
- 내용을 개작하여도 줄거리에 변화가 없는가?

- 이야기 전개과정에 대화와 동작이 충분히 들어 있는가?
- 문장이 너무 길지 않은가, 그리고 내용을 쉽게 요약 · 정리할 수 있는가?
- 구연자가 준비하기에 용이한가?

구연하기 :『여우가 알을 낳았어요』

몹시 배가 고픈 여우가 먹이를 찾아서 강가를 어슬렁거렸어요.
그러다가 커다란 오리 알 하나를 발견했어요. "이 오리 알을 그냥 먹어? 아니지, 알을 품어서 통통하게 살찐 오리를 먹는 게 낫겠어."
여우는 투실투실한 엉덩이를 오리 알 위에 내려놓았다가 깜짝 놀라 소리쳤어요.
'이런~ 이렇게 깔고 앉으면 깨질거야' 여우는 다시 생각에 잠겼어요. "옳지!" 여우는 풀밭에 구덩이를 파서 알을 넣고, 그 위에 살며시 엎드렸어요. "아이구, 다리야! 이건 너무 힘든걸, 좋은 방법이 없을까?" 한참을 생각한 여우는 긴 나무껍질로 오리 알을 꽁꽁 감싼 뒤, 배에 칭칭 동여맸어요. "음, 됐어. 이제 좀 마음이 놓이는군" 그런데 토끼를 잡으려고 마구 달리는 바람에 알이 떼구루루 굴러갔지 뭐에요. "에잇, 짜증 나. 그냥 콱 먹어버려야겠어!" 약이 오른 여우는 오리 알을 입에 쏙 넣었어요. 순간, 좋은 생각이 번쩍 떠올랐어요. "그래, 바로 이거야! 입으로 알을 품으면 되겠구나. 난 정말 똑똑해!" 여우는 입으로 알을 품기 시작했어요. 그러던 어느 날이었어요. 입안에서 톡, 톡, 톡! 이상한 소리가 들려왔어요. 깜짝 놀란 여우는 얼른 오리 알을 뱉었지요. 어머나! 오리 알에 가느다란 금이 가 있지 뭐에요! 잠시 후, 껍질을 깨고 아기 오리가 나왔어요.
'히히히, 드디어 오리가 되었어. 얼른 잡아먹어야지' 그때 아기 오리가 아장아장 걸어오더니, "엄마! 엄마!" 말하는 거에요. "나 난 네 엄마가 아니야, 그러니까…나…나는 가만있자…난 남자거든. 그러니까 난 아빠야", "아빠? 아빠!", "난 지금 무척 배가 고프단다" 여우는 군침을 꿀꺽 삼키더니 아기 오리를 입속에 넣었어요. 그러나 아기 오리가 여우의 혓바닥을 톡톡 쪼아대는 바람에 너무 따가워 입을 딱 벌렸어요.
"아빠! 아빠! 내가 껍질 속에 있을 때 아빠가 입속에서 재워주셨죠? 얼마나 행복했는지 몰라요", "어? 어…"
"아빠, 나 배고파요!" 아기 오리가 여우 입속에서 나오며 칭얼거렸어요. 여우는 한숨을 푹~ 쉬고는 아기 오리에게 산딸기를 따다 먹여주었지요. 배불리 먹은 아기 오리는 잠에 겨운 목소리로 속삭였어요. "아빠, 고마워요. 사랑해요..."
어느새 아기 오리는 잠이 들었고 여우는 남은 산딸기 열매를 아작아작 먹어치웠어요.
"쳇, 난 이제 고기는 질렸어. 나무열매도 맛있는데, 뭐" 그 후로 여우는 아기 오리를 다정한 아빠처럼 보살펴 주었답니다.

안성시 보육시설연합회 구연동화대회 자료집(2007)

동화를 작품 그대로 책을 읽듯이 구연한다면, 유아들이 이해하기 어렵거나 구연에 부적합성이 느껴져서 구연하는 교사나 듣는 유아는 흥미를 덜 느낄 수 있다. 따라서 구연하기 위한 기본적인 주의사항에 유념하여 즐겁고 유익한 시간이 되도록 해야 한다.

- 동화를 처음부터 끝까지 소리 내어 읽는다.
  동화를 천천히 읽으면서 줄거리와 인물 및 상황에 대한 특징을 파악한다.
- 동화를 개작한다.
  개작을 할 때는 유아의 연령별 수준과 동화의 특성과 교육적 가치, 동화의 종류 등에 대한 이해를 토대로 등장인물의 성격을 설정하여 직접화법으로 고치고 활동적인 용어를 사용한다.
  예를 들어, '엄마는 지수에게 밥을 먹으라고 하였습니다' 보다는 '엄마는 지수에게 다가와서 '지수야! 얼른 먹어야지!' 라며 지수에게 밥을 주었습니다' 로 바꿀 수 있다. 또한 '고양이가 다가왔습니다' 보다는 '고양이가 살금살금 다가왔습니다' 로 바꿀 수 있다.
- 호흡을 조절하면서 모든 인물의 대사는 힘 있게 읽는다.
  구연자의 호흡조절에 따라 대사전달의 힘이 좌우됨으로 연습용 원고에 끊어 읽기를 표시하여 충분히 연습을 한다. 이때, 아랫배에 힘을 깊이 넣은 다음 소리를 내는 노력과 함께 호흡을 적절히 나누어 연습한다.
- 적절한 표정연기와 몸짓을 곁들인다.
  동화 내용을 좀 더 구체적으로 흥미 있게 전달하기 위해서는 적절한 표정과 몸짓을 사용함으로써 유아들이 구연에 집중할 수 있으며 이해하기 쉽다. 하지만 지나치게 많이 움직이는 것은 오히려 내용의 전달을 방해할 수 있다.

- 자신감을 갖고 즐거운 표정으로 구연한다.
  교사가 준비한 동화에 대해 '재미있을 것 같다' 라는 기대감을 갖도록 하기 위해 동화의 내용과 관련 있는 날씨 이야기, 노래, 손유희, 수수께끼, 그림이나 인형 등을 사용한다. 또는 유아들에게 시선을 골고루 주면서 유아의 반응을 살피며 여유 있는 모습을 보인다.
- 구연 도중에 이야기를 수정하거나 주의를 환기시키는 말은 하지 않으며 구연 도중이나 끝난 후에 도덕적인 훈계나 평가를 하지 않는다.
  유아들이 흥미를 갖고 동화의 전체적인 흐름을 느끼며 감상할 수 있어야 하며 유아들의 자유로운 사고와 상상력을 방해하지 않도록 해야 한다.

2 매체동화

매체동화는 동화의 특성에 맞추어 매체를 적절히 선택하여 들려주기 때문에 유아들이 동화 듣는 시간을 기대하게 되고 상상력과 창의성, 심미감 등의 발달에도 영향을 미치게 된다. 동화를 위한 매체는 그림동화, TV 동화, 병풍동화, 융판동화, 자석동화, 막대동화, 테이블 인형 동화, 여러 종류의 인형 동화, OHP 동화, 슬라이드 동화, 파워포인트 동화 등이 있다.

1) 그림동화

그림동화의 가장 일반적인 유형은 낱장식 동화로써 유아의 이해를 돕기 위하여 동화의 내용을 낱장으로 그린 다음, 그 순서대로 정리하여 교사가 그림과 함께 이야기를 들려주는 방법이다. 낱장의 동화를 연결하여 제작하면 TV 동화와 병풍동화가 될 수 있다.

(1) 낱장식 동화

동화의 전체 내용을 압축하거나 실제 분량을 몇 장의 낱장 그림으로 그려서 교사의 무릎 또는 테이블 위에 세워놓고 한 장씩 뒤로 옮기면서 들려주는 그림동화이다.

1 제작방법

① 동화구연이 너무 길지 않으면서 동화의 줄거리를 이어갈 수 있는 장면을 10~15장 이내로 선정하여 내용을 워드 작업한다.

② 동화의 첫 장에는 제목을 쓰고 내용을 예측할 수 있는 그림의 일부를 제시한다.

③ 4절지 크기의 마닐라지, 하드보드지, 도화지 등에 그림을 그린다.
그림을 제작할 때에는 물감이나 포스터칼라, 매직, 마커 펜 등의 사용이 가능하며 크레파스나 파스텔 등을 사용할 경우에는 그림의 앞장과 닿아 번지는 일이 생기므로 앞장에 붙인 구연 내용에 묻지 않도록 투명시트지로 내용을 붙여 놓는다.

④ 그림의 부분을 입체적으로 처리하면 유아들의 흥미와 집중도가 높아진다. 예를 들어, 등장인물은 칼집을 내서 움직이거나 와이핀, 낚싯줄 등을 이용해 움직임 추가하기, 골판지 · 주름지 · 부직포 등 다른 재질의 재료를 사용하거나 입체적으로 부분 돌출시키기, 등장인물을 인형으로 만들어서 낱장을 넘길 때 등장하는 장면에 붙여서 사용한다.

⑤ 제목이 있는 첫 장에는 동화가 시작되는 첫 장면의 내용을 붙이고, 첫 장면의 뒷면에는 두 번째 장면의 내용을 붙이는 등 그림을 넘길 때마다 교사의 시선 안에 동화 내용이 들어와야 한다.

2 제시방법

① 제시하기 전에 동화 내용의 순서를 확인한 다음, 유아들이 잘 볼 수 있는 위치에 떨어져 앉는다. 이때 비닐을 씌운 동화의 경우에는 빛의 반사를 미리 고려하여 유아들의 자리를 배치해야 한다.

② 동화를 듣고 있는 유아들의 반응을 살피면서 이야기 내용을 흥미 있게 진행한다.

③ 동화는 교사의 무릎 또는 책상 위에 올려놓고 구연하는데, 이때 교사가 내용을 읽기 위해 고개를 숙여서 교사의 얼굴이 가려지지 않도록 한다.

④ 동화는 교사의 손에 의해 그림이 가려지지 않도록 좌우 끝을 살짝 쥐고 한 장씩 오른쪽(또는 왼쪽)으로 천천히 넘기면서 이야기를 들려준다. 그림을 넘길 때에는 이야기가 끊기는 일이 없도록 한다.

⑤ 동화를 들려준 후에는 다시 한번 유아들이 내용을 감상할 수 있도록 그림만 처음부터 끝까지 보여준다.

(2) TV 동화

TV 동화(텔레비전 동화)는 그림동화의 변형된 형태로 동화의 장면이 두루마리로 연결되어 TV 화면이 바뀌듯 한 장씩 돌리면서 들려주는 방법이다.

1 제작방법

① 동화 내용을 너무 길지 않도록 10장~15장 이내로 장면을 선정한다.

② TV 동화의 화면은 소그룹, 대그룹에 따라 화면 크기가 달라져야 하지만 4절지 또는 8절지 크기가 적당하며 TV상자의 뚫어진 화면(공간)보다 사방 5~6cm 정도 여유가 있어야 한다.

③ TV상자는 하드보드지나 견고한 상자를 사용하여 제작하고 얇은 플라스틱 봉을 상자의 좌우 윗면의 구멍에 넣어서 상자 밑면의 돌출된 부분에 끼운다. 상자 밑면은 필름 통 또는 풀 뚜껑과 같은 작은 원기둥을 붙여 플라스틱 봉을 고정시킬 수 있도록 한다.

④ 동화의 장면은 도화지나 머메이드지에 낱장동화와 같은 방법으로 그림을 그린다.

⑤ 그림이 완성된 다음에는 제목을 첫 장으로 하여 장면번호 순서대로 끝과 끝을 연결하여 붙여서 두루마리로 만든다. 이때 장면의 연결은 뒷면에 투명테이프 또는 종이테이프로 붙인다.

⑥ 동화의 내용은 각 장면의 뒤쪽 상단에 워드 작업하여 붙인다.

⑦ 그림을 그린 다음, 뒷부분에 그림 내용에 대한 설명을 써서 붙인다.

2 제시방법

① 유아들과 TV 화면의 적당한 거리와 높이를 고려하여 유아용 책상 위에 동화를 올려놓는다.

② 상장의 플라스틱 봉을 한쪽 방향으로 천천히 돌리다가 그림의 화면이 중앙에 오게 되면 멈추고 구연을 한다. 이때 교사는 낱장식 동화와 마찬가지로 그림 뒤쪽에 직혀있는 내용에만 의존하면 화면 뒤에서 교사의 얼굴이 가려질 수 있으므로 반드시 교사는 동화 내용을 완전히 이해한 후 유아들과 시선을 마주하면서 진행해 가야 한다.

③ 구연이 끝나면 전체 그림만 다시 보여줄 수 있다.

(3) 병풍동화

병풍동화는 그림동화의 변형된 형태로 병풍처럼 동화의 내용이 연결되어 TV 동화와는 달리 전체 장면을 한 번에 볼 수 있는 동화이다.

1 제작방법

① 동화 내용을 너무 길지 않도록 10장 이내로 장면을 선정한다.

② 하드보드지나 두꺼운 도화지를 가로 30~35cm, 세로 25~30cm로 11장을 준비한다.

③ 동화 내용에 따라 병풍동화처럼 그림을 그리거나 한지, 색상지로 장면을 꾸민다.

④ 첫 장에는 제목을 붙이고 나머지 장면을 모서리끼리 테이프로 붙여서 병풍의 형태로 만든다.

⑤ 그림을 연결할 때, 병풍처럼 접힐 수 있도록 앞과 뒤를 살펴가면서 붙인다.

⑥ 동화의 내용은 한 장의 종이에 장면번호를 쓰고 워드 작업하여 마지막 장면의 뒷면에 붙인다.

② 제시방법

① 유아들과의 적당한 거리를 고려하여 교사의 무릎 또는 유아용 책상 위에 동화를 올려놓는다.

② 동화는 교사의 손에 의해 그림이 가져지지 않도록 좌우 끝을 살짝 쥐고 동화의 제목을 알려준 후, 한 장씩 왼쪽으로 천천히 넘기면서 이야기를 들려준다. 그림을 넘기고 나서는 왼손으로 늘어나는 매수를 잘 지탱해야 한다.

③ 동화를 들려준 후에는 다시 한번 유아들이 내용을 감상할 수 있도록 그림만 처음부터 끝까지 보여준다.

④ 동화 전체를 펼쳐서 감상할 수 있도록 유아들이 도와서 펼칠 수 있도록 기회를 준다.

[그림 7-1] **병풍동화 : 며느리 방귀 복방귀**

(4) 융판 · 자석 동화

융판 · 자석 동화는 동화를 들려주면서 등장하는 인물이나 배경 등을 융판 또는 자석 위에 구성해 나가는 것이 일반적인 방법이다. 융판 · 자석 동화는 유아들의 주의집중을 효과적으로 모을 수 있는 매체로서 유아가 직접 조작하여 자유롭게 표현하고 이야기를 꾸밀 수 있으므로 언어 발달과 창의성 발달에 도움이 될 수 있다.

① 제작방법

① 융판 · 자석 동화를 들려주기에 적합한 동화를 선정한다. 새로운 요소가 첨

가되거나 주인공은 그대로 있고 만나는 인물이 변화하는 등의 동화가 적합하다.

예 코보가 구덩이에 빠졌어요, 장갑, 커다란 순무, 사과가 쿵, 누가 내 머리에 똥 쌌어?

② 동화의 줄거리에 맞추어 등장인물 또는 배경의 수량과 재료를 결정한다.

③ 동화의 등장인물 수가 10명 이상 넘지 않도록 하고, 비교적 단순한 내용을 선정하도록 한다.

④ 융판동화 자료는 부직포나 펠트지 또는 색상지를 코팅하여 자료 뒷면에 매직테이프(찍찍이)를 붙이며 자석동화는 점핑클레이 또는 색상지를 코팅해서 자료 뒷면에 원자석 또는 띠자석을 붙인다. 이때 자석동화에서 주의해야 할 점은 자료가 클 경우 자석은 위·아래 또는 양쪽 옆에 2개씩 붙여야 하며 동화 자료를 움직일 때 2개를 동시에 움직여서 빙빙 돌아가는 것을 방지할 수 있어야 한다.

⑤ 융판·자석 자료의 뒷면에는 네임펜으로 순서대로 번호를 기입해 둔다.

⑥ 융판·자석 자료를 보관할 수 있는 상자를 마련하여 자료들이 서로 붙지 않도록 한다.

2 제시방법

① 융판이나 자석판을 교사의 왼쪽 또는 오른쪽에 준비하고 유아들이 잘 볼 수 있는 위치에 떨어져 앉는다.

② 자료는 동화의 순서를 확인하여 바구니에 정리해 놓는다. 구연 도중에 자료를 찾게 되면 이야기가 중단되고 분위기가 산만해질 수 있다.

③ 동화를 충분히 파악하고 외워서 듣고 있는 유아들의 반응을 살피면서 내용을 흥미 있게 구연한다.

④ 구연 중에 장면이 바뀌어서 불필요한 자료는 떼어낸 후, 다른 자료를 붙일 수 있도록 공간을 만들어가면서 자연스럽게 붙인다.

⑤ 융판·자석 자료를 붙이고 뗄 때는 가능한 신속하고 명료하게 동작하여 유아들의 관심이 흐트러지지 않게 한다.

⑥ 동화를 들려준 후에는 유아들이 언어 영역에서 구연해 볼 수 있도록 기간을 정해서 제공할 수 있다.

[그림 7-2] **융판동화 : 무당거미 알록이**

[그림 7-3]
자석동화 : 브레맨 음악대

[그림 7-4]
자석동화 : 여우와 곰 세 마리

[그림 7-5]
앞치마동화 : 사과가 쿵

(5) OHP 동화

OHP(Over Head Project) 동화는 투명한 아세테이트지(TP : Transparency) 위에 그림을 그려서 보여주며 구연하는 동화이다. OHP는 암막시설이 없는 밝은 곳에서도 선명한 색을 볼 수 있어서 장소에 구애받지 않고 활용이 가능하며 화면에 비쳐지는 형상의 크기 조절과 색깔이나 그림의 오버랩 효과가 있어서 유아들의 흥미를 유발할 수 있으며 자료의 제작이 용이하다.

1 제작방법

① 동화구연을 너무 길지 않으면서 동화의 줄거리를 이어갈 수 있는 장면을 10~12장 이내로 선정한다.

② 선정된 장면을 복사하여 복사지 위에 TP를 올려놓고 검정 네임펜으로 인물의 라인을 그린다.

③ 채색에는 OHP용 펜, 유성펜, 수성펜, 유성 색연필, 매직잉크 등이 사용되며 배경에 따라서는 셀로판지를 붙여서 선명하게 표현할 수 있다.

④ 동화 내용을 워드 작업해서 순서대로 프레임 하단에 붙인다.

⑤ TP를 투명테이프로 프레임의 뒷면에 붙이고 전체 순서를 확인한 후 프레임에 번호를 기재한다.

② 제시방법

① OHP의 각도와 초점을 조절하여 화면이 기울어지지 않도록 하며 손을 올려 그림자를 만들면서 집중을 시킨다.

② 완성된 TP를 제목부터 순서대로 올려놓으며 등장인물에 따라 겹치는 효과를 활용할 수 있다.

③ 장면을 한 장씩 넘길 때마다 다음 장을 미리 준비하여 장면이 연결되듯 제시하며 구연한다.

[그림 7-6] OHP 동화 : 콧구멍을 후비면

(6) 컴퓨터 동화

컴퓨터 동화는 동화의 장면을 스캔해서 컴퓨터의 파워포인트로 작업하고 음향을 녹음하여 들려주는 동화이다. 컴퓨터에 저장하거나 CD로 제작하여 유아들이 직접 흥미 영역에서 사용할 수 있는 장점이 있다. 제작한 동화 외에도 교육 주제와 관련된 인터넷동화를 다운로드하여 들려주거나 유아들이 직접 감상할 수 있도록 제공할 수도 있다.

① 제작방법

① 그림책의 장면을 스캔한다.

② 스캔한 동화를 PPT 자료로 편집한다.
(다양한 매체 적용–등장인물의 움직임 효과 등)

③ 녹음 자료를 적용한다.

② 제시방법

① 빔프로젝터 또는 TV 모니터를 켠다.

② 저장된 PPT 동화를 열어서 제목을 보여준다.

③ 교사는 화면을 가리지 않도록 유아들 우측 또는 좌측 앞쪽에 앉아서 유아들의 반응을 살펴가면서 화면을 넘긴다.

④ 음향이 없이 화면(장면)만 보여준다.

[그림 7-7] **컴퓨터 동화 : 콧구멍을 후비면**

글 · 그림 : 사이토 타카코
옮 긴 이 : 안미연
출 판 사 : 애플비(2006년)

2) 인형극

인형극은 공연과 관람, 기획하고 제작하는 예술이 될 수 있으며 유아들에게는 문학을 통합적으로 접근할 수 있는 대표적인 활동이기도 하다. 인형의 제작보다는 인형의 활용을 통해 유아들의 언어적 · 정서적 · 창의적 표현의 기회가 충분히 제공되며 시간과 공간, 관계의 질서를 경험할 수 있는 교육적 가치를 갖는다. 유아교육기관에서는 유아들이 제작하고 사용이 용이한 줄인형, 그림자인형, 막대인형을 주로 사용한다.

(1) 줄인형극

줄인형극은 인형의 몸에 줄을 연결해서 팔과 다리의 움직임, 춤추는 장면, 다양한 동작과 표정을 표현하는 활동이다. 교사들이 제작하여 공연하기도 하며 유아들이 만들어 언어 영역에서 놀이를 할 수 있도록 제공할 수 있다.

1 제작방법

① 부직포, 펠트지, 헝겊 등으로 인형을 만든다. 인형의 크기나 움직임을 고려하여 막대 하나 혹은 십자 막대를 이용하여 한 줄, 두 줄, 세 줄로 연결한다.

② 인형의 발 부분에 둥근 자석이나 고무점토 조각을 붙여서 안정감 있게 움직이도록 한다.

③ 인형극 틀의 안쪽에 동화의 기본 배경을 붙이고 틀의 안쪽 양 옆에 등장인물의 대사와 해설을 붙인다.

④ 구연이 끝난 후에 인형을 걸어서 정리할 수 있는 고리를 인형극 틀의 양 옆에 붙인다.

[그림 7-8] 줄인형극

(2) 그림자 인형극

그림자 인형극은 평면적인 인형을 인형극 틀의 뒤에서 빛을 비추어 움직이면서 진행할 때 하얀색 종이나 천을 사용한 막에 비치는 그림자는 유아들로 하여금 신비감이나 상상력을 불러일으킬 수 있다. 그림자 인형극은 흑색과 백색으로 이루어진 단순한 영상으로 연출하거나 흑색과 셀로판지를 이용하여 색채감을 살려서 연출하는 방법이 있다.

1 제작방법

① 검정색 도화지 또는 마닐라지에 등장인물을 그려서 오린다.

② 등장인물의 얼굴, 몸 등을 입체적으로 표현하고자 할 때는 표현하고자 하는 부분을 오려 내고 그 위에 색 셀로판지를 붙이거나 코팅한 후, 그 부분만 유성펜으로 색칠하고 투명 아크릴 막대나 굵은 철사를 붙인다.

③ 등장인물에 철사나 아크릴 막대를 붙여 움직이는 손의 그림자가 생기지 않도록 한다.

2 지도방법

① 하얀색 종이나 천을 사용하여 그림자극을 연출할 막을 만든다. 인형극 틀에 흰색 종이나 천을 붙여 만들 수 있으며 TV 동화 틀과 같이 만들어 사용할 수도 있다.

② 그림자 인형극의 광원은 햇빛을 이용할 수도 있고 막 뒤에서 백열등이나 OHP(overhead projector)를 사용하여 그림자를 만든다. 이때 실내는 어둡게 하는 것이 그림자극의 효과를 살릴 수 있다.

③ 그림자 인형극은 전후로 방향을 마음대로 바꿀 수 있고 광원과 매체의 거리

[그림 7-9] 그림자 인형극 「피노키오」

에 따라 그림자가 커지고 작아질 수 있다.

④ 그림자극을 진행하는 동안, 사람이나 손이 비치지 않도록 주의하며 배경음악을 넣어 극의 효과를 살릴 수 있다.

(3) 막대인형극

입체막대인형은 인형을 만들어 움직이면서 동화를 구연하는 인형극이다. 녹음된 동화구연에 맞추거나 직접 구연하면서 인형을 움직여야 하기 때문에 유아들이 하기에는 어려우며 유아들에게는 평면막대인형을 교사 또는 유아가 제작하여 인형극 틀에서 해볼 수 있도록 할 수 있다.

1 제작방법

① 스펀지를 깎아서 주인공의 얼굴과 몸통을 만든다.

② 헝겊이나 펠트지 등으로 사람의 옷이나 동물의 가죽을 만들어 입힌다.

③ 몸의 중앙에 막대를 끼고 주인공 몸의 일부에 철사 또는 투명아크릴 막대를 연결한다.

④ 인형의 중앙 막대와 사이드 막대를 인형에서 빠지지 않도록 고정시킨다.

2 지도방법

① 동화를 구연하거나 녹음된 구연동화를 듣는다.

② 인형을 조작할 담당을 정하고 인형을 다양한 감정으로 표현할 수 있도록 움직인다.

③ 구연에 맞춰서 인형을 등장시킨다.

④ 동화를 들으며 등장인물을 움직인다.

[그림 7-10] **인형극 : 빨간 모자**

⑤ 인형극이 끝나면 막대인형을 들고 인형극 틀앞에 모여 인사를 한다.

(4) 동극

동극은 유아들이 흥미를 느꼈던 동화의 등장인물을 탐색하여 역할을 해 봄으로써 이야기를 스스로 해석하고 표현할 수 있는 활동으로 다른 사람의 느낌이나 생각, 행동을 이해할 수 있는 능력을 발달시키는 기회가 된다. 유아들의 동극은 관객의 즐거움을 중요시하기보다는 참여하는 유아들이 즐겁고 자신감을 얻을 수 있어야 한다.

동극에 적절한 이야기는 구성이 단순하며 등장인물들의 성격묘사가 잘 되어 있고 대화가 풍부한 누적적인 이야기가 적당하다. 동극을 지도할 때 구체적인 지도방법은 다음과 같다.

① 동극에 적절한 동화 두세 편을 선정하여 들려준다.
② 동극을 위한 동화를 한편 정한다.
③ 추천을 받거나 본인이 희망하는 유아를 중심으로 배역을 정한다. 가능한 많은 유아들이 스텝과 주인공으로 참여하도록 한다.

[그림 7-11] **동극연습**

④ 등장인물을 위한 소품이나 무대장치의 제작은 유아들과 의논하여 제작한다.
⑤ 반복되는 행동이나 대사를 동극하기 전에 모든 유아가 함께 해 본다.
⑥ 각자 자신의 역할에 따라 연기한다.
⑦ 동극을 마친 뒤 전체 유아와 함께 평가해 보도록 한다.
⑧ 동극 소품을 역할 영역에 제공하여, 다양한 확장활동이 이루어지도록 한다.

제 2 부

아동문학의 창의적 접근

영유아를 위한 교육은 통합적으로 이루어진다. 통합이란 영유아들의 흥미와 관심을 중심으로 다양한 영역들을 관련시켜 교육하는 것을 의미한다. 그렇다면 영유아를 교육하기 위해서는 영유아의 흥미와 관심에 맞는 주제를 선정하고, 그와 관련하여 언어, 수학, 미술, 과학, 역할 등 다양한 영역들을 경험해 볼 수 있도록 진행해야 한다. 이에 2부에서는 계절 관련 동화, 동요, 동시를 통한 통합적 접근을 다루었으며 다문화 관련 주제는 '다양성의 인정'을 바탕으로 하여 장애 및 다양한 민족의 긍정적 인식 함양을 위한 동화책 활용 방안을 제시하였다.

8장과 9장에서는 창의적 접근을 통해 다양성을 경험하고 주제들을 통해 유아에게 자유로운 탐색과 함께 궁극적으로 올바른 이해와 수용의 과정을 안내하고자 계절, 장애, 다양한 민족을 주제로 하는 통합적 접근을 소개하고자 한다.

08 창의적 접근방법

1 스톱모션 애니메이션(stop motion animation)

애니메이션은 '생명이 없는 사물에 움직임을 연속적으로 만들어 생명을 불어넣는 동영상 작업을 총칭' 하는 광의의 개념으로 화면들을 한 프레임씩 촬영한 후 연결하면 그것을 애니메이션이라고 부를 수 있다. 스톱모션 애니메이션은 일정한 대상 혹은 그림을 조금씩 손으로 움직여가면서 한 콤마씩 정지된 상태를 촬영하여 연속된 동작을 만들어내는 애니메이션을 말한다. 스톱모션 기법은 즉흥적인 움직임의 연출이 가능한 장점을 가지고 있지만 유동적 재료를 사용하고 촬영할 때마다 대상을 움직여줘야 하기 때문에 완전히 동일한 움직임을 만드는 것이 불가능하다.

윈도우 소프트웨어 설치 시 윈도우 무비메이커(Windows Movie Maker)도 함께 설치되며 이 프로그램을 이용하면 고가의 캡처 장비나 하드웨어의 추가 구매 없이 쉽고 빠르게 동영상을 만들 수 있으므로 아동문학 활동에서 쉽게 스톱모션을 구현할 수 있는 장점이 있다. 이 프로그램은 이미지파일, 사운드트랙, 음성 등을 삽입할 수 있고 쉽게 배울 수 있는 장점이 있어 유용한 멀티미디어 도구이다. 1초

[그림 8-1] 윈도우 무비메이커

에 6개 정도의 프레임만을 착출하여 트리밍 할 수 있어 정교한 움직임을 만들기는 어렵지만 유아교육현장에서 아동과 함께 영상을 제작하기 용이하고 애니메이션의 기본 원리를 익히는 데 유용한 프로그램이다.

윈도우 무비메이커(Windows Movie Maker)를 살펴보면 대부분의 편집 툴이 왼쪽에 자리하고 있다.

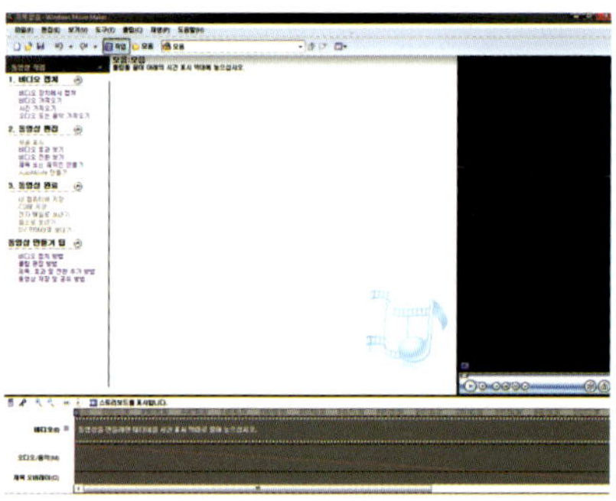

[그림 8-2] 무비메이커 비디오 전환툴

비디오 캡처에는 비디오장치에서 캡처, 비디오 가져오기, 사진 가져오기, 음악 가져오기 등 비디오장치 영상파일부터 사진파일 모두를 불러올 수 있도록 되어 있으며 동영상 편집에서는 비디오전환(가로실선무늬, 모자이크, 밀어내기 등) /효과(90도 회전, 오래된 필름, 두 배로 빠르게 등) 및 작품 제목이나 제작진을 쉽게 만들 수 있도록 구성되어 있다. 또한 동영상 저장은 컴퓨터뿐만 아니라, CD, DV카메라 등 다양한 방식으로 저장이 가능하다.

Windows Movie Maker를 실행하여 아동과 함께 했던 활동사진을 선택하여 불러오고 비디오 영역에 드래그해 삽입한 후 길이를 줄이거나 늘려 타임라인을 설정할 수 있다. 음성이나 음악파일 역시 비디오 하단의 오디오 · 음악 영역에 해당 파일을 드래그하여 배경음악으로 활용하거나 편집작업이 가능하다.

1) 호랑이 줄무늬 왜 있을까?

생활 주제	자연	동화 유형	창작동화
동화명	호랑이 줄무늬 왜 있을까?		
글	박주연	그 림	윤서희
출판사	웅진주니어		

동화소개

『호랑이 줄무늬 왜 있을까?』 이 동화책은 자연의 생태를 쉽고 재미있게 경험할 수 있도록 구성되어 있다. 처음에는 호랑이와 사자의 특징을 비교하며 호랑이의 줄무늬를 동물이 사는 환경과 사냥원리로부터 찾아볼 수 있는 내용으로 시작한다. 그리고 눈 덮인 북극에 사는 하얀 여우와, 나무를 좋아하는 초록색 뱀, 푸른 바다에 사는 고등어가 차례대로 등장하며 숨은 그림 찾기 마냥 환경과 잘 어우러진 동물의 사진들이 큼지막하게 소개된다. 책을 읽으며 동물들의 생태와 습성을 익히고 자연스럽게 자연을 사랑하는 아름다운 마음을 가질 수 있다.

활동명	춤추는 호랑이 어디 숨었지?	활동 유형	조형활동
활동 목표	• 동화를 읽으며 호랑이와 다른 동물들의 무늬를 관찰한다. • 호랑이의 무늬가 있어 좋은 점을 알고 이야기 나눈다. • 춤을 추는 호랑이의 스톱모션으로 보호색을 경험한다.		
활동 자료	동물의 생태 관련 동화책 중 『호랑이 줄무늬 왜 있을까?』 그림 동화책, 호랑이 색칠자료, 디지털카메라, 검은색 셀로판지, 군복무늬 사진		

활동방법

1) 『호랑이 줄무늬 왜 있을까?』 동화를 감상하고 제목과 내용을 연계시킨다.
   - 책 표지에 어떤 동물이 보이나요?
   - 이 동물의 무늬는 어떤가요?
   - 무늬가 있는 다른 동물에는 어떤 것이 있나요?
2) 동화를 듣고 다양한 동물의 무늬에 대해 이야기를 나눈다.
   - 사자의 털은 무슨 색인가요?
   - 호랑이 무늬는 어떤 색 크레파스로 칠해야 할까요?
   - 사는 곳에 따라 동물의 피부색은 어떻게 다른가요?
3) 호랑이 모양의 도안을 머리, 몸, 팔, 다리, 꼬리로 분리해 아이들에게 나누어주고 색칠한다.
   - 호랑이 신체부위를 말해 보세요.

- 호랑이의 줄무늬를 검정색으로 칠해 보세요.

4) 분리된 그림의 도안을 움직일 수 있도록 고정한다.
   - 각 신체부위를 움직일 수 있도록 연결해 보세요.

5) 다양하게 움직이는 모양을 만들어 사진으로 찍는다.
   - 디지털 카메라는 찍히는 사진을 화면으로 먼저 확인할 수 있어요.
   - 호랑이의 팔과 다리를 움직이며 사진을 찍어보세요.
   - 카메라를 삼각대에 올려놓고 리모컨을 이용해 친구 얼굴을 찍어보세요.
   - 다양한 동작의 호랑이 모습을 찍어보세요.

6) 무비메이커나 알씨를 이용해 움직이는 스톱모션을 구현한다.
   - 화면의 호랑이 동작을 흉내 내어보세요.
   - 호랑이는 무엇을 하고 있는 것 같나요?
   - 주황색, 검정색 색안경으로 호랑이를 보면 어떻게 다른가요?
   - 호랑이 보호색은 어떤 색일까요?
   - 검은색 줄이 호랑이가 잘 숨을 수 있게 도와주고 있네요. 동화책을 다시 한번 보고 다른 동물들이 자신의 몸을 어떻게 숨기는지 찾아 이야기를 나누어 봅시다.

7) 평가 및 마무리
   - 사람들도 옷을 입어서 자신의 몸을 숨길 때가 있어요. 나뭇잎이 여기저기 있는 것 같은 초록색 무늬의 옷이 필요한 사람은 누구인가요?
   - 이렇게 겉모습의 색이나 무늬를 이용해서 동물들은 자신을 보호하거나 사냥을 하는 데 편리하게 이용하기도 합니다.

tip
- 호랑이 신체부위는 리벳으로 고정하여 움직일 수 있도록 합니다.
- 셀로판지를 이용하여 주황색, 검은색 색안경을 각각 만들어 활용합니다.

2) 노란 우산

생활 주제	날씨	동화 유형	창작동화
주제	비 오는 날		
동화명	노란 우산		
글	류재수	편 곡	신동일
출판사	보림		

동화소개

『노란 우산』은 비 오는 날 희뿌연 분위기를 그대로 머금은 환경 속에서 선명한 색들의 우산 윗부분을 보여주며 빗속에 총총총 걸어가는 모습을 상상하게 하는 그림책이다. 글자 하나 없지만 음악을 들으며 여러 빛깔의 우산들이 모였다 흩어지는 장면을 보면 마치 비 오는 날 춤을 추며 지나가는 사람들의 모습을 높은 곳에서 감상하는 듯한 기분도 느낄 수 있게 된다. 비가 오는 날은 유아들에게 자연을 느끼며 또 다른 체험을 할 수 있는 특별한 날이다. 경험한 일을 함께 나누며 우산 속 웅크리고 있는 호기심들을 꺼내보는 시간을 만드는 기회로 활용하기 좋은 책이다.

활동명	우산 속, 누가누가 숨었나?	활동 유형	조형활동
활동 목표	• 동화책을 보며 비 오는 날과 관련된 경험을 이야기한다. • 비 오는 날 필요한 물건을 알고, 개인 물건의 소중함을 안다. • 개인 우산의 윗부분을 사진 찍어 스톱모션으로 재구성하여 감상한다.		
활동 자료	계절과 관련된 동화책 중 『노란 우산』 그림 동화책, 개인 우산, 디지털카메라, 쌓기 벽돌		

활동방법

1) 『노란 우산』 동화를 감상하고 비가 오는 날 경험한 일을 이야기한다.
- 책 표지에 무엇이 보이나요?
- 어디에서 보면 우산의 윗부분을 볼 수 있나요?
- 내 우산은 무슨 색깔인가요?

- 위에서 본 우산은 어떤 모양인가요?

2) 펼쳐진 우산의 윗부분을 사진으로 찍어본다.
- 동화책처럼 위에서 우산을 내려다보려면 어떻게 하면 좋을까요?
- 쌓기 벽돌로 2칸을 쌓아 계단을 만들고 올라가볼까요?
- 펼쳐진 우산 윗부분을 카메라로 찍어보세요.

3) 무비메이커나 알씨를 이용해 움직이는 스톱모션을 구현해 본다.
- 횡단보도를 지나가는 것은 누구의 우산인가요?
- 놀이터에 있는 옆 친구의 우산을 찾아보세요.
- 우산을 쓴 사람들은 어디를 지나가고 있나요?

4) 평가 및 마무리를 한다.
- 우산의 모양을 보면 누구인지 우린 다 알아 맞힐 수 있겠지요?
- 우산 속에서는 무엇을 하고 있을까요?
- 우산을 쓰면 앞이 잘 보이지 않아서 주변을 잘 살피며 길을 걸어야 해요. 우산이나 우비가 없다면 비 오는 날 우린 어떻게 될까요?
- 우산을 가지런히 접어보세요.
- 음악을 들으며 함께 찍은 사진을 감상해 보도록 해요.

tip

- 우산의 윗부분에 유아 사진을 붙여 화면 속에서 자신의 우산을 찾도록 유도합니다.
- 우산의 윗부분을 관찰할 때 쌓기 벽돌, 종이상자, 스티로폼 블록 등 다양한 재료를 활용하여 안전하게 높은 곳에서의 시야를 확보해 줍니다.
- OHP필름에 우산 모양을 그려 『노란 우산』 내지의 각 장에 붙인 후 촬영합니다. 무비메이커를 이용해 영상으로 만들어 활동합니다.

2 생활동화의 활용

기본생활습관은 가정과 사회의 집단원으로서 한 개인이 살아가는 데 필요한 행동양식을 익히는 것이라고 할 수 있다. 기본생활습관이 잘 형성되면 자기중심적 사고에서 벗어나 사회에 잘 적응하고 책임감이 있으며 사회에 잘 봉사할 수 있는 사람으로 자라기를 기대할 수있다. 기본생활습관은 인격 형성과 사회성 발달에 중요한 역할을 하게 되므로 또래 관계에서 비롯되는 옷차림, 식사, 언어 등의 기본예절을 익힘으로써 집단의 규범을 수용할 수 있도록 지도하여야 한다.

1) 손톱 깨물기

생활 주제	습관	동화 유형	창작동화
주제	내 손톱, 소중하게 손질해요.		
동화명	손톱 깨물기		
글	고대영	그 림	김영진
출판사	길벗어린이		

동화소개

『손톱 깨물기』는 살이 쪘다는 친구들의 놀림에 손톱을 깨무는 버릇을 갖게 된 지원이의 이야기이다. 그리고 동생 병관이도 엄마의 관심을 받기 위해 손톱을 깨물기 시작하다 정말 누나처럼 손톱을 깨무는 버릇을 갖게 된다... 이 책은 형제가 서로 좋아하는 활동을 하고, 또 손톱 깨무는 것을 발견할 때마다 알려주며 나쁜 버릇을 조금씩 고치는 과정을 보여준다. 아이들은 호기심에 형제나 친구들의 행동을 순식간에 모방하고 익히게 된다. 특히 손톱 깨무는 버릇은 손가락 빨기와 함께 유아들에게 가장 많이 나타나는 나쁜 습관이기도 하다. 손톱을 깨물게 되는 과정과 손톱을 깨무는 버릇을 고치며 일어나는 일들을 친근한 일상생활 장면을 통해 공감할 수 있게 구성되었다.

주제	나의 몸	활동 유형	이야기 나누기
활동명	내 손톱, 소중하게 손질해요.	누리과정 관련 요소	신체운동 · 건강 : 건강하게 생활하기-몸과 주변을 깨끗이하기 의사소통 : 듣기-이야기 듣고 이해하기 사회관계 : 나를 알고 존중하기-나를 알고 소중히 여기기 예술경험 : 예술적 표현하기-미술 활동으로 표현하기
활동 목표	• 동화를 들으며 내 신체부위-손톱에 관심을 갖는다. • 손톱의 역할과 손톱 손질의 필요성에 대해 이야기 나눈다. • 손톱 그림을 예쁘게 꾸며주며 신체를 소중하게 생각하는 마음을 갖는다.		
활동 자료	신체와 관련된 동화책 중 『손톱 깨물기』 그림 동화책, 손톱 손질 보충 이야기 자료, 손 모양 그림 및 꾸미기 재료(색연필, 반짝이 풀, 면봉 등)		

활동방법

1) 『손톱 깨물기』 동화를 듣고 신체부위 이름 말하기
   - 책 표지의 이 친구는 손가락에 왜 반창고를 감고 있을까요?
   - 내 손톱은 어디에 있나요?
   - 손톱을 깨물어 본적이 있나요?
2) 손톱의 역할에 대해 이야기를 나눈다.
   - 손가락으로 무엇을 할 수 있지요?
   - 손톱은 왜 있을까요?
   - 손톱이 없으면 어떨까요?
3) 손톱 손질의 필요성에 대해 이야기를 나눈다.
   - 손톱은 자꾸 자라요.
   - 자르지 않아 너무 길거나, 매일 깨물어 너무 짧아지면 어떨까요?
   - 손톱 손질이 필요한 사진은 어떤 것일까요?
   - 손톱 손질이 필요한 사진에 손톱깎이 모형을 붙여주세요.

4) 나의 손 모양 그림 예쁘게 꾸미기

- 내 손과 손가락, 손톱을 살펴보세요.
- 손톱의 색깔은 어떤가요?
- 소중한 나의 손을 예쁘게 꾸며보세요.

5) 평가 및 마무리

- 친구들이 꾸민 손 모양 그림을 보세요.
- 여러분의 손도 관찰해 보세요.
- 예쁘게 세수를 하고 머리를 빗고 손톱도 깎는 것이 내 몸을 내가 사랑하는 방법이에요. 우리의 소중한 손톱을 깨물어 아프게 하지 않기로 약속해요!

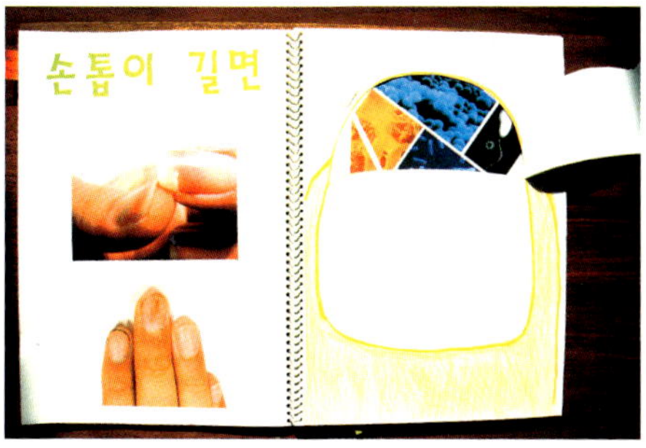

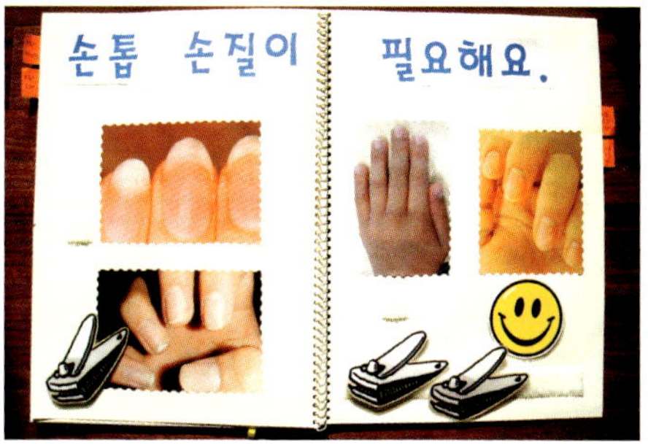

tip

- 손톱의 중요성에 관한 팝업북을 제작하여 이해를 돕는다.
- 특별히 손톱이 길거나 짧은 아이들은 기록해 두었다가 상담 시 생활지도 부모교육 자료로 활용할 수 있도록 한다.
- 학습과정별 팝업 제작 및 활용
  - 1단계 손톱의 역할 : 손톱이 사용되는 장면의 실제 사진을 보며 이야기를 나눈다.
  - 2단계 손톱 손질의 필요성 : 벨크로를 활용하여 손톱 아래 세균 이미지를 노출한다.
  - 3단계 손톱 손질이 필요한 시기 : 다양한 길이와 상태의 손톱 사진 위에 손톱깎이 이미지, 스마일 코팅 이미지(벨크로 부착)를 붙이도록 유도한다.

2) 치카치카 양치질 안 할래

생활 주제	건강과 위생	동화 유형	창작동화
주제	내 양치질이 최고!		
동화명	치카치카 양치질 안 할래		
글	이지현	그　림	이민혜
출판사	시공주니어		

동화소개

『치카치카 양치질 안 할래』는 이를 닦지 않고 등원을 한 유치원에서 친구들에게 입 냄새가 난다는 말을 듣고 깜짝 놀라는 양양이의 모습으로 이야기를 시작한다. 양양이는 집에서도 양치질을 하지 않아 오빠에게 놀림을 받고 김조각이 치아에 붙어 이가 검게 보이자 당황함으로 동화책 지면 한가득 울상이다. 책 표지에서부터 곳곳에 양치질과 관련된 사물의 그림이 배치되어 있어 친근하게 생활습관에 대해 이야기를 나누기에 좋다. 양양이의 실감난 표정을 접하며 입 냄새에 대한 불쾌감을 체험하고 김조각으로 검은 치아가 양치질 후 반짝~ 빛나는 것을 보며 즐거운 양치질에 대한 기대감을 불러일으킬 수 있다.

주제	양치질	활동 유형	조형활동
활동명	내 양치질이 최고!	누리과정 관련 요소	신체운동 · 건강 : 건강하게 생활하기–몸과 주변을 깨끗이하기 의사소통 : 듣기–이야기 듣고 이해하기 사회관계 : 나를 알고 존중하기–나를 알고 소중히 여기기 예술경험 : 예술적 표현하기–미술 활동으로 표현하기
활동 목표	• 동화를 들으며 양치질에 관심을 갖고 양치질할 때의 느낌을 이야기한다. • 양치질이 필요한 이유와 양치질에 필요한 도구, 바른 양치질 방법을 안다. • 양치질하는 모습을 흉내 내어 사진을 찍고 '양치질 면허증'을 만든다.		
활동 자료	위생과 관련된 동화책 중 『치카치카 양치질 안 할래』 그림 동화책, 양치질 방법 그림카드, 개인 칫솔, 디지털카메라, 면허증 만들기 재료		

활동방법

1) 『치카치카 양치질 안 할래』 동화를 감상하고 이야기를 나눈다.
   - 양양이의 표정은 어떤가요?
   - 양양이는 왜 양치질이 하기 싫었을까요?
   - 양치질을 안 해서 어떻게 되었나요?.
   - 양치질하기 전 입에서 안 좋은 냄새가 났는데, 양치질을 하고 나니 치아도 깨끗해졌어요.
   - 양치질할 때 느낌은 어떤가요?
   - 양치질할 때 소리는 어떤가요?
2) 양치질이 필요한 이유, 양치질에 필요한 도구를 알아본다.
   - 언제 양치질을 하지요?
   - 양치질을 하지 않으면 어떻게 될까요?
   - 양치를 하면 치아도 건강해져서 맛있는 것도 꼭꼭 잘 씹어 먹을 수 있어요. 양치질은 화장실에서 하지요.
   - 양치질할 때 컵은 왜 필요할까요?
   - 양치질할 때 내가 사용하는 물건을 이야기해 보세요.
3) 바르게 양치질하는 방법을 안다.
   - 양치질은 어떻게 할까요?
   - 윗니와 아랫니, 안쪽의 이도 골고루 잘 닦고 혀도 칫솔로 잘 문질러주며 닦아야 해요.
   - 양치 그림카드를 보며 확인해 보세요.
   - 양치 그림카드의 순서를 다시 한번 맞추어보세요.
4) 양치하는 모습 흉내 내기
   - 양치를 할 때 사용하는 칫솔은 혼자만 사용하지요. 이름표를 잘 확인하고 각자 자기 칫솔을 찾아보세요.
   - 칫솔을 잘 잡고 윗니와 아랫니, 혀 닦는 모습을 흉내 내어보세요.
5) 양치하는 모습 사진 찍어 양치질 면허증 만들기
   - 바르게 칫솔을 잡고 사진을 찍어볼게요.

- 선생님의 이야기를 잘 듣고 양치하는 모습을 흉내 내어보세요.
- 윗니! 아랫니! 혀를 닦아보세요.
- 양치질 면허증에 방금 찍은 사진을 붙이고, 각자 자신의 이름을 바르게 써보세요.

6) 평가 및 마무리

- 양치질 면허증을 받았으니 여러분 모두 양치질을 잘하는 어린이가 되어야 해요. 집에 가서 화장실에 칫솔 가까이 면허증을 잘 붙여주세요. 양치질을 하지 않아 고약한 입 냄새가 났던 양양이 같은 친구가 우리 반에 있을까요?
- 치카치카 양치질을 깨끗이 하는 어린이가 되기로 약속해요!

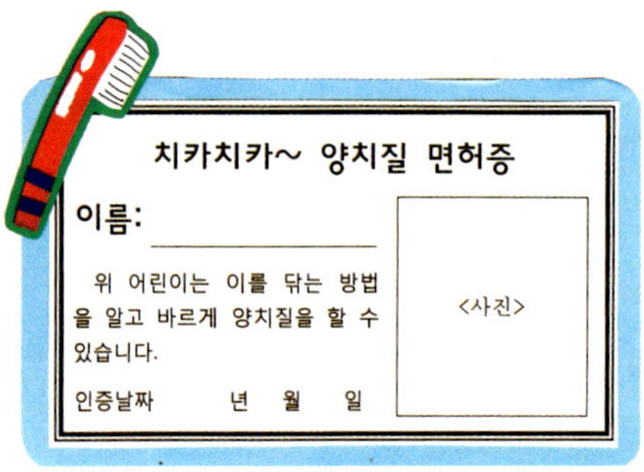

tip

- 양치질하는 장면을 즉석카메라를 이용하여 촬영하고 즉시 아동 스스로 면허증에 부착하게 한다.
- 면허증은 서약서와 같은 용도이므로 되도록 아동이 직접 본인의 이름을 쓸 수 있도록 하고 가정에 학습과정을 안내하여 화장실 거울 등에 게시하도록 한다.

3 이야기의 재구성

이야기란 일정한 화제에 대하여 서로 주고받는 말, 일정한 서사구조를 가지고 있는 텍스트로 소설, 설화, 우화 등을 포함하며 비문학과 문학에서 모두 사용되고 있다(교육인적자원부, 2006). 이야기 재구성은 동화 속에 등장하는 이야기 주인공들의 삶을 간접적으로 체험하고 특정한 인물을 중심으로 재구성하거나 독자의 처지를 이야기 속에 투영시켜 재구성한다.

이야기 재구성을 바탕으로 아동은 독자적이고 창의적인 역할이 재구성되어지는 과정으로 아동은 독자이면서 동시에 저자가 되는 것을 경험할 수 있다.

1) 팥죽 할멈과 호랑이

생활 주제	언어	동화 유형	창작동화
주제	재미있는 흉내 내기 놀이		
동화명	팥죽 할멈과 호랑이		
글	박윤규	그 림	백희나
출판사	시공주니어		

동화소개

『팥죽 할멈과 호랑이』는 한지공예 스틸 컷으로 표현된 등장인물로 정겹고 푸근한 인상을 풍기는 전래동화책이다. 팥죽을 맛있게 쑤는 할머니와, 할머니를 잡아먹으려 나타난 호랑이, 이 두 역할보다 빛나는 등장인물은 할머니 집의 소박한 도구인 절구, 송곳, 멍석 등이다. 할머니를 지켜내고자 자기보다 몇 배나 더 큰 호랑이를 보기 좋게 약 올리며 넘어뜨리고 혼내주는 장면은 호랑이의 실감나는 표정이나 모습, 흉내 내는 말을 통해 유아들의 호기심을 자극하고 시청각적 상상력을 마음껏 표현할 수 있게 이끌어준다.

<table>
<tr><td>주제</td><td>흉내 내는 말</td><td>활동 유형</td><td>이야기 나누기</td></tr>
<tr><td>활동명</td><td>재미있는
흉내 내기 놀이</td><td>누리과정
관련 요소</td><td>신체운동 · 건강 : 신체 조절과 기본 운동하기-신체 조절하기
의사소통 : 말하기-느낌, 생각, 경험 말하기
사회관계 : 나와 다른 사람의 감정 알고 조절하기-나와 다른 사람의 감정 알고 표현하기
예술경험 : 예술적 표현하기-통합적으로 표현하기</td></tr>
<tr><td>활동
목표</td><td colspan="3">• 동화를 들으며 의성어 · 의태어에 관심을 갖는다.
• 동화책 등장인물의 동작을 흉내 낼 수 있다.
• 동작을 보고 의성어 · 의태어로 표현할 수 있다.</td></tr>
<tr><td>활동
자료</td><td colspan="3">전래동화책 중 『팥죽 할멈과 호랑이』 그림 동화책, 각종 등장인물 카드, 재구성된 동화책</td></tr>
</table>

활동 방법

1) 『팥죽 할멈과 호랑이』 동화를 감상하고 이야기를 나눈다.
   - 등장인물은 누구인가요?
   - 할머니를 잡으려던 호랑이를 혼내준 것은 누구인가요?
   - 나라면 호랑이를 어떻게 혼내주었을까요?
   - 그림을 보며 선생님이 들려주는 말을 따라해 보세요.
2) 동작을 표현하는 의태어와 소리를 나타내는 의성어를 흉내 낸다.
   - 호랑이가 물찌똥을 밟고 '주르륵' 미끄러졌어요. 동작을 흉내 내보세요.
   - 돌절구가 호랑이 머리 위로 '쿵' 떨어졌어요. 동작으로 흉내 내보세요.
   - 멍석이 호랑이를 '둘둘' 말아버렸어요. 동작으로 흉내 내보세요.
3) 그림을 보고 의성어와 의태어로 표현한다.
   - 호랑이가 물찌똥을 밟고 어떻게 미끄러졌나요?
   - 돌절구는 호랑이 머리 위로 떨어질 때 어떤 소리가 났나요?
   - 호랑이는 멍석에 어떻게 말렸나요?
4) 재구성된 동화책을 보며 의성어와 의태어를 예측하여 말한다.

tip

- 동화책 원본과 학습교구용으로 재구성된 동화책(팝업북)으로 두 권을 활용하여 흉내 내는 말을 문맥상의 흐름에서 이해하고 게임활동으로 지속적으로 익힐 수 있도록 한다.
- 의성어와 의태어를 나타내는 삽화부분을 강조하는 폼을 만들어 해당 쪽에 붙이고 벨크로를 활용하여 덧붙인 종이의 학습 영역 창을 유아 스스로 열고 닫을 수 있도록 한다.
- 재구성된 동화책은 언어 영역에 비치하여 지속적으로 학습할 수 있도록 돕는다.

- 뜨거운 밤이 호랑이 코에 떨어졌을 때 호랑이가 한 말을 확인해 볼까요?
- 팝업북을 열어 호랑이 동작을 보고 흉내 내보세요.
- 동화책에 나온 등장인물의 동작을 흉내 내보세요.
- 친구가 어떤 동작을 흉내 낸 것인지 맞혀보세요.

5) 평가 및 마무리

- 우리가 주변에서 관찰하고 소리와 동작으로 흉내 낼 수 있는 말을 찾아보기로 해요.

2) 마술 연필

생활 주제	미술	동화 유형	창작동화
주제	나도 마술 연필로 그려요		
동화명	마술 연필		
글	앤서니 브라운, 꼬마작가들		
옮긴이	서애경	출판사	웅진주니어

동화소개

『마술 연필』은 앤서니 브라운이 전세계의 아이들과 함께 만들어 더 의미 있는 책이다. 작가가 들려주는 이야기를 듣고 여러 나라의 어린이들이 장면을 상상하여 등장인물을 그렸으며, 이 중 채택된 아이들 작품으로 동화책이 구성되었다. 마술 연필을 가진 꼬마 곰이 숲 속을 거닐며 주인공을 만날 때마다 유아들은 또래가 그린 친근한 삽화와 함께 흥미진진하게 책에 빠져들게 된다. 책 주인공을 직접 그리는 활동을 통해 이미지를 활용하여 우리들만의 책을 만들어볼 수 있다.

<table>
<tr><td>주제</td><td>미술</td><td>활동 유형</td><td>조형활동</td></tr>
<tr><td>활동명</td><td>나도 마술 연필로 그려요</td><td>누리과정 관련 요소</td><td>신체운동 · 건강 : 신체 인식하기-신체를 인식하고 움직이기
의사소통 : 쓰기-쓰기에 관심 가지기
사회관계 : 다른 사람과 더불어 생활하기 - 공동체에서 화목하게 지내기
예술경험 : 예술적 표현하기-미술 활동으로 표현하기</td></tr>
<tr><td>활동 목표</td><td colspan="3">• 동화를 들으며 등장하는 인물을 기억한다.
• 책 주인공이 경험한 일을 시간의 순서대로 나열할 수 있다.
• 등장인물을 잘 관찰하고 특징을 살려 그림으로 표현할 수 있다.</td></tr>
<tr><td>활동 자료</td><td colspan="3">어린이 삽화가 활용된 책 중 『마술 연필』 그림 동화책, 색상지, 색연필</td></tr>
</table>

활동 방법

1) 『마술 연필』 동화를 감상하고 이야기를 나눈다.
   - 어디에서 일어난 일인가요?
   - 주인공은 누구인가요?
   - 꼬마 곰의 손에는 무엇이 들려있나요?
   - 내게 마술 연필이 있다면 무엇을 그리고 싶나요?
2) 일어난 일을 시간의 순서에 따라 말한다.
   - 그림을 보며 일어난 일을 이야기해 보세요.
   - 곰이 만난 동물친구들을 순서대로 이야기해 보세요.
   - 일어난 일을 차례대로 이야기해 보세요.
3) 나만의 마술 연필을 만든다.
   - 마술 연필은 어떻게 생겼을까요?
   - 굵기, 길이가 다른 연필 중 마음에 드는 연필을 골라 보세요.
   - 마술 연필의 무늬는 어떤 것이 좋을까요?
   - 여러 가지 스티커를 사용해서 마술 연필을 꾸며보세요.
4) 마술 연필로 등장인물을 그리고 색칠한다.
   - 마술 연필로 그리고 싶은 동물은 무엇입니까?

- 책에 나오지 않았지만 초대하고 싶은 동물은 누구입니까?
- 마술 연필로 등장인물을 그려보세요.
- 색연필로 등장인물의 특징을 살려 색칠해 보세요.

5) 평가 및 마무리

- 완성된 등장인물 그림을 가위로 오려보세요.
- 숲 속 배경그림 위에 꼬마 곰이 만난 순서대로 등장인물을 붙여보세요.
- 재구성된 동화책을 보고 이야기를 다시 한번 읽어보세요.

tip

- 동화책을 재구성하여 학습한 후, 책 주인공 그림을 모아 아이스크림 막대에 붙이고 손가락 인형극으로 활용할 수 있다.
- 재구성으로 창작된 아동작품을 모아, 우드락에 칼집을 내고 작품을 세워서 연극판으로 활용할 수 있다.

09 주제별 통합적 접근

1 계절 관련 통합적 접근

우리나라는 기온 변화에 따른 '봄 · 여름 · 가을 · 겨울'의 사계가 뚜렷하고 사계절 속에서 유아가 생활하게 되므로 계절은 유아가 살아가는 시 · 공간적 배경을 이해한다는 점에서 생활 주제 '사계'는 그 의미가 크다. 따라서 유아가 직접적으로 관찰하고 탐구할 수 있는 주제가 되며 자신들의 생활과 밀접하므로 흥미 있는 주제가 된다. 뿐만 아니라 계절의 변화에 따라 우리들의 생활 모습이 달라지므로 유아는 이를 이해하고, 각 계절에 적합하게 생활할 수 있다. 그러므로 '봄 · 여름 · 가을 · 겨울'의 주제는 유아에게 교육적으로 가치가 있는 생활 주제가 된다(교육과학기술부, 2009).

이처럼 계절의 변화는 아동들이 실생활에서 직접 느끼고 경험할 수 있는 주제이다. 즉, 날씨가 따뜻한가, 더운가, 서늘한가, 추운가 또는 비가 오는가, 눈이 오는가 등 피부로 직접 느낄 수 있고 계절의 변화에 따라 산과 들의 변화 또한 느낄 수가 있다.

활동 주제 '봄 · 여름 · 가을 · 겨울'은 날씨와 생활, 산과 들에서 계절적 변화와 특성이 잘 나타나고 유아들이 실생활에서 그것에 대해 흥미와 관심을 갖고 느끼며 경험할 수 있는 시기에 전개한다. 계절적 변화 중 유아들이 가장 직접적으로 느끼게 되는 요인은 무엇보다 날씨이다. 아이들은 계절적인 날씨에 따라 옷차림과 놀이의 유형이 달라지고 계절마다 특별히 먹게 되는 음식이 있음을 알게 되며 각 계절마다 자연을 즐기는 놀이문화가 있는 것을 알게 된다.

교육과학기술부(2009)는 계절과 관련된 주제를 선정할 때 접근하는 방법을 다음과 같이 제시하였다.

첫째, 봄 · 여름 · 가을 · 겨울의 각 주제에서 소주제와 그 안의 주요 내용들은 서로 간에 유사한 수준이 되도록 선정한다. 이에 따라 날씨, 우리들의 생활, 그리고 자연의 변화를 주된 내용으로 선정한다.

둘째, 유아가 생활 속에서 직접적으로 느낄 수 있는 계절별 특징적인 날씨를 내용으로 선정한다.

셋째, 유아가 관찰 가능한 주변 자연의 변화를 중심으로 계절의 아름다움을 체험하는 내용으로 선정한다.

넷째, 계절에 따른 생활의 변화는 유아의 생활과 직접적으로 관련되는 의복, 음식, 놀이를 주된 내용으로 선정한다.

1) 동화

(1) 강아지똥

생활 주제	봄	동화 유형	창작동화
동화명	강아지똥		
글	권정생	그 림	정승각
출판사	길벗어린이		

동화소개

아무도 거들떠보지 않고 쓸모없는 것으로 치부해 버리는 강아지똥이 민들레 꽃으로 다시 태어나는 과정을 통해 어린이들에게 자연의 감동스럽고 신비스러운 이치를 자연스럽게 보여준다.

[그림 9-1] '강아지똥' 활동망

또한 화가 정승각의 그림은 의인화된 강아지똥과 강아지똥이 만나는 주변 친구들의 모습을 감동적으로 그려내며 '강아지똥' 도 알고 보면 정말 소중한 존재라는 사실을 알려주는 그림책이다.

<table>
<tr><td>주제</td><td>봄</td><td>활동 유형</td><td>신체표현</td></tr>
<tr><td>활동명</td><td>민들레씨가 되어보아요!</td><td>교육과정 관련 요소</td><td>사회관계 : 나를 알고 존중하기-나의 일 스스로 하기
자연탐구 : 과학적 탐구하기-생명체와 자연환경 알아보기
: 탐구하는 태도 기르기-호기심을 유지하고 확장하기
의사소통 : 듣기-이야기 듣고 이해하기</td></tr>
<tr><td>활동 목표</td><td colspan="3">• 동화를 들으며 즐거움을 느낀다.
• 민들레 씨앗의 움직임을 춤으로 표현한다.
• 민들레 씨앗의 특징을 알고 날려본다.
• 봄에 볼 수 있는 꽃들에 관심을 갖는다.</td></tr>
<tr><td>활동 자료</td><td colspan="3">동화책 : 봄에 관련된 동화책 중 민들레와 관련 있는 책 『강아지똥』 그림동화 자료, CD플레이어, 음악(에릭 사티의 짐노페디 1번), 민들레 씨앗, 민들레 씨앗 동영상 자료</td></tr>
</table>

활동방법

1) 『강아지똥』 동화를 들려주고 동화의 내용을 회상해 본다.
   - 『강아지똥』 동화에 누가 나왔니?
   - 강아지똥은 어떻게 되었니?
   - 강아지똥이 거름이 되어 꽃이 피어날 수 있었구나.
2) 민들레 꽃에 대해 이야기를 나눈다.
   - 민들레 꽃을 본적이 있니?
   - 민들레 꽃은 어떻게 생겼니?
   - 민들레 꽃은 시간이 더 지나면 꽃잎이 떨어지고 하얀 솜털이 달린 씨앗이 생기게 된단다. 민들레 꽃씨를 본적이 있니?
3) 민들레 씨앗이 날아가는 모습을 담은 동영상을 감상한다.
   - 민들레 꽃씨가 어떻게 되었니?

• 민들레 꽃씨가 훨훨 날아가는구나.

4) 민들레 씨앗이 되어 움직임을 몸으로 표현해 본다.

• 민들레 씨앗은 어떻게 날 수 있을까?

• 우리가 민들레 씨앗이 된다면 어떨까?

• 민들레 씨앗이 날아가는 모습을 몸으로 표현해 보자.

–음악을 틀어 민들레 씨앗의 움직임을 몸으로 표현할 수 있도록 한다.

–"봄바람이 불어요. 민들레 씨앗이 여행을 시작해요. 살랑살랑 바람 따라 하늘 높이 날아요. 씨앗이 음악에 맞춰 춤추며 멀리 날아요. 씨앗이 땅에 닿으려고 해요. 그러자 바람이 다시 부네요. 씨앗은 다시 날아가요. 바람이 약해지자 씨앗이 살며시 바닥에 내려앉았어요"

5) 아이들과 함께 밖으로 나가 민들레 씨앗을 직접 관찰한다.

• 민들레 씨앗은 어디에 있을까?

• 민들레 씨앗은 어떻게 생겼니?

6) 민들레 씨앗을 날려본다.

• 이제 민들레 씨앗이 여행을 잘 갈 수 있도록 우리가 도와주도록 하자.

• 신호에 맞춰 민들레 씨앗을 바람에 날려볼까?

후~ 불어 바람을 타고 멀리멀리 날아갈 수 있도록 도와주자.

• 민들레 씨앗은 어디까지 날아갈까?

• 민들레 씨앗에게 여행 잘하라고 인사해 주자.

(2) 갯벌이 좋아요

생활 주제	여름	동화 유형	창작동화
동화명	갯벌이 좋아요		
글 · 그림	유애로	출판사	보림

동화소개

『갯벌이 좋아요』는 여름날 장난꾸러기 꽃발게가 모험을 떠나는 길에 만나는 친구들의 모습을 담은 기분 좋은 그림책이다.

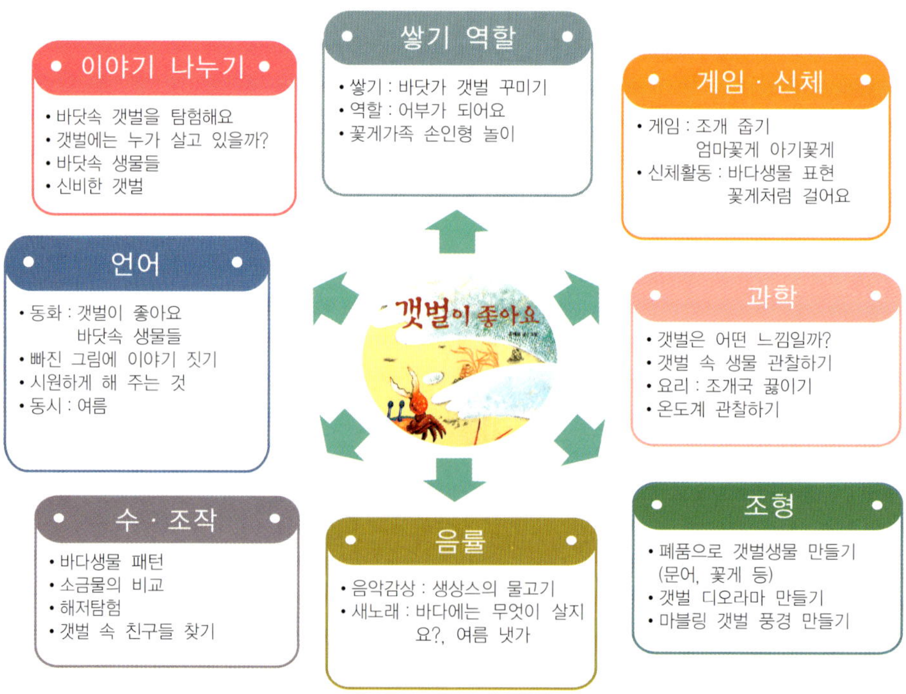

[그림 9-2] '갯벌이 좋아요' 활동망

거무스름하고 고운 흙으로 이루어진 갯벌은 바다에 사는 생물들에게 먹이와 산소를 제공하고 오염물질을 제거하여 생태계를 지키는 자연의 파수꾼이다. 구름을 잡고 싶어 하는 꽃발게의 모험을 통해 갯벌에 사는 다양한 생물들의 세계를 알기 쉽게 그렸다. 『갯벌이 좋아요』는 아름답고도 변화무쌍한 갯벌의 생태를 다양하게 보여준다.

주제	여름	활동 유형	조형활동
활동명	갯벌생물 만들기 (협동작품)	교육과정 관련 요소	예술 경험 : 예술적 표현하기-갯벌풍경 그리기 자연탐구 : 과학적 탐구하기-바다의 생물에 대해 알기 신체운동 · 건강 : 신체활동에 참여하기-갯벌생물들 만들어보기 의사소통 : 듣기-동요, 동시, 동화 듣기
활동 목표	• 갯벌을 직접 체험해 봄으로써 갯벌과 갯벌 생물들에 관심을 갖는다. • 갯벌이 어떤 곳인지 알아보고 갯벌의 기능과 가치를 안다. • 갯벌에는 다양한 생물들이 살고 있음을 안다.		
활동 자료	(사전활동)-갯벌체험 갯벌체험 도구 : 페트병으로 만든 체험 통, 모종삽, 수건, 갈아입을 옷 동화책 : 『갯벌이 좋아요』 그림동화 자료, 조개껍질, 페트병, 빨대, 집게, 눈알, 접착제, 시트지, 백업, 모루 등		

활동방법

사전활동 : 갯벌체험을 한다.

1) 『갯벌이 좋아요』 동화를 들려준다.

2) 갯벌에 가서 보았던 경험을 이야기 나눈다.
   - 갯벌에 들어가니 기분이 어땠니?
   - 갯벌에 들어가서 무엇을 보았니?
   - 너희들이 가져온 체험 통에는 무엇이 들었니?

3) 갯벌에 살고 있는 바다생물에 대해 이야기를 나눈다.
   - 갯벌에는 어떤 생물들이 살고 있을까? 우리가 직접 본 생물도 있지만 못 보았던 생물들도 있단다. 함께 알아보자.

4) 갯벌의 기능과 갯벌의 중요성에 대해 이야기를 나눈다.
- 갯벌에는 아주 많은 바다생물들이 살고 있단다. 바다생물들에게는 갯벌이 집이나 다름없단다. 또 갯벌은 오염된 것을 깨끗하게 만들어주는 기능도 하고 지구에 산소도 공급해 준단다.
- 갯벌이 없어진다면 어떻게 될까?
- 그래, 갯벌에는 많은 생물들이 살고 있고, 이 생물들은 우리에게 많은 도움을 준단다. 그래서 우리가 갯벌이 오염되지 않도록 지켜야 한단다.

5) 갯벌생물에 관련된 PPT 자료를 보며 갯벌생물에 대해 알아본다.
(꽃게, 망둥이, 조개, 갯지렁이, 소라게, 조가비, 말미잘 등)
- 꽃게는 어떻게 생겼니? 다리가 몇 개일까?
- 꽃게는 어떻게 걸어다닐까?

6) 다양한 재료를 가지고 갯벌생물들을 만들어본다.
만들기 재료를 소개한다.
- 이것으로 무엇을 만들 수 있을까?
(조개껍질, 페트병, 빨대, 집게, 눈알, 접착제, 시트지, 백업, 모루 등)
−무엇을 만들지 계획하고 만들기를 시작한다.
- 무엇을 만들고 싶니?

7) 커다란 갯벌배경에 아이들이 만든 것을 붙여 제시한다.
- 검은색 광목으로 갯벌배경을 만들어주고 아이들이 직접 만든 꽃게, 집게발, 조개, 갯지렁이 등 다양한 바다생물을 붙여주어 갯벌 속 바다생물을 완성한다.

(3) 솔이의 추석 이야기

생활 주제	가을	동화 유형	창작동화
동화명	솔이의 추석 이야기		
글 · 그림	이억배	출판사	길벗어린이

동화소개

『솔이의 추석 이야기』는 도시에 사는 솔이가족이 추석을 맞아 고향에 다녀오는 여정을 담은 그림책이다.

교통체증으로 옴짝달싹 할 수 없는 고된 귀향길이지만 사람들의 얼굴에는 웃

[그림 9-3] '솔이의 추석 이야기' 활동망

음꽃이 가득하다. 오랜 시간 끝에 도착한 고향은 분주한 도시와는 달리 넉넉함과 정겨움이 가득하다. 온가족이 한자리에 둘러앉아 송편을 빚는 모습, 농악대의 장단에 맞춰 마을 사람들과 흥을 나누는 모습 등을 통해 우리 아이들은 자연스레 추석의 의미를 배울 수 있다.

<table>
<tr><th>주제</th><td>가을</td><th>활동 유형</th><td>조형활동</td></tr>
<tr><th>활동명</th><td>차례상을
차려보아요!</td><th>교육과정
관련 요소</th><td>건강생활 : 나의 몸 움직이기-조형물을 만들며 소근육 발달
사회생활 : 사회현상에 관심 가지기-우리 전통문화에 관심 가지기
표현생활 : 예술적 표현 즐기기-찰흙을 통한 조형활동으로 표현하기
언어생활 : 듣기-문학작품 즐겨 듣기</td></tr>
<tr><th>활동
목표</th><td colspan="3">• 동화를 듣고 우리나라 명절에 대해 관심을 갖는다.
• 추석에 의미를 알고 추석에 하는 일에 대해 알아본다.
• 차례상 차리는 방법에 대해 알아보고 차례음식을 만들어 직접 차례상을 차려본다.
• 조상님들께 감사하는 마음을 갖는다.</td></tr>
<tr><th>활동
자료</th><td colspan="3">동화책 : 가을에 관련된 동화책 중 추석과 관련된 『솔이의 추석 이야기』 그림동화 자료, 점핑클레이, 작은 상, 차례 관련 VCR 자료, 차례음식 사진 자료</td></tr>
</table>

활동방법

1) 『솔이의 추석 이야기』 동화를 들려준다.

2) 추석에 대한 경험을 이야기 나눈다.

- 추석을 보냈던 경험에 대해 이야기해 보자. 추석에 어디를 다녀왔니?

3) 추석에 대해 이야기를 나눈다.

- 추석은 어떤 날일까?
- 추석은 우리나라 명절 중의 하나야.
  추석에는 보름달이 떠서 아주 밝기도 하지.
- 우리 조상들은 예부터 농사를 많이 지었는데, 봄과 여름 동안 가꾼 곡식과 과일들을 수확하는 것에 대해 감사해 하며 차례를 지냈단다.
- 추석 때는 즐거운 놀이도 해.

• 그래, 윷놀이도 하고 널뛰기도 하고 다양한 민속놀이를 한단다.
• 그럼, 추석 때는 어떤 음식을 먹을까?

4) 차례에 대해 알아보며 차례상 차리는 방법을 알아본다.
  • 차례 지내는 모습을 본적이 있니? 차례는 왜 지내는 걸까?
   차례는 조상님들께 지내는 제사를 말한단다. 조상님께 감사하는 마음으로 절(인사)을 한단다.
  • 차례는 어떻게 지낼까?
  • 차례상에는 어떤 음식을 올릴까?
   (대추, 밤, 감, 사과, 배, 다식, 은행, 포도, 시금치, 도라지, 콩나물, 고사리, 숙주나물, 명태, 문어, 오징어 등)

5) 추석날 차례상에 올라가는 음식들을 VCR을 통해 알아본다.
  • 차례상에 어떤 음식이 올라가는지 그리고 차례상을 어떻게 차리는지 알아본다.

6) 소그룹으로 나뉘어 클레이점토로 차례음식을 만들어본다.
  • 우리가 직접 차례상을 차려보자.
  • 너희들은 어떤 음식을 올리고 싶니?
  • 그럼 각자 만들고 싶은 음식을 클레이 점토로 만들어 차례상에 올려보자.
   – 사진 자료를 그룹별로 보여주고 만들 수 있도록 한다.
   – 다 만든 것은 굳을 때까지 말린다.

7) 점토로 만든 차례음식을 상에 차려본다.
  • 제사상을 마련해 주어 아이들이 만든 음식을 상 위에 차린다.

(4) 오늘은 우리 집 김장하는 날

생활 주제	겨울	동화 유형	창작동화
동화명	오늘은 우리 집 김장하는 날		
글	채인선	그 림	방정화
출판사	보림		

동화소개

본격적인 추위가 시작되는 입동이 되면 우리 어머니들은 겨울철 양식 준비에 손길이 분주하다. 겨우내 먹을 김치를 담그는 김장철이기 때문이다. 우리 조상들은 옛날부터 겨울이 되면 김장을 해서 겨울에 먹을 수 없는 나물과 채소를 대신하였다. 김치는 각종 비타민과 무기질, 섬유소와 유산균이 풍부한 발효식품으로

[그림 9-4] '오늘은 우리 집 김장하는 날' 활동망

조상들의 지혜가 돋보이는 음식이다.

『오늘은 우리 집 김장하는 날』은 집에서 김장을 하는 모습을 재미있게 담아냈다.

주제	겨울	활동 유형	요리
활동명	김장을 해요	교육과정 관련 요소	건강생활 : 적극적으로 활동하기–일과에 즐겁게 참여한다. 사회생활 : 사회현상에 관심 가지기–우리 전통문화에 관심 가지기 표현생활 : 예술적 표현 즐기기–찰흙을 통한 조형활동으로 표현하기 언어생활 : 듣기–동요, 동시, 동화 듣기
활동 목표	• 동화를 들으며 겨울을 준비하는 우리나라 음식에 관심을 갖는다. • 김장을 하는 이유와 방법 그리고 김치의 효능에 대해 알아본다. • 김치를 직접 만들어봄으로써 김치를 대한 흥미를 높인다.		
활동 자료	겨울철 김장에 관련된 동화책 중 『오늘은 우리 집 김장하는 날』 그림동화 자료, 김장 배추, 양념(고춧가루, 액젓, 파, 생강, 마늘) 등 김장 재료.		

활동방법

1) 『오늘은 우리 집 김장하는 날』 동화를 들려준다.

2) 동화를 듣고 김장을 했던 경험에 대해 이야기를 나눈다.

- 김장이 뭘까?
- 겨울 동안 먹을 김치 담그는 것을 말한단다.
- 김장하는 것을 본적이 있니?
- 김장은 어떻게 하는 걸까?

3) 김장에 대해 이야기를 나눈다.

- 김치는 우리나라 사람들이 예부터 먹던 음식이란다.
  옛날에는 냉장고가 있었을까?
- 그래, 겨울에는 채소를 먹기 힘들었기 때문에 음식을 오랫동안 보관할 수 있는 방법에 대해 연구했단다. 김장을 해서 땅에 묻어 놓으면 겨우내 먹을 수 있었단다.

4) 김치의 좋은 점에 대해 알아본다.

- 김치를 많이 먹으면 어떤 점이 좋을까?
- 맞아, 김치에는 비타민과 무기질이 많이 들어 있단다. 그리고 양념에 들어가는 재료도 우리 몸에 좋단다. 그리고 항암효과도 있다고 해서 이제는 다른 나라에서도 우리 김치를 많이 먹고 있단다.

5) 김장하는 방법에 대해 알아본다.

- 김장은 겨우내 먹을 김치를 만들어야 하기 때문에 아주 많은 양의 배추가 필요하단다. 그래서 동네 사람들이 함께 모여 김장을 했단다.
- 그럼, 김장을 어떻게 하는지 그림 자료를 보며 알아보도록 하자.

  그림 자료를 보며 김장하는 방법에 대해 알아본다.

  ① 배추 절이기 : 배추는 겉잎을 떼고 다듬은 후 밑동에 칼집을 내고 반으로 쪼갠다. 그리고서 소금물에 절인다.

  ② 양념 준비하기 : 마늘, 파, 생강, 고춧가루 등을 준비한다.

  ③ 배춧속 준비하기 : 무채를 만들고 파, 미나리, 갓 등을 썰어 양념과 함께 버무린다.

  ④ 배추에 배춧속 넣기 : 소금에 절인 배추를 잘 씻어 건져두었다가 잎사귀 사이에 미리 만들어 둔 배춧속을 넣는다.

6) 그룹별로 둘러앉아 직접 김장을 해 본다.

- 우리가 직접 김장을 해 보도록 하자. 여기 어떤 재료가 있는지 볼까?
  - 절여둔 배추와 배춧속 재료를 미리 준비해 둔다.
- 김치 만드는 순서를 잘 기억하고 해 보도록 하자.
  - 배춧속을 함께 만든다.
  - 김장하는 모습을 미리 보여주고 함께 해 본다.
  - 담근 김치를 통에 담아 숙성시킨다.

7) 직접 담근 김치의 맛을 본다.

- 직접 만든 김치를 먹어보니 맛이 어떠니?
- 앞으로 몸에도 좋고 맛있는 김치를 더 많이 먹도록 하자.

2) 동시

(1) 봄이 왔지요

봄이 왔지요

이명종

따스한 봄바람에
꽃과 풀잎 옹알옹알
봄이 왔지요

해님도 눈 비비고
엄마아빠 꽃

아기 꽃 보고
빵긋빵긋 웃지요
꽃밭에 새 친구들 인사하재요
새 옷 입었다 자랑해요

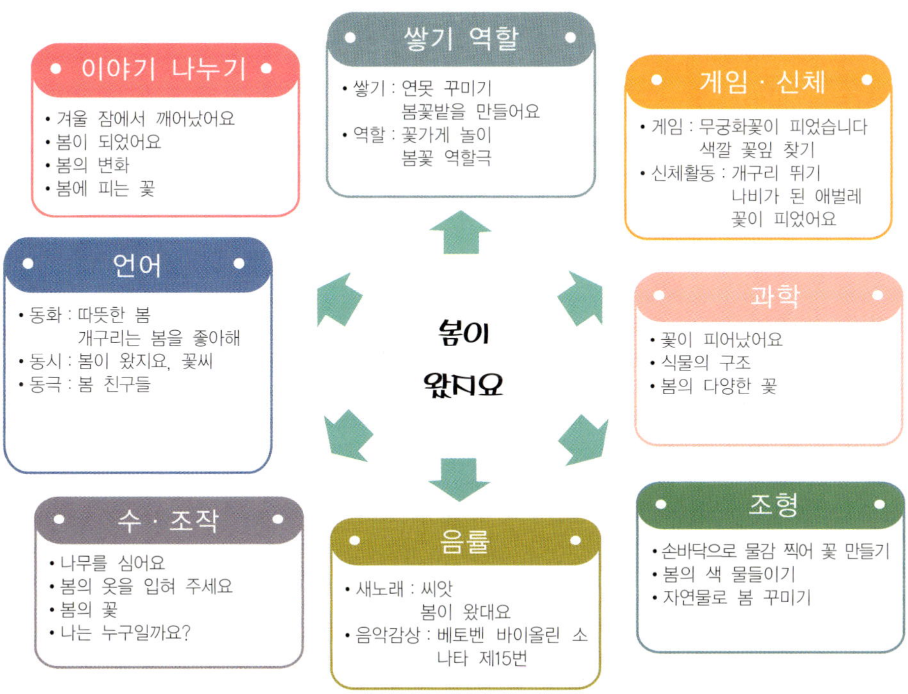

[그림 9-5] '봄이 왔지요' 활동망

주제	봄	활동 유형	야외체험
활동명	봄을 느껴요	표준보육과정 관련 요소	자연탐구 : 과학적 탐구하기-생명체와 자연환경 알아보기 : 과학적 탐구하기-자연현상 알아보기 예술 경험 : 미술적 요소 탐색하기-자연과 사물에서 색, 질감, 모양, 공간 등을 탐색한다. : 예술 감상하기-다양한 예술 감상하기
활동 목표	• 봄 날씨의 특징을 안다 • 봄에 자라는 다양한 식물의 특징을 안다 • 야외 활동을 통하여 봄의 특성을 체험한다		
활동 자료	접착 코팅지(봄꽃 스크랩지), 청진기, 돋보기		

활동방법

1) 봄이 되어 변화한 주변 환경에 대해 이야기 나눈다.
   - 유치원으로 들어오는 길에 화단과 나무들을 보았니?
   - 화단과 나뭇가지에 무엇인가 알록달록 예쁜 색을 띠고 있는데, 그것이 무엇일까?
   - 얼마 전에는 알록달록 색깔들을 볼 수 없었는데, 왜 볼 수 없었을까?
   - 유치원에서 볼 수 있는 꽃과 나무 말고도 다른 곳에서도 본적이 있니?
   - 어느 곳에 가면 여러 가지 봄의 식물들을 관찰해 볼 수 있을까?
2) 야외 활동을 나가기 전 활동방법과 지켜야 할 약속을 정해 본다.
   - 꽃 스크랩을 하기 전 우리가 지켜야 할 약속은 무엇이 있을까?
   - 꽃을 함부로 꺾으면 어떻게 될까?
   - 야외로 나가면 우리가 조심해야 하는 것은 무엇이 있을까?
   - 우리가 지켜야 할 약속을 생각해 보고 약속을 정해 보자.
3) 야외 활동을 나간 후, 교사의 보호 아래 유아들 스스로 자유롭게 자연을 감상할 수 있도록 돕는다.
   - 이건 무슨 꽃일까? 꽃의 생김새를 관찰해 보자.
   - 나무에서 자라나는 새순도 관찰해 보자.

4) 미리 준비해 두었던 한 뼘 크기의 정사각형 접착 코팅지, 유아 스스로 관찰했던 꽃잎, 나뭇잎이나 좋아하는 꽃잎 등을 스크랩할 수 있도록 돕는다.

5) 미리 준비해 두었던 청진기를 이용해 나무의 수액이 흐르는 소리를 아이들이 직접 듣고 체험해 볼 수 있도록 한다.
   - 청진기를 나무에 대어보자. 어떤 소리가 들리니?
   - 나무속에서 수액이 흐르는 소리였구나. 어떤 소리와 비슷한 것 같니?

6) 식물도 살아있고 숨을 쉬고 있다는 것에 대해 인지할 수 있도록 돕는다. 유아들이 자유롭게 식물들을 만지고 느껴볼 수 있도록 도와주며 더 흥미있어 하거나 관심을 보이는 것에 대해 다양하게 관찰하고 체험할 수 있도록 격려해 준다.

7) 활동이 끝난 후, 교실로 돌아와 야외 활동에서 스크랩했던 식물들을 보며 이야기 나눈다.
   - 야외 활동을 통해 봄의 꽃들과 나무를 관찰해 보니 기분이 어떠니?
   - 어떤 활동이 재미있었니? 왜 재미있었니?

8) 자연물들을 아끼고 소중히 해야 함을 알고 우리가 할 수 있는 것은 무엇이 있을지 이야기해 본다.

(2) 여름

빗방울

윤석중

구름이 끼더니 빗방울이
후두둑 후두둑 떨어지네

연못 속의 연꽃들
우산 없어 어쩌나

구름이 끼더니 빗방울이
후두둑 후두둑 떨어지네

지붕 위의 흰 박들
비옷 없어 어쩌나

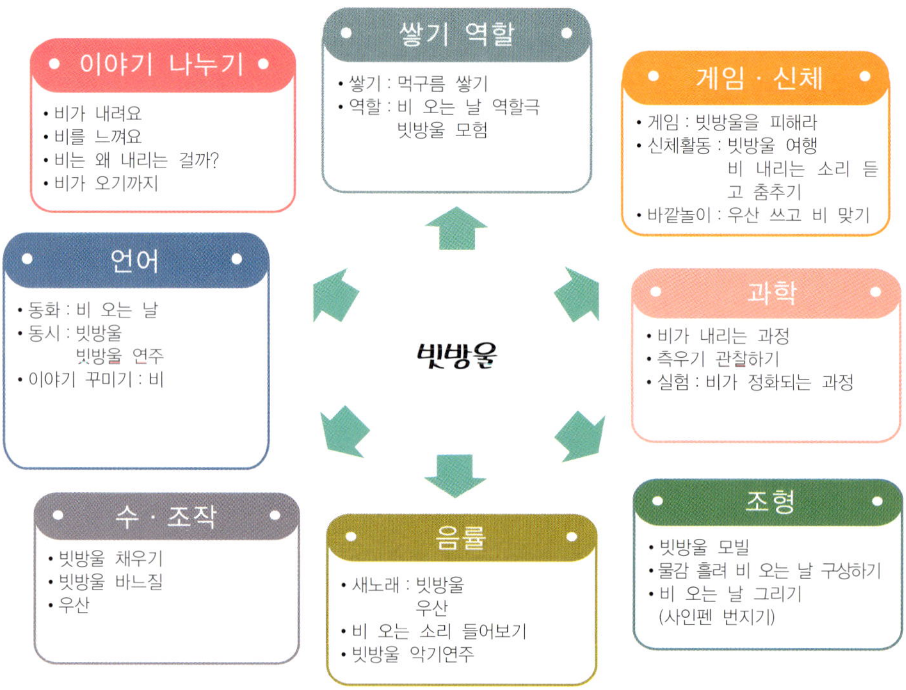

[그림 9-6] **'빗방울' 활동망**

주제	여름	**활동 유형**	음률 활동
활동명	빗방울 소리 들어보고 빗방울 악기연주	**교육과정 관련 요소**	표현생활 : 자연과 생활에서 아름다움 찾아보기–예술적 요소 찾아보기 : 감상하기–아름다움 느끼기 탐구생활 : 탐구하는 태도 기르기–탐구과정 즐기기 언어생활 : 말하기–생각과 느낌 말하기
활동 목표	• 여름 날씨의 특징을 안다. • 자연에서 들을 수 있는 소리에 관심을 가진다. • 동시를 감상하고 우리말의 재미를 느낀다.		
활동 자료	CD음악 : 빗방울 왈츠, 우산, 실로폰		

활동방법

1) 비에 대한 경험을 이야기 나눈다.
   • 비를 맞아본 적이 있니? 비를 맞았을 때의 기분은 어떠니?
   • 빗소리를 들어보았니? 어떤 소리가 들렸니?
   • 선생님은 전에 우산을 쓰고 가다가 비가 너무 많이 와서 우산 속에서 '타타타탁' 하는 소리를 들었어.
2) 비가 오는 날, 우산을 쓰고 바깥놀이를 나가서, 비를 맞아본다.
   • 비를 맞으니 어떤 기분이 드니?
   • 우산에 떨어지는 빗소리가 어떻게 들리니?
   • 빗방울을 밟으면 어떤 느낌이 드니? 어떤 소리가 날까?
   • 손으로 빗방울을 맞아보자. 느낌이 어떠니?
3) 비를 맞으며 산책을 하면서 바닥에 떨어지는 빗방울과 나무와 풀에 맺힌 물방울을 보며 다양하게 관찰해 본다.
   • 바닥에 떨어지는 빗방울을 한번 보자. 무엇이 보이니?
   • 풀잎에 맺힌 빗방울을 한번 보자. 무엇이 보이니?
   • 풀잎을 한번 흔들어보자. 빗방울이 어떻게 되었니?
     – 유아들이 비에 대해 다양한 체험을 할 수 있도록 격려해 주고 산책을 하다가 관심을 보이거나, 흥미를 보이는 것에 더 집중할 수 있도록 자유로운 산책 활동이 될 수 있도록 한다.
4) 교실로 돌아와서, 빗속을 산책하면서 경험했던 빗방울을 악기로 표현해 본다.
   • 악기로 빗방울을 표현해 볼 수 있을까?
   • 빗방울이 떨어질 때 어떤 소리가 날까?
   • 다양한 악기 소리를 들어보자. 빗방울과 비슷한 소리가 있니?
   • 실로폰을 가지고 빗방울 소리를 내보자.
   • 어떻게 들리니?
5) 빗방울 노래에 맞추어 실로폰으로 빗방울 연주를 해 본다.
   • 음악에 맞춰 빗방울 연주를 해 보자.
     – 빗방울 왈츠를 틀어준다.

(3) 가을

바사삭 바사삭

최혜영

바사삭 바사삭
"누가 오나 보지요?"
"아뇨, 낙엽 사이로
가을 바람이 지나갔어요."

바사삭 바사삭
"누가 오나 보지요?"
"아뇨, 낙엽 사이로
다람쥐가 지나갔어요."

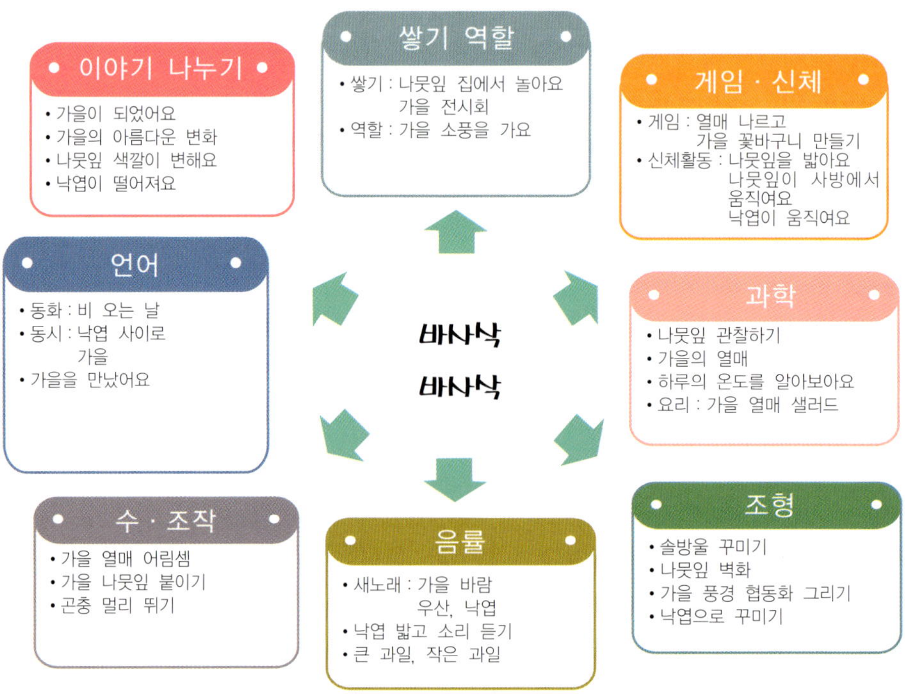

[그림 9-7] '바사삭 바사삭' 활동망

주제	가을	활동 유형	야외 활동 및 신체표현
활동명	낙엽 밟아보며 가을 느끼기	교육과정 관련 요소	표현생활 : 자연과 생활에서 아름다움 찾아보기 –자연물에 관심 가지기 : 감상하기–아름다움 느끼기 언어생활 : 말하기–생각과 느낌 말하기
활동 목표	• 가을 날씨의 특징을 안다 • 야외 활동을 통해 자연환경의 아름다움을 느낀다. • 낙엽을 밟으며 느껴지는 생각과 느낌을 말로 적절히 표현한다.		
활동 자료	가로 300cm×세로 100cm 정도의 아세테이지, 낙엽, 낙엽 담을 상자, 테이프		

활동방법

1) 가을이 되어 변화한 자연환경에 대해 이야기 나눈다.
   - 길가에 나뭇잎들이 떨어져 있는 것을 본적이 있니?
   - 왜 떨어져 있을까?
   - 떨어져 있는 나뭇잎을 무엇이라 말하는지 알고 있니?
2) 유아들과 야외 활동을 나가 준비해 두었던 상자에 낙엽을 담는다.
   - 낙엽을 주워보며 어떤 모양의 낙엽이 있는지 관찰해 보자.
   - 낙엽을 밟아보자. 어떤 소리가 나니?
   - 어떤 소리처럼 들리니?
   - 손으로 만져보니 어떤 느낌이 드니?
3) 유아들이 낙엽을 관찰하며 흥미를 느낄 수 있도록 해 주고 낙엽을 던져보거나 불어보는 등 야외 활동에 더욱 흥미를 느낄 수 있도록 자유로운 산책활동이 되도록 한다.
4) 교실로 돌아온 후, 미리 준비해 두었던 아세테이지를 편 후 유아들과 같이 모아온 낙엽을 조금씩 쏟아본다.
   - 교실에서도 가을을 느껴보자.
   - 왜 아세테이지 안에 낙엽을 넣는지 알고 있니?
   - 왜 그렇게 생각이 들었니?
   - 야외처럼 바닥에 낙엽들이 떨어져 있듯이 교실에도 낙엽들을 떨어뜨려

놓는다면 어떻게 될까?

5) 낙엽이 새어나오지 않도록 마무리한 후, 유아들과 밟아보도록 한다.

- 발로 밟아보니 느낌이 어떠니?
- 어떤 소리가 나니?
- 야외 활동 중에 밟았던 느낌, 소리와 교실에서 밟았을 때의 느낌, 소리에 대해 이야기해 본다.
- 신발을 신고 밟았을 때와 신발을 벗고 밟았을 때의 느낌은 어떻게 다르니?
- 양말을 벗고 밟아보자. 느낌이 어떤지 이야기해 보자.
- 손으로 만져볼 때와 발로 밟아볼 때 느낌이 어떠니?
- 느낌이 서로 같을까? 다르다면 어떻게 다른지 이야기해 보자.

(4) 겨울

벙어리 장갑

전요정

엄마가 떠 주신 벙어리 장갑
내 손을 고이 안고
날 보고 웃네

찬 바람도 막아주고
함박눈도 막아주고

추운줄도 모르고
날 보고 웃네

언제나 말 없이
내 손을 고이 잡아주는
고마운 벙어리 장갑

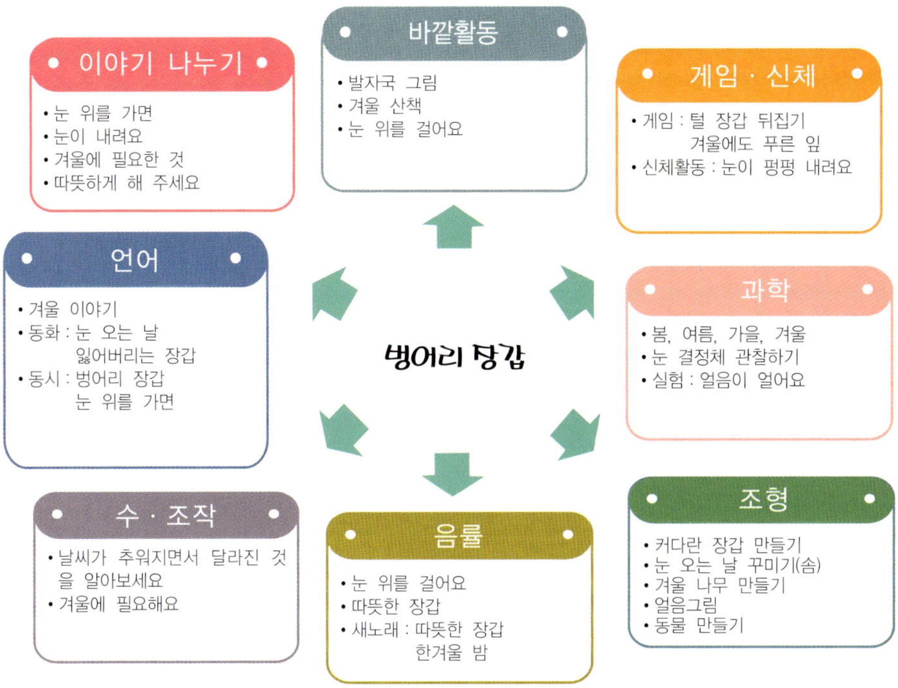

[그림 9-8] '벙어리 장갑' 활동망

주제	겨울	활동 유형	조형활동
활동명	목장갑으로 동물을 만들어보아요.	교육과정 관련 요소	표현생활 : 예술적 표현 즐기기-조형활동으로 표현하기 : 창의적인 표현과정 즐기기-다양한 예술 활동을 스스로 표현하여 즐긴다. : 감상하기-예술적 표현 존중하기-나와 다른 사람의 예술표현의 차이를 느낀다. 탐구생활 : 과학적 기초 능력 기르기-생명체와 자연환경 소중하게 여기기-관심 있는 동 · 식물의 특성을 알아본다.
활동 목표	• 여러 가지 장갑의 종류를 안다. • 장갑으로 할 수 있는 것들을 안다. • 동물의 생김새와 특징을 안다. • 조형활동에 필요한 재료와 도구를 이용해 창의적 표현을 할 수 있다.		
활동 자료	목장갑, 여러 가지 재료(눈알, 뽕뽕이, 스팽글, 털실 등), 가위, 목공 풀		

활동방법

1) 장갑을 끼고 온 유아가 있는지 이야기 나눈다.
   - 오늘 장갑을 끼고 온 친구가 있니?
   - 왜 장갑을 끼고 왔을까?
   - 왜 장갑은 추운 겨울에만 끼는 것일까?
   - 추운 날씨가 아니어도 끼는 장갑들로는 무엇이 있을까?
2) 여러 가지 장갑의 종류를 이야기해 보고 목장갑을 제시하여 이야기 나눈다.
   - 이것이 무엇일까?
   - 이렇게 생긴 장갑을 본 적이 있니?
   - 이 장갑은 언제 사용하는 걸까?
3) 목장갑을 이용한 조형활동에 대해 이야기 나눈다.
   - 목장갑을 이용해 동물을 만들어보자.
   - 어떤 동물을 좋아하는지 이야기해 볼까?
   - 어떻게 하면 장갑으로 동물의 몸 형태를 만들 수 있을까?
4) 유아 스스로 창의적으로 생각하여 동물의 몸 형태를 만들어볼 수 있는 기회를 주며 어려워하는 유아는 교사가 몸의 형태를 만들 수 있도록 도움을 준다. (손목, 손바닥 부분의 장갑을 뒤집어 몸체를 만들고 손가락 부분만 나오게 하여 엄지손가락 부분은 머리, 나머지 손가락은 동물의 발을 표현할 수 있도록 형태를 만든다)
   - 다리가 2개인 동물을 만들려면 어떻게 해야 할까?
   - 목이 긴 동물을 만들려면 어떻게 하면 좋을까?
5) 준비해 둔 여러 가지 재료를 제시해 주어 아이들 스스로 상상하여 창의적으로 활동할 수 있도록 한다.
6) 여러 가지 재료를 다양하게 사용하여 활동할 수 있도록 돕는다.
7) 활동이 끝난 후 서로의 작품을 소개하고 감상하는 시간을 갖는다.

3) 동요

(1) 봄

씨앗

김성균 작사
김성균 작곡

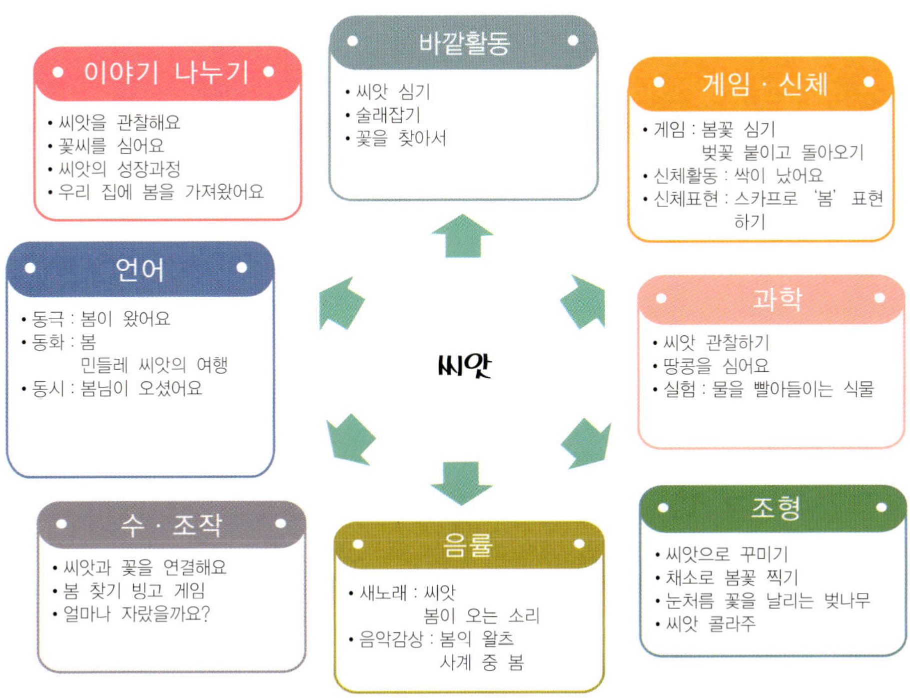

[그림 9-9] '씨앗' 활동망

<table>
<tr><td>주제</td><td>봄</td><td>활동 유형</td><td>신체표현</td></tr>
<tr><td>활동명</td><td>스카프로
봄을 표현해요</td><td>교육과정
관련 요소</td><td>표현생활 : 예술적 표현 즐기기-신체를 사용하여 간단한 리듬패턴을 만들어본다
: 예술적 표현 즐기기-신체를 이용하여 움직임을 다양하게 표현한다
: 예술적 표현 즐기기-움직임과 춤을 통해 느낌을 자유롭게 표현하기
언어생활 : 듣기-지시를 주의 깊게 듣고 이해한다
탐구생활 : 생명체와 자연환경 소중하게 여기기-관심 있는 식물의 특성을 알아본다</td></tr>
<tr><td>활동
목표</td><td colspan="3">• 음악을 듣고 신체를 이용해 자신의 감정을 자유롭게 표현한다.
• 다양한 동작을 경험해 보며 자신의 신체를 조절하는 능력을 기른다.
• 자연스러운 표현력을 통해 자신감을 갖는다.
• 스카프를 이용하여 봄을 표현해 본다.</td></tr>
<tr><td>활동
자료</td><td colspan="3">씨앗이 자라는 과정이 담긴 동영상 또는 실물 사진, 스카프, 피아노, 음악CD</td></tr>
</table>

활동방법

1) 야외 활동을 통해 봄을 느껴본다
   - 주변의 나무들과 화단을 관찰해 본다.
   - 화단과 나뭇가지에 무언가가 알록달록 예쁜 색을 띠고 있는데, 이것이 무엇일까?
   - 얼마 전에는 알록달록 색깔들을 볼 수 없었는데, 왜 볼 수 없었을까?
2) 교실로 돌아와 씨앗이 자라 꽃이 되는 과정이 담긴 동영상이나 실물 사진을 준비하고 유아들과 함께 보며 이야기 나눈다.
   - 땅속에 있는 이것이 무엇일까?
   - 씨앗에서 나온 것을 무엇이라고 부를까?
   - 씨앗이 자라 이렇게 예쁜 꽃을 피웠구나.
3) 미리 준비해 두었던 스카프를 유아들에게 나누어준다.
   - 스카프를 만져보고 얼굴에 비벼보며 느낌이 어떤지 느껴본다.
   - 스카프를 만져보자. 어떤 느낌이 드니?
   - 얼굴에도 비벼볼까? 어떤 느낌이 드니?
   - 후~ 하고 불어보기도 하자.

4) 준비해 둔 음악에 맞추어 스카프로 꽃이 자라는 과정을 몸으로 표현해 본다.

- 스카프가 땅이라고 생각해 보자. 땅속에 씨앗을 심어볼까?
- 씨앗이 잘 자라려면 무엇이 있어야 할까?

5) 씨앗이 잘 자랄 수 있도록 힘이 되어주는 말을 해볼 수 있도록 한다.

- 소나기가 오네. 씨앗이 잘 자랄 수 있도록 비를 막아보자.
- 이번에 해가 되어볼까?
- 스카프를 조금씩 두 손으로 잡아 올리며 꽃이 자라는 모습을 표현한다.
- 음악에 맞추어 예쁜 꽃이 된 스카프를 이용해 던지기도 하고 던져서 입으로 불어보기도 하며 꽃이 날리는 표현을 해 본다.

(2) 여름

싱그러운 여름

박은주 작사
석광희 작곡

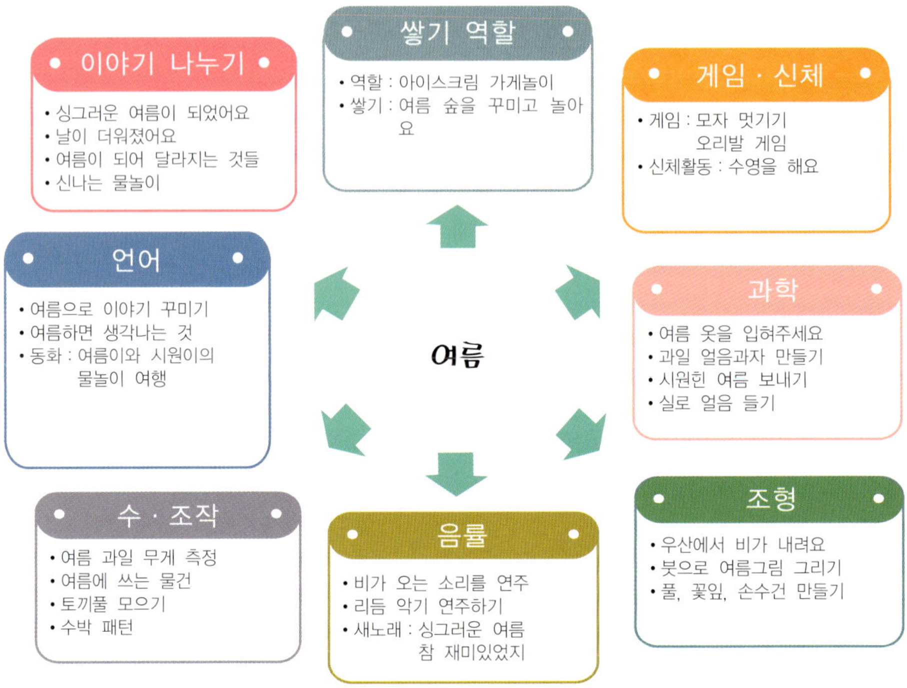

[그림 9-10] **'싱그러운 여름' 활동망**

주제	여름	활동 유형	게임
활동명	오리발 게임	교육과정 관련 요소	건강생활 : 나의 몸 움직이기–즐겁게 생활하기 사회생활 : 이웃과 더불어 생활하기–질서와 규칙 지키기 표현생활 : 예술적 표현 즐기기–움직임과 춤으로 표현하기 언어생활 : 듣기–바른 태도로 듣기 탐구생활 : 탐구하는 태도 기르기–사물과 현상에 지속적인 관심 가지기
활동 목표	• 규칙과 질서를 지키며 게임에 참여한다. • 오리발을 이용하여 놀이를 해 본다.		
활동 자료	오리발 2개, 반환점, 점수판, 바구니 2개, 비밀상자, 점수판		

활동방법

1) '싱그러운 여름' 노래를 함께 불러본다.

2) 여름에 대해 이야기를 나눈다.

- 너희들은 '여름' 하면 무엇이 생각나니?
- '여름' 에 할 수 있는 놀이는 무엇이 있을까?
- 그래, 여름이 되면 바다나 수영장에 가서 수영을 많이 한단다.

3) 오리발에 대해 이야기를 나눈다.

- 선생님이 오늘 수영할 때 쓰는 물건을 가지고 왔는데, 너희들이 맞춰보렴. (비밀상자 속에 오리발을 넣어둔다.)
- 자, 얘들아 이 안에 뭐가 들어 있을까? 한번 열어볼까? 하나, 둘, 셋! 짠~
- 그래, 오리발이지? 오리발을 본적이 있니? 이것은 어디에 쓰는 물건일까?
- 맞아, 수영할 때 오리발을 사용해.
- 그런데 그냥 맨발로 수영을 해도 되는데, 왜 오리발을 신고 수영을 하는 걸까?
- 오리발을 신으면 왜 수영을 잘할까?
- 우리들 발을 보면 발가락이 다 떨어져 있어, 그런데 오리발에는 물갈퀴라는 게 있어서 이렇게 붙어 있대. (그림 자료를 보여준다.)
  그래서 물을 더 뒤로 잘 밀어내서 앞으로 쭉쭉 잘 나가는 거래. 그래서 사람도 오리발을 신고 수영을 하면 오리처럼 앞으로 더 잘 나갈 수 있대.
- 오리발로 수영 말고 또 다른 것도 할 수 있을까?
  선생님은 오리발을 신고 게임을 했으면 좋겠는데 너희들은 어떠니?

4) 게임방법에 대해 이야기를 나눈다.

- 오리발 게임방법을 알아보자.
  ① 두 팀으로 나누어 앉는다.
  ③ 출발선에 서서 각 편의 오리발을 신는다.
  ④ 출발점 바구니에 있는 물건 이름이 적힌 쪽지를 1개만 뽑는다.
  ⑤ 쪽지를 확인한 후 반환점에 있는 물건을 가지고 돌아온다.

5) 게임 시 주의사항에 대해 이야기 나누고 게임 약속을 정한다.

- 게임을 할 때 너무 빨리 달리려고 하면 넘어지거나 다칠 수가 있단다.

넘어지지 않으려면 어떻게 해야 할까?

(급한 마음에 무조건 앞으로만 뛰려하면 넘어져서 다칠 수가 있다. 무릎을 최대한 올려가며 앞으로 뛰라고 이야기해 준다.)

- 그래, 넘어지지 않도록 무릎을 최대한 올려서 조심히 뛰어야 해.
- 그럼, 게임 약속을 만들어보자. 어떤 약속이 필요할까?

6) 게임을 시작한다.

7) 활동을 마무리한다.

- 모두들 열심히 잘했구나. 승리한 ○○팀에게 박수~ 열심히 해준 ○○팀에게도 칭찬의 박수를 쳐주자.

  (‘잘했어, 나’ 박수를 쳐준다.)
- 오늘 게임 어땠니?
- 게임하면서 힘든 점은 없었니?

  –서로 격려하며 활동을 마무리한다.

(3) 가을

가을길

김규환 작사
김규환 작곡

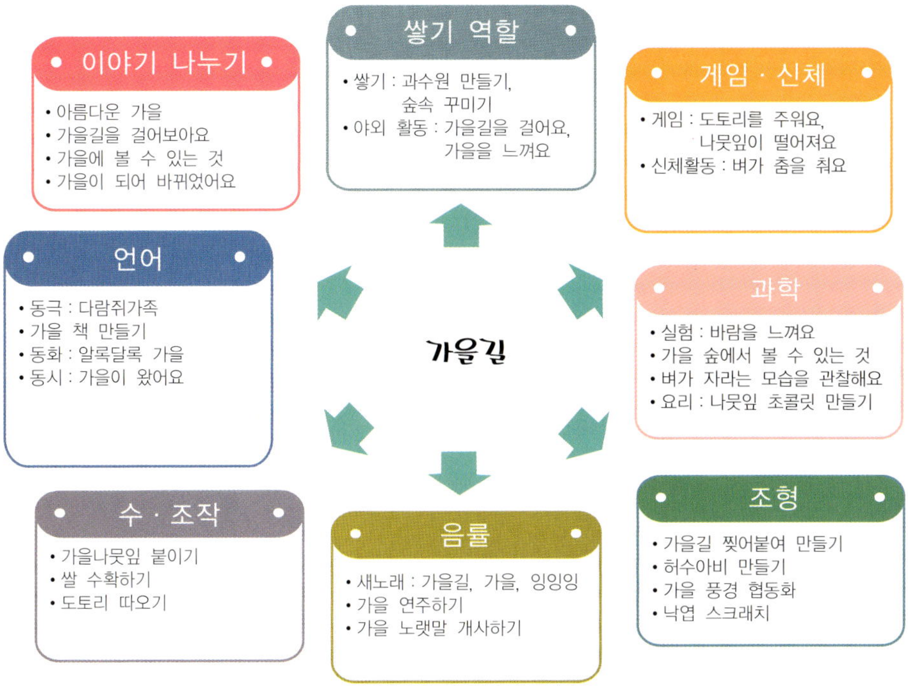

[그림 9-11] **'가을길' 활동망**

주제	가을	활동 유형	요리
활동명	나뭇잎 초콜릿 만들기	**교육과정 관련 요소**	예술 경험 : 아름다움 찾아보기-미술적 요소 탐색하기 예술표현 : 예술 감상하기-다양한 예술 감상하기 자연탐구 : 과학적 탐구하기-물체와 물질에 대해 알아보기 의사소통 : 말하기-느낌, 생각, 경험 말하기
활동 목표	• 가을 날씨의 특징을 안다 • 나뭇잎의 생김새에 관심을 갖고 관찰한다 • 요리활동 시 필요한 도구의 명칭과 사용방법을 안다		
활동 자료	다크 초콜릿, 화이트 초콜릿, 짤 주머니, 사철 나뭇잎, 쟁반, 냄비, 스테인리스 볼, 버너, 물, 나뭇잎, 나뭇잎 담을 상자		

활동방법

1) 유아들과 야외 활동을 통해 가을을 느껴본다.

• 바닥에 떨어져 있는 것들이 무엇인지 알고 있니?

• 낙엽들의 색깔을 비교해 보자.

- 왜 낙엽 색깔이 다를까?

2) 유아들과 준비해 온 바구니에 낙엽을 담아본다.
   - 낙엽을 만져보니 어떤 소리가 나니?
   - 낙엽들의 생김새가 서로 어떻게 다른지 비교해 보자.
   - 낙엽을 보고 생각나는 물건이 있니?
3) 준비한 상자에 나뭇잎을 담아 교실로 돌아온다.
   - 나뭇잎이 어떻게 생겼는지 자세히 관찰해 보자.
   - 어떤 모양인지 관찰해 볼까?
   - 색깔은 서로 같은지 비교해 보자. 어떻게 다르니?
4) 나뭇잎을 이용한 초콜릿 만들기 순서를 알아본다.
   - 초콜릿을 만들려면 무엇이 필요하니?
   - 굳어있는 초콜릿을 녹이려면 무엇이 필요할까?
   - 불을 사용할 때 조심해야 할 것은 무엇이 있을까?
5) 순서를 생각하며 요리활동을 시작해 본다.
   - 밖에서 주워온 나뭇잎을 요리에 사용하려면 어떻게 해야 할까?
   - 나뭇잎을 깨끗이 닦지 않으면 어떨까?
   - 짤 주머니에 녹인 초콜릿을 담아 나뭇잎 위에 같은 모양으로 짜보자.
6) 초콜릿이 굳을 때까지 기다리며 오늘 한 활동에 대해 이야기 나눈다.
   - 초콜릿이 굳은 후 나뭇잎을 떼어내면 어떤 모양이 나올까?
   - 어떤 맛이 날까?
7) 초콜릿이 굳은 후 나뭇잎을 떼어내어 초콜릿 모양을 관찰해 본다.
   - 나뭇잎 모양과 비교해 보자.
   - 나뭇잎 외에 또 어떤 것을 이용해 초콜릿을 만들어보고 싶니?

(4) 겨울

꼬마 눈사람

강소천 작사
한용희 작곡

[그림 9-12] '꼬마 눈사람' 활동망

주제	겨울	활동 유형	조형활동
활동명	눈사람을 만들어요	교육과정 관련 요소	표현생활 : 창의적인 표현과정 즐기기–다양한 예술 활동을 스스로 표현하여 즐긴다 : 예술적 표현 즐기기–조형활동으로 표현하기 사회생활 : 이웃과 더불어 생활하기–다른 사람을 이해하고 존중하기
활동 목표	• 겨울에 볼 수 있는 눈과 눈으로 할 수 있는 놀이에 관심을 갖는다. • 여러 가지 표정을 상상하여 표현함으로써 표현력을 기른다 • 조형활동에 필요한 재료와 도구를 이용해 창의적 표현을 할 수 있다.		
활동 자료	솜, 하얀 천, 나무젓가락, 단추, 색 테이프, 뽕뽕이, 모루(여러 가지 재료), 가위, 목공 풀, 고무줄		

활동방법

1) '꼬마 눈사람' 노래를 불러본다.
   - 눈을 만져본 적이 있니?
   - 눈을 만지면 느낌이 어떠니?
   - 눈사람을 만들어본 적이 있니?
   - 어떤 것을 이용해 눈사람을 만들었는지 이야기해 보자.
2) 활동할 조형물에 대해 이야기 나눈다.
   - 눈으로 만들어보았던 눈사람을 다른 재료들로 만들어보자.
   - 눈사람 만들 눈을 어떤 재료로 표현해 보면 좋을까?
   - 어떤 재료들이 있는지 살펴보자.
   - 각 재료들을 관찰해 보고 무엇을 만들 때 사용할지 생각해 보자.
3) 솜을 뭉쳐 천으로 싼 후 고무줄로 마무리하고 각 2개씩 만들어 붙인다.
   - 눈사람이 완성되었구나. 어느 곳을 더 꾸며주면 좋을까?
   - 눈사람에게 표정이 없구나. 어떤 표정을 꾸며주면 좋겠니?
   - 표정을 꾸밀 때 사용할 재료를 찾아보자.
4) 여러 가지 재료를 사용해 활동을 해볼 수 있도록 유도하고 격려해 주며, 여러 가지 표정을 상상하여 표현할 수 있도록 돕는다.

   재료를 탐색해 보며 여러 가지 재료를 이용해 자유롭고 창의적인 활동을 할 수 있도록 돕는다.
- 어떤 표정의 눈사람을 만들고 싶니?
- 표정에는 어떤 것들이 있을까?
- 우리가 표정을 지어볼까?
- 선생님이 짓고 있는 표정은 어떤 표정인지 맞추어 볼 수 있겠니?
- 여러 가지 재미있는 표정을 지어보자.

5) 조형활동을 마친 후 유아들이 만든 조형물을 소개하는 시간을 갖는다.
- 친구가 만든 눈사람을 보니 어떠니?
- 어떤 표정을 짓고 있는 눈사람 같니?
- 왜 이런 표정을 짓고 있을까?

2 다문화 관련 통합적 접근

요즈음 '다문화'에 대한 관심이 높다. 다문화에 대한 정의가 다양하게 이루어지고 있는데, 여기서는 다양함과 다름을 인식하고 이를 수용하는 것과 관련된 주제로 보고자 한다. 아동의 주변에는 다양함이 많이 존재한다. 신체적인 다름, 가정환경의 다름, 생각의 다름, 문화의 다름 등 아동 주변의 다양함과 다름을 인식하고 이에 대한 열린 태도를 가지는 것 또한 문학의 주제가 될 수 있다는 것이다. 본 장에서는 다문화 관련 주제 중 '장애'와 '다양한 민족'과 관련된 주제를 다루어보고자 한다.

1) '장애' 관련 통합적 접근

(1) '장애' 주제의 의미

더불어 살아가는 태도의 기본 덕목인 이해와 인정, 배려는 아동기에 다양한 삶의 기본 태도를 경험하고 익히는 시기로 접근될 수 있으며 장애교육 또한 이 시기에 함께 이루어져야 한다.

아동들이 다양성을 수용하고 상호작용을 통해 고정관념을 줄일 수 있도록 경험하는 것은 여러 가지 상황과 매체를 통해 이루어질 수 있으나 특히 유아가 매일 꾸준히, 쉽게 접할 수 있는 동화를 통해 자신의 경험과 연결지어 보거나 다양한 활동을 통해 동화 내용을 이해시키는 것이 중요하다.

장애 관련 주제는 아동들이 일회성이 아닌 상시적인 활동을 통해 장애에 대한 올바른 이해를 바탕으로 사회 속에서 다양한 환경에 처한 사람들을 이해하고 나와 너의 다름이 차별이 되지 않도록 하며 보다 깊은 감성과 긍정적인 삶의 태도를 갖도록 하는 데 도움이 될 수 있다.

(2) 접근방법

활동 주제 '장애'는 우화적 내용, 나, 우리 가족 또는 타인의 입장에서 장애를 자신의 경험과 연관 지어 주변에서 우연찮게 접하고 궁금증을 자아낼 수 있는 소재를 이용해 사고를 확장할 수 있는 주제 중심으로 접근한다.

활동은 장애에 대한 올바른 이해, 생활 속 장애 예방법, 사회가 만드는 장애와 동등한 삶을 보장하기 위한 생활보조기구 등과 같이 아동들이 성장하며 생활 주변에서 발견하고 느끼고 생각해 볼 수 있는 주제를 중심으로 접근할 수 있다. 이러한 접근은 일상생활에서 사물이나 타인을 대하는 인성적 측면과 더불어 자신을 사랑하고 더불어 나와 다른 사람의 장단점을 생각하며 인정하는 인지적 측면, 마침내 더불어 사는 따뜻한 사회를 위해 필요한 작은 실천에 이르는 행동적 측면을 고려하여 다양한 활동으로 전개될 수 있다.

(3) 동화를 통한 장애 이해 접근법

① 내 귀는 짝짝이

생활 주제	장애 이해	동화 유형	창작동화
주제	겉모습은 달라도 우리는 친구!		
동화명	내 귀는 짝짝이		
글 · 그림	히도 반 레네흐텐		
옮긴이	장미란	출판사	웅진주니어

동화소개

『내 귀는 짝짝이』는 친구들과 다른 귀를 가진 리키의 이야기이다. 다르다는 것은 때로는 특별할 수도 있지만 때로는 힘든 경우가 되기도 한다. 통통한 토끼, 키 큰 토끼, 홀쭉한 토끼도 있다. 두 귀의 길이가 다른 리키는 자신의 모습을 무척

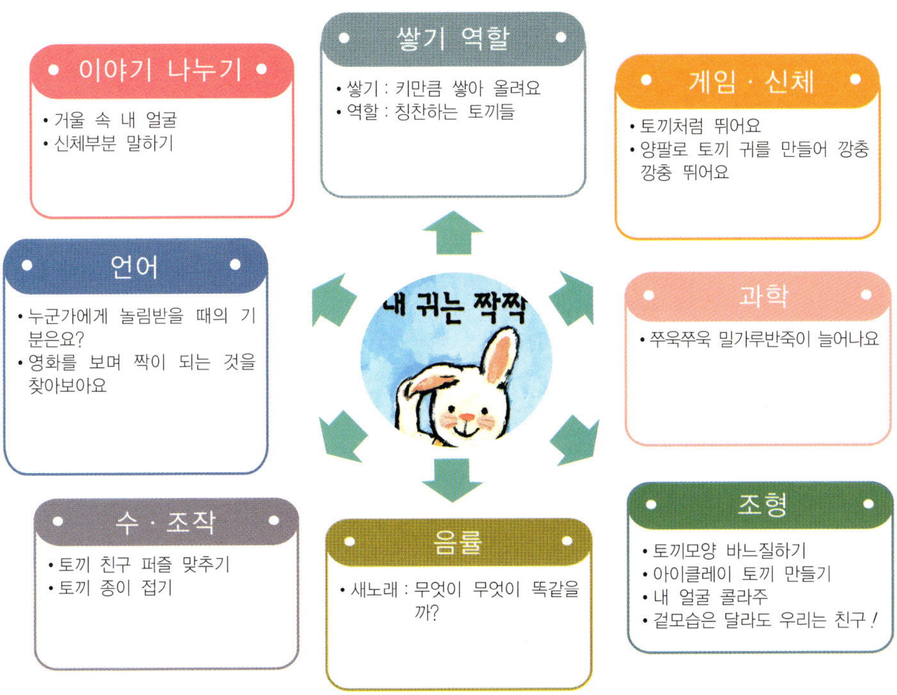

[그림 9-13] '내 귀는 짝짝이' 활동망

속상해 한다. 친구들이 리키를 깔깔대며 놀릴 때 리키는 어떻게 하면 좋을까? 리키를 놀리는 친구가 있다면 난 어떻게 말해 줄 수 있을까? 유아들과 함께 다양한 대안을 제시하며 이야기를 나눌 수 있다. 신체를 이용한 체험을 통해 모두의 겉모습이 다를 수 있고, 있는 그대로를 인정해 주어야 한다는 것을 깨달을 수 있다.

주제	장애 이해	활동 유형	조형활동
활동명	겉모습은 달라도 우리는 친구!	교육과정 관련 요소	건강생활 : 나의 몸 인식하고 움직이기 사회생활 : 이웃과 더불어 생활하기–다른 사람을 이해하고 존중하기 표현생활 : 예술적 표현 즐기기–통합적으로 표현하기 언어생활 : 말하기–생각과 느낌 말하기
활동 목표	• 토끼의 생김새를 알고 특징을 말할 수 있다. • 내 얼굴의 눈, 코, 입, 귀의 위치를 알고 OHP 필름에 그림을 그릴 수 있다. • 조금 다르더라도 있는 그대로의 모습을 수용하는 태도를 형성한다.		
활동 자료	동화책, OHP 필름, 유성 매직		

활동방법

1) 동화책을 읽고 이야기 나눈다.
   - 선생님이 흉내 내는 이 동물은 누구일까요?
   - 선생님이 불러주는 동물을 흉내 내보세요.
   - 내 귀가 짝짝이면 어떤 기분일까요?
   - 친구의 귀가 짝짝이면 어떻게 생각될까요?
2) 얼굴의 감각기관을 안다.
   - 짝이 되는 2개의 신체부위는 어디 어디인가요?
   - 거울을 보고 눈, 눈썹, 콧구멍, 귀가 2개씩인지 확인해 보세요.
   - 불러주는 말을 듣고 짝의 신체부위에 스티커를 붙여 보세요.
3) OHP 필름에 얼굴을 본떠 그린다.
   - 큰 거울 앞에 서서 자신의 얼굴을 살펴보세요.

• 거울에 비춰지는 자신의 얼굴을 본떠 그리세요.

• 친구의 얼굴 위에 OHP 필름을 올려놓고 얼굴을 본떠 그리세요.

4) 모두가 다르게 생겼음을 확인한다.

• 얼굴을 본뜬 OHP 필름을 창문에 붙여보세요.

• 창문에 붙인 얼굴 그림을 보고 누구인지 맞혀보세요.

• 눈, 눈썹, 콧구멍, 귀가 모두 똑같은 모양과 크기로 표현되었나요?

• 짝이 되는 얼굴부위가 다르게 생겨도 우리 친구인지 어떻게 알았나요?

5) 겉모습이 달라도 그대로 인정하고 수용하는 태도를 기른다.

• 세계 여러 나라의 사람들은 피부색도 달라요.

• 우리 모두 키가 다르고 몸집도 달라요.

• 겉모습이 달라도 우리 가족, 내 친구라고 생각하면 모두가 똑같아요.

tip

• 미리 거울 위 넓은 공간에 랩을 붙여 얼굴뿐 아니라 신체 그리기로 확장하여 활용할 수 있도록 한다.

② 내 친구 여진이

생활 주제	장애 이해	동화 유형	창작동화
주제	내 친구 최고!		
동화명	내 친구 여진이		
글	김혜리	그 림	김지아
출판사	아이코리아		

동화소개

『내 친구 여진이』는 유아들에게 익숙한 유치원을 배경으로 엮어진 그림책이다. 우리는 몸이 불편한 사람을 보면 도와주어야 한다고 배운다. 그래서 받아들이는 상대방의 기분을 생각하지 않고, 도와주는 마음만 대견하게 여겨지는 경우가 있다. 하지만 때때로 요구되지 않은 도움은 부담스러운 일이 되어버리고 만다. 여진이는 다른 친구들보다 다리가 짧지만 재미있는 이야기도 잘하고 피아노도 잘 치는 재주꾼이다. 그런 여진이를 좋아하는 친구들은 여진이가 부탁하기도 전에 서로 도와주려고 바쁘게 구는데... 선생님이 그런 친구들을 칭찬할 때마다 여진이는 마음이 왠지 편치 않다. 어느 날, 여진이는 큰 울음으로 속마음을 털어놓는데, 그 후 선생님과 친구들은 여진이가 스스로 할 수 있도록 기다려주는 배려를 하기 시작한다. 받는 사람도 기분 좋은 배려가 진짜 배려라는 것을 배울 수 있는 책이다.

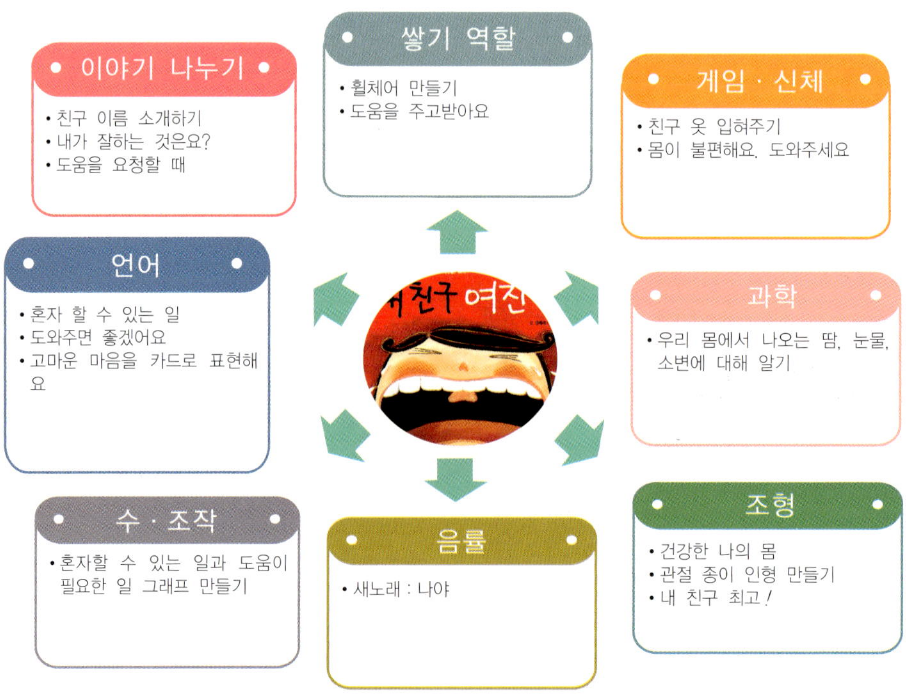

[그림 9-14] '내 친구 여진이' 활동망

주제	장애 이해	활동 유형	조형활동
활동명	내 친구 최고!	교육과정 관련 요소	건강생활 : 건강하게 생활하기-즐겁게 생활하기 사회생활 : 이웃과 더불어 생활하기-다른 사람을 이해하고 존중하기 표현생활 : 예술적 표현 즐기기-조형활동으로 표현하기 언어생활 : 듣기-이야기 듣고 이해하기
활동 목표	• 친구의 좋은 점을 찾아 말할 수 있다. • 배려하는 도움의 방법을 알 수 있다.		
활동 자료	동화책, 사과 모양 접착 메모지, 평면나무 그림, 상황그림 카드		

활동방법

1) 동화책 함께 읽기
   - 책 표지의 아이는 왜 울고 있을까요?
   - 여진이는 어떤 친구인가요?
   - 친구들이 내가 할 일을 모두 도와주면 어떨까요?
   - 친구들이 내게 묻지 않고 마음대로 나를 도와주면 기분이 어떨까요?
2) 스스로 할 수 있는 일과 도움이 필요한 일을 이야기한다.
   - 내가 유치원에서 스스로 할 수 있는 일에는 어떤 것이 있나요?
   - 다른 사람의 도움이 필요한 것에는 어떤 일이 있나요?
   - 친구들마다 할 수 있는 일과 도움이 필요한 일은 같은가요?
3) 칭찬나무를 만든다.
   - 나를 잘 도와주는 친구는 누구인가요?
   - 친구를 칭찬하는 말을 사과 메모지에 써보세요.
   - 나는 친구에게 어떤 도움을 주었나요?
   - 나를 칭찬하는 말을 사과 메모지에 써보세요.
   - 칭찬나무에 메모지를 붙이며 경험한 일을 이야기해 보세요.
4) 공손하게 도움을 요청하는 방법, 배려하며 도움을 주는 방법을 안다.
   - 내게 도움이 필요할 때 주로 누구에게 도와달라고 말할 수 있나요?

- 친구에게, 부모님께, 선생님께 도움을 요청하는 말을 해 봅시다.
- 그림 카드 속 어떤 친구가 도움이 필요한 친구일까요?
- 친구에게 도움을 주기 전 무엇이라 말하면 좋을까요?
- 왜 미리 이야기를 하고 도와주어야 하나요?

5) 책의 삽화를 다시 보며 이야기를 나눈다.
- 여진이는 어떤 도움이 필요한가요?
- 도와주기 전, 무엇이라고 말할 수 있을까요?
- 만약 내가 여진이라면 어떻게 도와달라고 부탁할까요?

tip
- 칭찬나무는 벽에 게시하고, 수시로 칭찬 내용을 교체하여 인성교육에 활용한다.

③ 넌 왜 보청기를 하니

생활 주제	장애 이해	동화 유형	창작동화
주제	나는야, 발명왕!		
동화명	넌 왜 보청기를 하니		
글	김혜리	그 림	윤지회
출판사	아이코리아		

동화소개

『넌 왜 보청기를 하니』는 청각 장애아동의 청능 및 언어 발달을 위한 인공와우 수술에 대하여 자세히 소개한 책이다. 청각 장애를 지닌 아이들은 어렸을 때 인공와우 수술을 하고 보청기를 낀 채 청능훈련을 받는데, 유치원에서 만난 친구가 보청기를 끼고 다니면 으레 아이들은 한 번쯤 만져보고 싶어하기도 하고 무엇인지 궁금해서 끊임없이 관심을 갖기도 한다. 이 책은 보청기를 낀 윤지와 보청기를 궁금해 하는 친구 준호가 서로 나누는 편지글을 통해 청각장애인 보조도구를 이해할 수 있게 해 준다. 보조도구의 필요성을 바르게 이해하고 나면 장애보조도구가 나와 다른 사람이라는 것을 나누는 기준이 아닌, 안경과 같이 필요한 사람들에게 편리함을 제공하는 고마운 물건이라는 것을 쉽게 이해할 수 있다.

[그림 9-15] '넌 왜 보청기를 하니' 활동망

주제	장애 이해	활동 유형	조형활동
활동명	나는야, 발명왕!	교육과정 관련 요소	건강생활 : 나의 몸 인식하기-감각기관을 활용하기 사회생활 : 이웃과 더불어 생활하기-다른 사람을 이해하고 존중하기 표현생활 : 예술적 표현 즐기기-창의적인 표현과정 즐기기 언어생활 : 듣기-이야기 듣고 이해하기
활동 목표	• 보청기의 기능을 알고 왜 필요한지 말할 수 있다. • 보조공학기기의 개념을 이해할 수 있다. • 상황에 따른 보조공학기기를 생각해 볼 수 있다.		
활동 자료	동화책, 보조공학기기 관련 사진 자료		

활동방법

1) 동화책을 읽으며 보청기의 필요성을 이야기 나눈다.
   - 할아버지, 할머니께서 잘 듣지 못하실 때 우린 어떻게 말하나요?
   - 내 친구가 소리를 잘 듣지 못하면, 어떻게 이야기를 나눌 수 있을까요?
   - 보청기는 충전을 해서 귀에 꽂는 것으로 소리를 잘 듣게 해 줍니다. 매일 충전해서 가지고 다니며 쓰는 물건에는 어떤 것들이 있을까요?
2) 다양한 사례의 사진을 보며 장애를 극복할 수 있도록 설계된 보조공학기기의 개념을 이해한다.
   - 장애인 농구경기에서 다리가 불편한 사람들은 어떻게 농구경기를 하나요?
   - 소리를 듣지 못하는 사람이 벨이 울릴 때 누가 왔다는 것을 어떻게 알았나요?
   - 눈이 잘 보이지 않아 연필로 글씨를 쓸 수 없는 사람은 책을 어떻게 읽을 수 있을까요? 이 점자책은 어떻게 만들어지나요?
   - 신체적인 불편함을 도와주어 생활을 편리하게 해 주는 여러 가지 기계를 보조공학기기라고 합니다.
3) 생활의 불편함은 장애인뿐만 아니라 다른 많은 사람들도 겪을 수 있는 일임을 이해할 수 있도록 하고 어린이들의 눈높이에서 일상생활 장면을 제시하여 생활보조기구를 생각해 볼 수 있도록 한다.
   - 높은 선반 위의 사탕봉지를 꺼내기 위해 어떤 도구를 발명하면 좋을까요?
   - 신발의 오른쪽과 왼쪽을 쉽게 구분하기 위해 어떤 장치를 해 놓으면 좋을까요?
   - 장난감 블록을 색깔별로 빨리 정리하려면 어떤 도구를 발명하면 좋을까요?
   - 우리 가족에게 선물하고 싶은 생활보조기구 발명품에는 어떤 것이 있을까요?
4) 평가 및 정리하기
   - 친구들과 의견을 나누고 아이디어를 덧붙여주며 보조공학기기를 이해한다.

(4) 장애 이해 교육을 위한 그림책

제목 : 아주 특별한 우리형　　출판사 : 대교출판 (2010)
글 : 고정욱　　그림 : 송진헌

뇌성마비 장애가 있는 형 종식이와 철없는 어린 동생 종민이의 좌충우돌 훈훈한 이야기를 그리고 있다. 어느 날 갑자기 나타난 형의 모습에 동생은 마냥 부끄러움을 느낀다. 일그러진 얼굴에 구부러진 팔... 동생에게는 감추고 싶은 형이었다. 하지만 종민이는 시간이 지나면서 형의 아주 특별한 이야기를 듣게 된다.

제목 : 꿈꾸는 작은 오리　　출판사 : 웅진주니어(1999)
글 : A. H. 벤자민　　그림 : 엘리자베스 홀스티엔
옮긴이 : 강무홍

작은 오리 더플은 친구들에게 아무것도 못한다며 놀림을 받곤했다. 다른 동물 친구들의 멋진 모습을 흉내 내보지만 번번이 실패만 하는 더플. 그런데 어느 날 더플은 강둑에 갇힌 새끼오리를 구해 내는 큰일을 해 내게 된다.

제목 : 형진이 다리는 백만 불짜리 다리　　출판사 : 반딧불이(2006)
글 : 배현순 · 고향옥　　그림 : 후쿠다 이와오

영화 <말아톤>으로 잘 알려진 이야기를 자폐성 장애를 가진 소년이 마라톤 선수로 성장하는 과정을 담고 있다. 마라톤을 시작한 소년과 든든한 버팀목인 엄마. 마라톤 준비과정을 자세히 담아 마침내 마라톤 완주에 이르기까지 희망과 승리의 이야기를 감동의 장면으로 담아내고 있다.

제목 : 나는 청각 도우미견 코코　　출판사 : 대교출판(2005)
글 : 이지현　　그림 : 이승원

주인에게 버려져 홀로 남은 코코는 동물보호소에서 다른 유기견들과 하루하루를 보내게 된다. 그러던 어느날 코코는 '청각 도우미견 후보생'을 뽑는 시험에 통과해 다양한 훈련을 받게 되는데, 무사히 훈련을 마친 코코는 비장애인인 하나와 청각장애인인 아주머니의 다리가 되어 진정한 마음이 담긴 배려를 깨닫게 해 주는 흥미진진한 활약을 펼치게 된다.

제목 : 내 다리는 휠체어　　출판사 : 김영사(2004)
글 : 프란츠 요제프 후아이니크　　그림 : 베레나 발하우스
옮긴이 : 김경연

장애인이 직접 쓴 그림책으로 장애를 인정하고 더불어 살아가는 방법에 대해 들려주고 있다. 마르기트는 엄마의 심부름으로 나선 길에서 자신을 바라보는 동정어린 시선에 화가 난다. 그리고 마침내 자신을 이해해 주는 친구의 도움으로 당당하게 도움을 청하고 필요 없는 동정은 과감하게 거부해야 한다는 것을 깨닫게 된다.

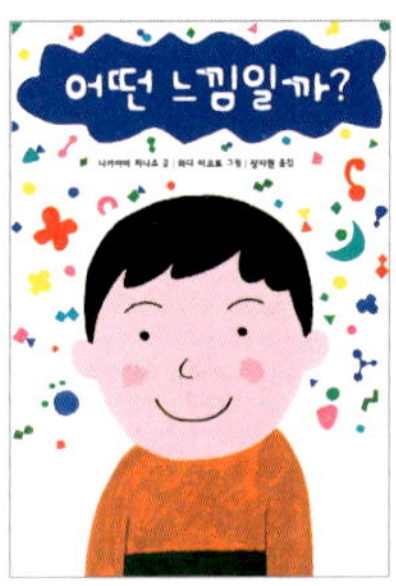

제목 : 어떤 느낌일까?　　출판사 : 보림(2006)
저자 : 나카야마 치나츠　　그림 : 와다 마코토
옮긴이 : 장지현

이 책은 장애에 대한 편견을 갖기 쉬운 어린이와 어른 모두에게 새로운 시각을 제시하는 책이다. 장애를 가진 것은 상대방임을 가정하고 장애에 대한 이해와 배려를 강조하는 책과는 달리, 보이지 않는 건 어떤 느낌인지 혹은 움직일 수 없다는 건 어떤 느낌인지에 대해 이야기하며 근본적인 '장애'의 의미에 초점을 두고 있다.

2) '다양한 민족' 관련 통합적 접근

(1) '다양한 민족' 주제의 의미

모든 인간은 누구나 존엄성과 가치를 가진 존재이다. 하지만 잘못된 편견으로 인해 그 개인의 능력이나 특성은 고려되지 않은 채 부정적인 생각과 행동을 하게 되는 경우가 많다.

다양성을 인정하는 것은 급변하는 사회에 변별력을 갖춘 수용의 태도를 갖는 개인의 특성으로 작용할 수도 있으나, 특히 아동에게는 주변을 탐색하고 수용하며 상호작용을 통해 고정관념을 줄일 수 있도록 경험하는 것으로 중심 맥락을 잡을 수 있다. 이에 유아가 동화를 매개로 자신의 경험과 연결지어 생각해보는 기회를 제공하거나 다양한 활동을 통해 다양한 민족에 대한 동화 내용을 이해시킬 수 있다.

'다양한 민족' 주제는 아동들로 하여금 친근한 일상 소재를 통해 가정의 한 형태로 다문화가정을 이해하고 나아가 세계의 다양한 환경에 의해 자연스럽게 형성된 문화를 받아들이며 보다 넓은 인생관과 세계관을 갖도록 한다.

(2) 접근방법

활동 주제 '다양한 민족'은 친숙한 주제를 중심으로 아동과 직접적으로 작용하는 가정에서 세계 여러 나라로, 과거의 문화에서 현재로 이어지는 등 시각적이고 공간적으로 다양하게 접근할 수 있다. 특히 동화의 내용을 바탕으로 자신의 경험과 연관 지어 생각을 나눔으로써 사고를 확장할 수 있는 주제를 중심으로 전개될 수 있다.

이와 같이 생활과 밀접한 주제로 연결된 주제의 고리는 환경, 전쟁, 기아 등과 같이 아동들이 함께 공유할 수 있는 사건을 중심으로 확장되어 접근할 수 있으며 주변에서 쉽게 찾아볼 수 있는 자원을 활용하는 방법으로 지역의 다문화센터, 다문화 소규모 시장 등의 지역환경을 활용하거나 박물관, 유적지 등의 견학을 모색하는 등 교사의 계획에 따라 융통성 있게 운영될 수 있다.

(3) 동화를 통한 '다양한 민족' 이해 접근법

① 아프리카에도 곰이 있을까요?

생활 주제	다문화 이해	동화 유형	창작동화
주제	아프리카 체험놀이		
동화명	아프리카에도 곰이 있을까요?		
글 · 그림	사토미 이치카와	옮긴이	사과나무
출판사	크레용하우스		

동화소개

『아프리카에도 곰이 있을까요?』는 예쁘고 잔잔한 이야기다. 아프리카 어느 마을에 살고 있는 주인공 메토는 백인가족의 방문을 받게 되고 백인 아이가 놓고 간 곰 인형을 보고 되돌려주기 위해 많은 동물들을 만나며 용감하게 곰 인형을 전달한다는 내용이다. 흑인과 백인의 피부색이 다른 두 주인공을 등장시켜 피부색으로 확인될 수 있는 다문화의 모습을 보여준다. 아프리카의 환경과 문화에 대해서 이야기를 나누기에 좋은 책이다.

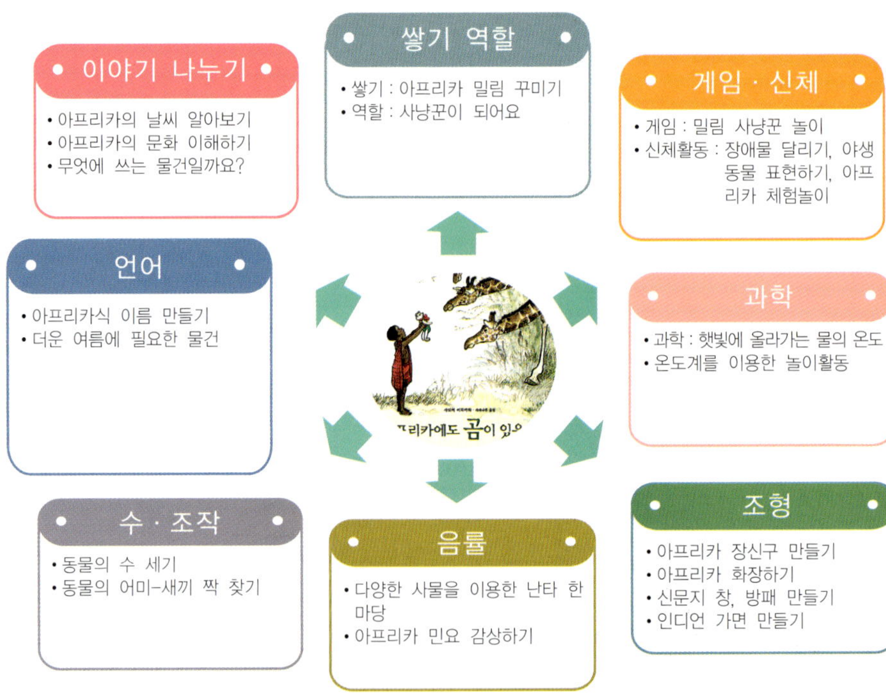

[그림 9-16] '아프리카에도 곰이 있을까요?' 활동망

<table>
<tr><td>주제</td><td>다문화 이해</td><td>활동 유형</td><td>신체활동</td></tr>
<tr><td>활동명</td><td>아프리카
체험놀이</td><td>교육과정
관련 요소</td><td>건강생활 : 건강하게 생활하기-즐겁게 생활하기
사회생활 : 이웃과 더불어 생활하기-다른 사람을 이해하고 존중하기
표현생활 : 예술적 표현 즐기기-창의적인 표현과정 즐기기
언어생활 : 말하기-생각과 느낌 말하기</td></tr>
<tr><td>활동
목표</td><td colspan="3">• 아프리카의 자연 환경적 특징을 이해할 수 있다.
• 친구의 특징을 살려 아프리카식 이름을 만들 수 있다.
• 스펀지를 이용하여 아프리카 무늬를 만들 수 있다.</td></tr>
<tr><td>활동
자료</td><td colspan="3">동화책, 페이스페인팅, 스펀지, 천</td></tr>
</table>

활동방법

1) 동화책 읽고 이야기를 나눈다.
   - 아프리카에 서식하는 동물은 무엇인가요?
   - 선생님이 불러주는 동물을 흉내 내보세요.
   - 나라가 다른 두 아이가 만나서 어떻게 이야기를 나누었나요?
   - 메토는 곰 인형을 가져다주기 위해 어떤 노력을 하였나요?
   - 아프리카의 날씨는 어떠했나요?
   - 메토의 피부색은 어떠하였나요?
2) 아프리카 동물을 흉내 내며 자연적 환경을 보존하고 있는 아프리카의 문화를 이해시킨다.
   - 책에 어떤 동물들이 등장했나요?
   - 기억하고 있는 동물들을 흉내 내보세요.
   - 이 발자국은 누구의 동물이었을까요?
3) 아프리카식 이름을 지으며 친구의 특징을 있는 그대로 인정하는 태도를 기른다.
   - 내 짝이 가지고 있는 특징은 어떤 것이 있나요?
   - 특징 두 가지를 한꺼번에 말하며 아프리카식 이름을 지어보세요.

- 우리 반에서 가장 긴 아프리카식 이름을 가진 사람은 누구인가요?
- 5분 동안 자유롭게 아프리카식 이름을 불러보세요.

4) 아프리카식 문양을 찍으며 다양한 점과 선을 표현한다.
- 페이스페인팅용 물감을 스펀지에 묻혀 내 다리 위에 무늬를 찍어보세요.
- 친구의 얼굴에 아프리카 스펀지 도장을 찍어보세요.
- 아프리카 추장 모자를 쓰고 전통음악을 감상해 보세요.

5) 평가 및 마무리
- 아프리카의 난타 음악을 들으며 즐거움을 몸으로 표현해 보세요.

tip

- 스펀지 무늬를 이용해 아프리카 전통의상을 꾸미고 원색을 사용하는 아프리카 채색문화를 경험하도록 한다.

② 예슬이 엄마 이름은 구티엔

생활 주제	다문화 이해	동화 유형	창작동화
주제	다문화 이해		
동화명	예슬이 엄마 이름은 구티엔		
글	임희옥	그 림	김충식
출판사	아이코리아		

동화소개

은지가 다니는 어린이집에 새 친구가 다니기 시작했다. 은지라는 어린 아이의 눈으로 엄마와 함께 베트남에서 온 새로운 친구가족과 시간을 보내며 다문화를 알아가는 과정을 그린 책이다. '구티엔'이라는 낯선 이름이 아이들에게는 재미있고 정겨운 어감으로 다가간다. 함께 백김치를 담궈 먹고 쌀국수를 나누어 먹는 모습은 요즘 다문화가정 이웃을 대하는 서슴없는 문화적 교류를 보여준다.

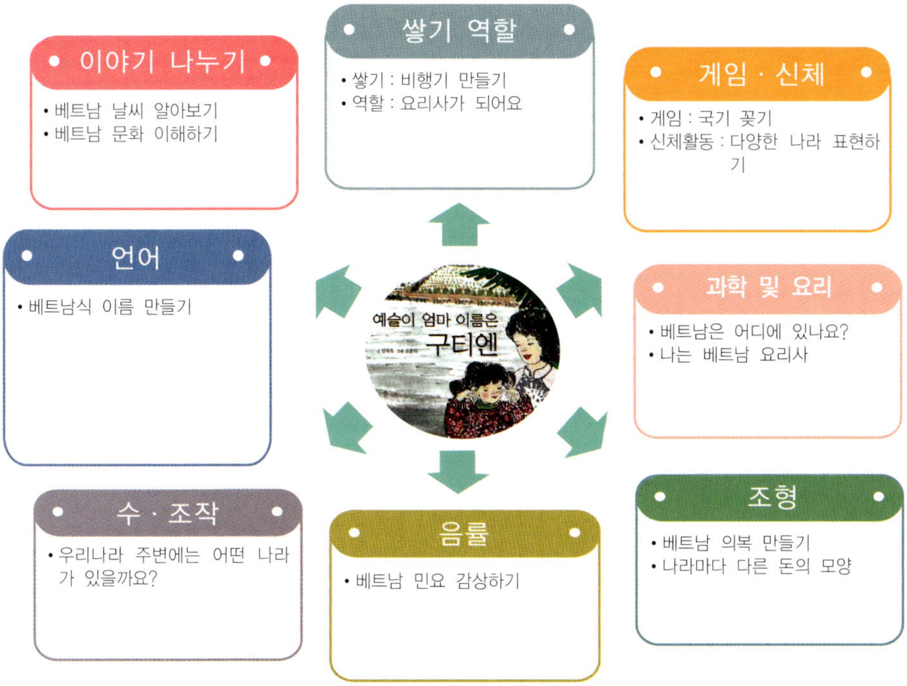

[그림 9-17] '예슬이 엄마 이름은 구티엔' 활동망

주제	다문화	활동 유형	요리활동
활동명	나는 베트남 요리사	교육과정 관련 요소	건강생활 : 나의 몸 움직이기-도구 및 놀이 시설 활용하기 사회생활 : 이웃과 더불어 생활하기-다른 사람을 이해하고 존중하기 표현생활 : 예술적 표현 즐기기-통합적으로 표현하기 언어생활 : 말하기-생각과 느낌 말하기
활동 목표	• 베트남의 음식문화를 이해한다. • 베트남의 의복과 우리나라의 의복을 비교할 수 있다. • 채소로 월남쌈을 만들 수 있다.		
활동 자료	동화책, 한국과 베트남 의복 · 음식 사진, 월남쌈 재료		

활동방법

1) 동화책을 읽고 베트남 문화를 이해한다.
   - 베트남 사람들과 우리나라 사람들은 어떻게 다른가요?
   - 한국의 대표 음식은 무엇인가요?
   - 베트남의 대표 음식은 무엇인가요?
   - 쌀로 만든 우리나라와 베트남 음식을 이야기해 보세요.
2) 베트남과 우리나라의 의복을 비교하고 비슷하거나 다른 문화의 차이를 경험한다.
   - 베트남에서 쓰는 모자의 이름은 무엇인가요?
   - 한국의 전통모자는 무엇이 있을까요?
   - 베트남의 전통의상 이름은 무엇인가요?
   - 그림 중 우리나라의 한복은 어떤 것인가요?
3) 라이스페이퍼를 이용해 갖은 채소를 말아 월남쌈을 만든다.
   - 라이스페이퍼를 미지근한 물에 담그면 어떻게 되나요?
   - 당근, 버섯, 오이, 피망을 넣어 월남쌈을 말아보세요.
   - 소스를 찍어 먹어보세요. 우리나라의 어떤 음식과 비슷한가요?
4) 평가 및 마무리
   - 베트남과 우리나라의 같은 점은 무엇인가요?
   - 월남쌈과 떡은 모두 무엇을 이용한 음식인가요?

tip

- 김밥 만들기를 함께 해 음식문화를 비교할 수 있도록 확장하여 활동한다.

③ 누구 발일까?

생활 주제	다문화 이해	동화 유형	창작동화
주제	이웃 나라 신발 만들기		
동화명	누구 발일까?		
글 · 그림	정해영	출판사	논장

동화소개

『누구 발일까?』는 세계의 신발을 소개하는 그림책으로 엄마의 뾰족구두를 한 번쯤은 신고 저벅저벅 걸어보았을 유아들에게 신체의 일부분을 클로즈업하여 보여주는 책이다. 따각따각, 뾰족뾰족 등 의성어와 의태어를 풍부하고 운율감 있게

[그림 9-18] **'누구 발일까?' 활동망**

담아내 유아들의 집중을 유도하고 콜라주를 활용한 화려한 그림으로 자연스럽게 몰입하여 세계의 자연, 환경, 날씨 등을 이해할 수 있게 해 준다.

※ 적용 : 세계 신발 가게 꾸미기/아이디어 신발 만들기/종이인형 옷 입히기 놀이

주제	겨울	활동 유형	조형활동
활동명	이웃 나라 신발 만들기	교육과정 관련 요소	건강생활 : 나의 몸 움직이기-제자리에서 움직이기 사회생활 : 사회현상에 관심 가지기-다양한 문화에 관심 가지기 표현생활 : 예술적 표현 즐기기-조형활동으로 표현하기 언어생활 : 듣기-이야기 듣고 이해하기
활동 목표	• 날씨나 환경에 따라 신발의 형태가 바뀌는 것을 이해한다. • 나라마다 독특한 자연환경을 지니고 있음을 이해한다. • 종이 신발모형에 스티커를 붙여 꾸밀 수 있다.		
활동 자료	동화책, 종이 신발모형, 각종 스티커, 색연필		

활동방법

1) 동화책을 읽고 이야기 나눈다.
   - 이 신발은 어떻게 생겼나요?
   - 이 신발은 어느 나라 신발일까요?
   - 나는 오늘 어떤 신발을 신고 왔나요?
   - 신발 속 발의 모양은 모두 같을까요?
2) 날씨에 따라 신발의 형태가 바뀌는 것을 알고 나라마다 독특한 신발의 형태가 있음을 안다.
   - 장화는 언제 신나요?
   - 할아버지 털신은 언제 신나요?
   - 물놀이 갈 때는 어떤 신발이 편한가요?
   - 남극의 에스키모 사람들이 신는 신발은 무엇일까요?
   - 아프리카에 사는 사람들이 신는 신발은 무엇일까요?
3) 각 나라를 대표하는 스티커를 이용해 나라별 종이 신발모형을 꾸며본다.

- 종이 신발모형을 보고 어떤 나라인지 맞혀보세요.
- 이 나라를 나타내는 그림스티커에서 찾아보세요.
- 종이 신발모형에 스티커를 붙여 예쁘게 꾸며보세요.

4) 평가 및 마무리

- 각자 꾸민 신발을 신고 서로의 신발을 소개해 보세요.

tip

- 날씨에 따라 쓰는 모자의 형태가 다름을 이용하여 이와 같은 방법으로 나라별 의복에 대한 확장 활동을 한다.

(4) 다양한 민족 이해 교육을 위한 그림책

제목 : 까만 아기 양　　출판사 : 푸른그림책(2006)
글 · 그림 : 엘리자베스 쇼　　옮긴이 : 유동환

새하얀 양 무리 속에 까만 점 하나! 새까만 털 때문에 양치기 개 폴로의 눈에는 항상 무리에서 벗어나기만 하는 귀찮은 존재이다. 귀여운 양을 통해 다름에 대한 편견을 생각해 보고 그것을 극복해 가고자 하는 까만 양의 모습으로 우리 주변에 있는 피부색과 생김새가 다른 친구를 이해하고 사랑하는 마음을 갖게 해 준다. 우화의 형식을 빌려 사회 속에 '다름'의 모습을 색채의 대비를 통해 인상적으로 보여주며 잔잔한 스토리로 유아의 정서에 살그머니 다가갈 수 있게 한다.

제목 : 필리핀에서 온 조개 개구리　　출판사 : 주니어RHK(2010)
글 : 고수산나　　그림 : 박영미

엄마가 필리핀 사람인 순호와 엄마가 돌아가셔서 할머니와 살게 된 경태의 이야기를 들려주고 있다. 다문화가정 아이들이 성장하면서 맞닥뜨리게 될 문제를 씩씩하게 해결해 나가도록 힘을 실어주고 있다. 또한 엄마가 돌아가신 후, 아빠가 원양어선을 타고 먼 바다로 떠나 할머니와 사는 경태를 통해서는 한부모가정 혹은 조손가정에 사는 아이들의 마음을 보듬는다.

제목 : 우리 개를 찾아 주세요. 출판사 : 베틀북(2002)
글 · 그림 : 에즈라 잭 키츠 · 팻 셰어 옮긴이 : 김경태

낯설고 삭막한 대도시에서 작은 소년이 개 한 마리를 잃어버렸다. 스페인어밖에 할 줄 모르는 주인공은 말도 통하지 않는 미국 땅에서 어찌할 바를 몰라 하고... 그 소년을 도와주기 위해 주변 아이들이 나섰다. 언어와 인종과 국적을 넘어선 아이들이 만들어가는 건강한 우정을 엿볼 수 있는 책이다.

제목 : 곤니치와 일본 낫토와 비빔밥 출판사 : 한솔수북(2009)
글 : 타가미 요코 · 이대연 그림 : 전혜주

다르다는 것은 틀린 것이 아니라는 것. 단지 그대로 인정하면 함께일 수 있다는 간단한 의미를 잔잔하게 전해 주는 책이다. 다문화가정의 아이들이 집과 학교에서 겪는 갈등과 이를 해결하는 과정이 자연스러운 일상 속에서 전개된다. 서로 조금씩 알아가며 다문화사회에 바르게 대처하는 자세를 보여준다.

제목 : 우리 엄마는 여자 블랑카 출판사 : 책내음(2005)
글 : 원유순 그림 : 원유미

피부색이 달라도 우리 서로 존중하며 살아요! 인권을 소재로 한 TV 개그 프로의 주인공인 '블랑카'를 등장시켜 어린이의 눈높이에 맞추어 다문화사회를 재치있게 풀어낸 창작동화이다. 우리와 피부색이 달라도, 우리말이 서툴러 때로는 실수를 저질러도 업신여기거나 깔보지 않고 존중하며 살아야 한다는 진정한 마음이 가득 담겨 있다.

제목 : 깃털 없는 기러기 보르카 출판사 : 비룡소(1996)
글 · 그림 : 존 버닝햄 옮긴이 : 엄혜숙

깃털 없이 태어난 기러기 보르카는 형제들과는 다른 모습에 따돌려지기가 일수였지만 우연히 만나게 된 매칼리스터 선장에 의해 런던의 큐가든에 맡겨지며 행복을 되찾는다. 큐가든은 실제로 영국에 있는 왕립식물정원의 이름으로 책에서는 온갖 다채로운 개성을 지닌 새들이 모여 있는 곳으로 등장한다. 다양한 모습을 인정하는 공간에서는 겉모습에 대한 놀림 없이 행복하게 살 수 있게 된다는 내용은 다양성을 인정하는 가치관의 역할을 보여준다.

참고문헌

강문희 · 이혜상(2008). 아동문학교육. 서울: 학지사
고문숙 · 임영심 · 김수향 · 손혜숙(2007). 아동문학교육. 경기도: 양서원
공인숙 · 김영주 · 최나야 · 한유진(2009). 아동문학. 경기도: 양서원.
교육과정 개정연구위원회(1996). 교육과학기술부.
교육과학기술부(2000). 유아의 사회적 능력발달 교육 활동 자료. 교육과학기술부.
______________(2008). 유치원 교육과정 총론. 교육과학기술부.
______________(2009). 2007개정 유치원교육과정. 교육과학기술부.
______________(2011). 2011개정 유치원교육과정. 교육과학기술부.
______________(2013) 3세, 4세, 5세 누리과정 교사용 지도서. 교육과학기술부.
김광웅 · 방은령(2001). 아동발달. 서울: 형성출판사.
김기웅 · 전효정(2011). 통합교육 계획안. 동아유치원 활동자료집.
김세희(2000). 유아문학교육. 경기도: 양서원.
김현희 · 박상희(2008). 유아문학. 서울: 학지사.
노운서 · 노명희 · 김명화 · 백미열(2010). 아동문학. 경기도: 양서원.
류혜원(2008). 동화구연의 이론과 실제. 서울: 동문사.
박낭자 · 양승희(2002). 통합교육과정의 이론과 실제. 서울: 창지사.
박선희 · 김현희(2006). 유아문학. 한국방송통신대학교출판부.
보건복지부(2011). 표준보육과정 개정 방안 공청회 자료.
__________(2013). 어린이집 표준보육과정에 기초한 0~2세 영아보육프로그램.
서정오(2000). 옛이야기 들려주기. 서울: 보리.
서화니(2011). PBL기반 그림책 놀이를 통한 유아들의 문화 역량 강화방안. 경기도교육청.
석용원(1993). 유아동화의 구연교육. 서울: 학연사.
심성경 · 이선경 · 김경의 · 이효숙 · 김나림 · 허은주(2008). 유아문학의 이론과 실제. 서울: 학지사.

안성시 보육교사 시설연합회 구연동화대회 자료집(2007).
육아정책연구소(2011). 5세 누리과정 지도를 위한 유치원 · 어린이집교사 연수자료집. 54-70.
이규원(2002). 동화구연의 이론과 실제. 서울: 동문사.
이대균 · 백경순 · 송정원 · 이현정(2009). 유아문학교육. 경기도: 공동체.
이상금 · 장영희(2001). 개정판 유아문학론. 서울: 교문사.
이성은(2003). 아동문학교육. 서울: 교육과학사.
이송은(2004). 누구나 할 수 있는 이야기 들려주기. 서울: 창지사.
이은경(2002). 동화 구연의 이론과 실제. 서울: 창지사.
이재철(1983). 아동문학의 이론. 서울: 형설출판사.
______(1987). 아동문학개론. 서울: 문운당.
______(2003). 아동문학개론. 서울: 서문당.
이춘희 · 장미정(2010). 아동문학 교육. 서울: 태영출판사.
이춘희(2005). 유아문학교육. 서울: 동문사.
임원재(2002). 아동문학교육론. 서울: 신원문화사.
채종옥, 이경화, 김소양(2006). 아동문학. 경기도: 공동체.
한국통합교육과정협회 국정도서(2011). 1학년 바른생활 교사용지도서. 교육과학기술부.
홍용의 역(1995). 어린이들의 학습에 비계설정(scaffolding)-비고츠키와 유아교육. (Laura E. Berk & Adam Winsler 저). 서울: 창지사.

Anderson. P. S.(1972). *Language. Skills in Elementary Education*. N. Y.: Macmillan Publishing Co. Inc.
Bar-Tai, D., Raiviv, A., & Leiser, T.(1980). The Development of altruistic behavior: Empirical evidence. *Developmental Psychology, 16*.
Calder, J. W.(1984). *The Effects of Story Structure Instruction on Third-Graders' Concept, Response to Literature of story, Reading Cmprehension, Response to Literature, and Written Composition*. Ph. D. diss., University of Washington.
Coody, B.(1983). *Using literature with young children*.(3rd ed.). Dubuque, lowa: WM. C. Brown Company Publishers.
Cullinan, B. E.(1989). Literature for young children. In D. S. Strickland & L. M. Morrow (Eds.). *Emerging literacy: Young Children learn to read and write*(96-159). Newark, DE: International Reading Association.

Maslow, A. H.(1970). *Motivation and Personality*. N. Y.: Harper & Row.

Meeker, M.(1978). Measuring creativity from the kid' s point of view. *Journal of creative Behavior, 12*(1), 52-61.

Thompson, S. K.(1975). Gender labels and early sex role development. *Child Development, 46*, 339-47.

Torrance. E. P.(1963). *Guiding Creative Talent*. Englewood Cliffs, N. J.: Prentice Hall, Inc.

부록

공공도서관 주소

1) 서울특별시

지역	도서관명	홈페이지
강남구	강남구도서관	http://library.gangnam.go.kr
	개포도서관	http://gplib.sen.go.kr
	강남도서관	http://gnlib.sen.go.kr
	강남구립행복한도서관	http://cafe.naver.com/libhappy
	강남구립도서관	http://library.gangnam.go.kr/
	삼성도서관	http://library.gangnam.go.kr/usweb/set10/index.asp
강동구	강동구립도서관	www.gdlibrary.or.kr/
	강동구립성내도서관	http://www.gdlibrary.or.kr/snlib/
	강동구립해공도서관	http://hg.gdlibrary.or.kr
	고덕평생학습관	http://gdllc.sen.go.kr
	강동구립암사도서관	http://www.gdlibrary.or.kr/aslib
	강동구도서관	http://lib.gangdong.go.kr
	강동구립강일도서관	http://www.gangil.gdlibrary.or.kr
강북구	강북 문화정보센터	http://www.gangbuklib.seoul.kr
	솔샘문화정보센터	http://www.gangbuklib.seoul.kr/solsem
강서구	강서구립도서관	http://lib.gangseo.seoul.kr
	강서도서관	http://gslib.sen.go.kr
관악구	관악구통합도서관	http://lib.gwanak.go.kr
광진구	광진구립도서관	http://www.gwangjinlib.seoul.kr
구로구	고척도서관	http://gclib.sen.go.kr
	구로도서관	http://grlib.sen.go.kr
금천구	금천구립정보도서관	http://www.geumcheonlib.seoul.kr
노원구	월계문화정보도서관	http://www.wolgyelib.kr
	노원평생학습관	http://nwllc.sen.go.kr
	노원정보도서관	http://www.nowonlib.seoul.kr
도봉구	도봉구통합도서관	http://www.unilib.dobong.kr
동대문구	동대문구정보화도서관	http://www.l4d.or.kr
	동대문도서관	http://ddmlib.sen.go.kr
동작구	동작도서관	http://djlib.sen.go.kr

지역	도서관명	홈페이지
동작구	동작구통합도서관	http://lib.dongjak.go.kr
마포구	마포구립서강도서관	http://sglib.mapo.go.kr
	마포평생학습관	http://mpllc.sen.go.kr
서대문구	서대문도서관	http://sdmlib.sen.go.kr
성동구	성동구립도서관	http://www.sdlib.or.kr
성북구	성북정보도서관	http://www.sblib.seoul.kr
	아리랑정보도서관	http://lib.arirang.go.kr
송파구	송파도서관	http://splib.sen.go.kr
양천구	양천도서관	http://www.yclib.or.kr
영등포구	영등포평생학습관	http://ydpllc.sen.go.kr
	문래정보문화도서관	http://www.mllib.or.kr
	선유정보문화도서관	http://www.sylib.or.kr
용산구	남산도서관	http://nslib.sen.go.kr
	용산도서관	http://yslib.sen.go.kr
	청파도서관	http://www.cheongpalib.or.kr
은평구	은평구립도서관	http://www.eplib.or.kr
	구립증산정보도서관	http://www.jsplib.or.kr
종로구	정독도서관	http://jdlib.sen.go.kr
	종로도서관	http://jnlib.sen.go.kr
중구	중구구립도서관	http://www.e-junggulib.or.kr
	중랑구립정보도서관	http://www.jungnanglib.seoul.kr
중랑구	중랑구립면목정보도서관	http://www.jnmmlib.seoul.kr

2) 경기도 · 인천광역시

지역	도서관명	홈페이지
인천 광역시	인천시 미추홀도서관	http://www.michuhollib.go.kr/
	인천시부평도서관	http://www.bpl.go.kr
	인천시북구도서관	http://www.ipl.or.kr
	인천시서구도서관	http://www.sgl.go.kr/
	인천시주안도서관	http://www.ijuanlib.or.kr/
	인천시중앙도서관	http://www.ijlib.or.kr/
	인천시연수도서관	http://www.yslib.go.kr
	인천광역시평생학습관	http://www.ilec.go.kr
경기도	가평군립도서관	http://www.gaplib.or.kr/
	고양시도서관센터	http://www.goyanglib.or.kr/

지역	도서관명	홈페이지
경기도	고양시새마을이동도서관	http://www.goyang-smu.or.kr/library/
	아름누리도서관	http://www.goyanglib.or.kr/www2/aram/
	과천시정보과학도서관	http://www.gclib.net/
	경기도립 과천도서관	http://www.kwalib.kr/
	광명시중앙도서관	http://www.gmclib.or.kr/
	광주시시립도서관	http://lib.gjcity.go.kr/
	경기도광주도서관	http://www.gjlib.or.kr/
	구리시립도서관	http://www.gurilib.go.kr/
	군포시 도서관	http://www.gunpolib.or.kr/
	김포시립도서관	http://lib.gimpo.go.kr/
	남양주시도서관	http://lib.nyj.go.kr/intro/index.jsp
	부천시립도서관	http://www.bcl.go.kr
	부천시새마을이동도서관	www.edongmoongo.co.kr
	e푸른 성남 통합도서관	http://www.snlib.net/
	성남시새마을이동도서관	http://www.songnamstl.co.kr/
	수원중앙도서관	http://ct.suwonlib.go.kr/
	시흥시 중앙도서관	http://www.shcitylib.or.kr/
	안산중앙도서관	http://lib.iansan.net/main.asp
	안성시립도서관	http://www.apl.go.kr/
	안양시립도서관	http://www.anyanglib.or.kr/
	양주시립도서관	http://www.libyj.go.kr/
	양평군립도서관	http://www.yplib.or.kr/
	여주군립도서관	http://www.yjlib.go.kr/
	오산시도서관	http://ja.osanlibrary.go.kr/
	용인시립도서관	http://www.yonginlib.or.kr/yongin/
	의왕시내손도서관	http://www.uwlib.or.kr/naeson/
	의왕시 중앙도서관	http://www.uwlib.or.kr/jungang/
	의정부시지식정보센터	http://www.uilib.net/
	이천시립도서관	http://www.icheonlib.go.kr/
	파주시도서관	http://www.pajulib.or.kr/
	평택시립도서관	http://www.ptlib.net/
	경기도립평택도서관	http://www.ptlib.or.kr/
	하남시립도서관	http://www.hanamlib.go.kr/silib/
	화성시립도서관	http://www.hscitylib.or.kr/

3) 충청도 · 대전광역시

지역	도서관명	홈페이지
대전 광역시	노은도서관	http://www.gasuwonlib.or.kr
	가오도서관	http://gaolib.donggu.go.kr
	가양도서관	http://gayanglib.donggu.go.kr
	둔산도서관	http://www.dunsanlib.or.kr
	가수원도서관	http://www.gasuwonlib.or.kr/
	갈마도서관	http://galmalib.or.kr/
	유성도서관	http://library.yuseong.go.kr
	구즉도서관	http://gjlibrary.yuseong.go.kr/
	진잠도서관	http://jinjamlib.yuseong.go.kr/
	대전학생교육문화원	http://www.djsecc.or.kr/
	한밭도서관	http://hanbat.metro.daejeon.kr/
충청남도	공주도서관	http://www.glib.or.kr/
	공주시시립도서관	http://www.gongjulib.go.kr/
	금산기적의도서관	http://library.geumsan.go.kr/
	금산군 공공도서관	http://www.gspl.kr/
	금산도서관	http://www.kslib.or.kr/
	논산강경도서관	http://www.ngl.go.kr/
	당진도서관	http://www.djl.or.kr/
	당진군립도서관	http://www.djecs.go.kr/djlib/
	보령시공공도서관	http://www.brlib.or.kr/
	보령웅천도서관	http://www.uclib.or.kr/
	부여도서관	http://www.bylib.go.kr/
	서산시립도서관	http://www.smlib.or.kr/
	서천도서관	http://www.sc-lib.or.kr/
	아산시립도서관	http://www.ascl.or.kr/
	아산도서관	http://www.asl.or.kr/
	연기도서관	http://www.ygl.or.kr/
	예산도서관	http://www.yesan-lib.or.kr/
	전안시 중앙도서관	http://lib.cheonan.go.kr/
	태안도서관	http://www.ta-lib.or.kr/
	안면공공도서관	http://www.anmyeon-lib.or.kr/
	홍성도서관	http://www.hsl.or.kr/

지역	도서관명	홈페이지
충청북도	괴산도서관	http://www.gsl.go.kr
	금왕도서관	http://www.kwlib.go.kr/
	단양도서관	http://www.dylib.go.kr/
	대소도서관	http://dslib.es21.go.kr/
	보은도서관	http://www.boeunlib.or.kr/
	영동도서관	http://www.ydlib.go.kr
	옥천도서관	http://www.oclib.go.kr
	제천시립도서관	http://www.jclib.or.kr
	중원도서관	http://www.jwlib.go.kr
	진천도서관	http://www.jclib.go.kr
	청원군도서관	http://library.puru.net
	청주시립도서관	http://www.cjcil.com
	충북중앙도서관	http://www.cbjalib.go.kr
	충주시립도서관	http://www.cjdl.net

4) 경상도 · 대구 · 부산 · 울산

지역	도서관명	홈페이지
대구 광역시	구수산도서관	http://www.gususan-lib.go.kr
	시립남부도서관	http://www.nbl.or.kr
	시립대봉도서관	http://www.dblib.daegu.kr
	시립달성도서관	www.dsl.daegu.kr
	시립동부도서관	http://www.dongbu-lib.daegu.kr
	시립두류도서관	http://www.duryu-lib.daegu.kr
	시립북부도서관	www.bukbu-lib.daegu.kr
	시립서부도서관	http://www.seobu-lib.daegu.kr
	시립수성도서관	http://www.suseong-lib.daegu.kr
	시립중앙도서관	http://www.tglnet.or.kr
부산 광역시	강서도서관	https://library.bsgangseo.go.kr
	금정도서관	http://library.geumjeong.go.kr/
	서동도서관	http://www.seodonglib.kr/
	기장도서관	http://library.gijang.go.kr/
	남두도서관	http://library.bsnamgu.go.kr/
	명장도서관	http://www.mjlib.kr/
	부전도서관	http://www.bjl.go.kr
	사하도서관	http://www.sahalib.kr

지역	도서관명	홈페이지
부산 광역시	서동도서관	http://www.seodonglib.kr
	시민도서관	www.siminlib.go.kr
	연산도서관	http://www.yeonsanlib.kr
	시립중앙도서관	www.joonganglib.busan.kr
	해운대도서관	www.haeundaelib.or.kr
	사상도서관	http://www.sasanglib.busan.kr
	수영구도서관	http://library.suyeong.go.kr
	영도도서관	http://library.yeongdo.go.kr
울산 광역시	울산동부도서관	http://www.usdl.or.kr
	울산남부도서관	http://www.usnl.or.kr
	울산중부도서관	http://www.usjl.or.kr
	울주 군립도서관	http://www.uljulib.or.kr
경상남도	거제도서관	http://www.geojelib.or.kr
	거제시립장승포도서관	http://www.geojelib.go.kr
	거제시립옥포도서관	http://okpolib.go.kr
	거창군립한마음도서관	http://library.geochang.go.kr
	거창도서관	http://www.gc-lib.or.kr
	고성도서관	http://www.gslib.or.kr
	김해통합도서관	http://lib.gimhae.go.kr
	김해도서관	http://www.gimhaelib.go.kr
	밀양도서관	http://www.mlib.or.kr
	하남도서관	http://www.hlib.or.kr
	밀양시립도서관	http://www.myclib.or.kr
	사천도서관	http://www.salib.or.kr
	산청도서관	http://www.sanlib.or.kr
	양산도서관	http://www.yangsanlib.or.kr
	양산시립도서관	http://lib.yangsan.go.kr
	양산시립 웅상도서관	http://www.uslib.net
	의령도서관	http://www.urlib.or.kr/
	진양도서관	http://www.jy-lib.or.kr/
	진주시립연암도서관	http://www.jinjulib.or.kr/
	창녕도서관	http://www.chlib.or.kr/
	통영도서관	http://www.tylib.or.kr/
	통영시립도서관	http://www.tongyeonglib.or.kr/
	함안도서관	http://www.hamanlib.or.kr/
	함양도서관	http://www.hylib.or.kr/

지역	도서관명	홈페이지
경상남도	합천도서관	http://www.hc-lib.or.kr/
경상북도	경주시립도서관	http://www.kjlib.or.kr/
	고령공공도서관	http://www.golib.go.kr/
	구미시립도서관	http://www.gumilib.or.kr/
	김천시립도서관	http://www.gcl.go.kr/
	점촌공공도서관	http://www.jumdolib.go.kr/
	분천도서관 옹달샘	http://www.cafe.daum.net/bookfriend0663
	경상북도립 상주도서관	http://www.sjlib.go.kr
	안동시립도서관	http://lib.andong.go.kr/
	경상북도립 안동도서관	http://www.andonglib.go.kr/
	경상북도립 영양공공도서관	http://www.yylib.go.kr/
	영주도서관	http://www.yl.or.kr/
	영주시립도서관	http://lib.yeongju.go.kr/
	경상북도립 영천금호공공도서관	http://www.yklib.go.kr/
	경상북도립 울릉공공도서관	http://www.ullib.go.kr/
	울진공공도서관	http://www.uljinlib.or.kr
	울진남부도서관	http://www.ujslib.go.kr/
	경상북도립 의성공공도서관	http://www.uiseonglib.go.kr/
	경상북도립 청도공공도서관	http://www.chongdolib.or.kr
	칠곡군립도서관	http://www.chilgoklib.or.kr
	경상북도립 칠곡공공도서관	http://www.cg-lib.or.kr
	경상북도립 영일공공도서관	http://www.yilib.kr

5) 전라도 · 광주광역시

지역	도서관명	홈페이지
광주 광역시	광주광역시립도서관	http://www.citylib.gwangju.kr
	광주북구일곡도서관	http://ilgoklib.bukgu.gwangju.kr
	광주송정도서관	http://songjung.gen.go.kr
	광주중앙도서관	http://jungang.gen.go.kr
전라남도	강진군립도서관	http://www.gjlib.go.kr
	옥과공공도서관	http://library.gokseong.go.kr
	광양공공도서관	http://www.gylib.or.kr
	광양시립도서관	http://lib.gwangyang.go.kr

지역	도서관명	홈페이지
전라남도	나주공공도서관	http://www.najulib.or.kr
	나주시립도서관	tp://lib.naju.go.kr
	남평공공도서관	http://www.nplib.or.kr
	목포공공도서관	http://www.mokpolib.kr
	목포시립도서관	http://www.mokpocitylib.or.kr
	무안공공도서관	http://www.muan-lib.or.kr
	벌교공공도서관	http://www.beolgyolib.or.kr
	보성공공도서관	http://www.boseonglib.or.kr
	순천시립도서관	http://www.sclibrary.or.kr
	신안군립도서관	http://user.chollian.net/~sinanlib
	여수시립환경도서관	http://enlib.yeosu.go.kr
	여수시립도서관	http://yslib.yeosu.go.kr
	영광공공도서관	http://www.yklib.or.kr
	영광군립도서관	http://www.yggunlib.go.kr
	영암군정보문화센터	http://library.yeongam.go.kr
	완도군립도서관	http://lib.wando.go.kr
	장흥공공도서관	http://www.jhlib.or.kr
	정남진도서관	http://www.jhjl.kr
	진도공공도서관	http://www.jindolib.or.kr
	함평공공도서관	http://www.hplib.go.kr
	화순공공도서관	http://www.hwasunlib.or.kr
전라북도	고창공공도서관	http://www.gcplibrary.go.kr
	고창군립도서관	http://lib.gccl.kr
	군산시립도서관	http://lib.gunsan.go.kr
	김제시립도서관	http://www.gjl.or.kr/
	무주공공도서관	http://www.mujulibrary.or.kr
	부안군립도서관	http://www.buanlibrary.or.kr
	순창공공도서관	http://www.sclib.or.kr
전라남도	완주공공도서관	http://www.wjplib.or.kr
	완주군도서관	http://lib.wanju.go.kr
	운봉공공도서관	http://www.neccl.or.kr
	익산시립도서관	http://www.iksan.go.kr/library
	장수공공도서관	http://www.jpl.or.kr/

지역	도서관명	홈페이지
전라남도	전주시립도서관	http://lib.jeonju.go.kr/
	정읍시립도서관	http://www.jeongeuplib.or.kr/
	진안공공도서관	http://www.jinanplib.or.kr/

6) 강원도

지역	도서관명	홈페이지
강원도	강릉시립도서관	http://www.gnslib.or.kr
	강릉평생교육정보관	http://www.kanglib.or.kr/
	동해시립도서관	http://www.donghaelib.go.kr/
	속초도서관	http://www.sokcholib.or.kr/
	원주시립도서관	http://lib.wonju.go.kr/
	인제도서관	http://www.injelib.or.kr
	춘성도서관	http://www.cslib.or.kr/
	춘천시립도서관	http://www.iccl.or.kr/
	태백도서관	http://www.tblib.or.kr/
	태백시립도서관	http://www.tbmlib.or.kr/
	평창도서관	http://www.plib.go.kr/
	강원 횡성도서관	http://www.hslib.or.kr/

7) 제주도

지역	도서관명	홈페이지
제주도	서귀포시 통합도서관	http://lib.seogwipo.go.kr
	탐라도서관	http://tamna.jejusi.go.kr/
	한라도서관	http://hallalib.jeju.go.kr/
	조천도서관	http://jclib.jejusi.go.kr/
	한경도서관	http://hangyeonglib.jejusi.go.kr
	한수풀도서관	http://www.hsplib.go.kr

저자 소개

김현자

• 숙명여자대학교 대학원 아동복지과 박사
• 두원공과대학교 유아교육과 교수

조미영

• 성신여자대학교 대학원 유아교육과 박사
• 한중대학교 유아교육학과 교수

김기웅

• 동아유치원 부원장
• 두원공과대학교 겸임교수

노희연

• 중앙대학교 대학원 유아교육과 박사
• 경민대학교 사회복지과 교수

서화니

• 숙명여자대학교 대학원 아동복지과 박사수료
• 경기도 공립유치원 교사

조득현

• 성균관대학교 일반대학원 가족관계 및 상담 박사수료
• 동원대학교, 서일대학교 외래교수

개정증보

아동문학

초　판　1쇄 발행　2012년 2월 17일
증　보　1쇄 발행　2013년 1월 15일
개　정　3쇄 발행　2017년 7월 10일
개정증보　1쇄 발행　2020년 2월 14일

지은이 | 김현자 · 조미영 · 김기웅 · 노희연 · 서화니 · 조득현
펴낸이 | 김기섭
편집인 | 이윤미
펴낸곳 | 창지사 www.changjisa.com
08589 서울특별시 금천구 가산디지털 1로 83 파트너스타워1차 9층
전화 (02) 719-2211~3
팩스 (02) 701-9386
등　록 | 1977년 4월 28일 · 제1-421호

ISBN 978-89-426-1307-6 (93370)

값 18,000원

KOMCA 승인필

※ 그림책 사용을 허락해 주신 출판사 관계자 여러분에게 감사드립니다.

이 도서의 국립중앙도서관 출판예정도서목록(CIP)은 서지정보유통지원시스템 홈페이지(http://seoji.nl.go.kr)와 국가자료공동목록시스템(http://www.nl.go.kr/kolis-net)에서 이용하실 수 있습니다.(CIP2020006568)